長谷川　茂　著

会計の社会言語論的展開

東京　森山書店　発行

は　し　が　き

　会計には社会から種々の役割期待が向けられている。生成史的にみて，会計ではこれらの期待のうち最大公約数的なものに応えることをもってその主要な目的と位置付け，これを中心に理論の枠組みや会計諸基準をつくってきている。しかも，会計である以上，その表現手段として必ず複式簿記の計算機構で加工された会計数値を予定している。ここから，会計は，しばしば自然現象であるかのように誤解を受けるが，けっしてそうではない。会計という現象は社会現象の1つである。会計には，それが行われている時代と場所の諸条件が色濃く反映されており，会計を解明するにはその社会的背景と係わらせてこれを行うことが必要になる。

　社会から期待されている役割のうち，株式会社制度の誕生以降で会計でしか果たすことのできない独自のものは，出資者への結果報告と結果の分け前の算定であったし，現在でも依然として同じはずである。会計ではこれをその主要な目的と位置付け，理論の枠組みも会計諸基準もつくられてきていたが，1990年代以降国際会計基準の動向と関連してこれが揺らいでいる。会計に対する役割期待として投資意思決定への情報提供の側面が強調されているが，これは会計にしか担えないものではない。したがって，これを会計の主要な目的に位置付ける必然性はない。このことは決して忘れてはならない。これまでの会計も1つの目的を中心に全体が整合的につくられていたわけではないが，二兎を追ってその混迷の度合いをさらに大きくすることもないであろう。自己目的をもっておらず手段的性格の強い会計からいえば，役割期待ごとに別個の会計を実施できれば理想的であろうが，会計の経済性の上で困難であろう。そうであるならば，会計にしか担えない独自の役割は何なのかを改めて考えてみる必要があるのではないかと思う。

　その際手がかりになるとみられるのが，社会言語学の分野で発展している意

味論と語用論での知見かと思う。会計は，社会言語の一種といえるからである。さりげなく公表されている会計数値にも，その作り手である企業が，社会でのしかるべき役割期待を想定し伝えたいと意図する何かが意味として盛り込まれているはずなので，このような知見を借りて解明を進めれば何らかの示唆が得られると思う。本書は，これまでに著者が執筆した原稿のうち，このような問題意識に適うと思われる主なものを選んでまとめた論文集である。初出の題名などは巻末に示した通りであるが，本書への所収にあたっては若干修正を加えていることをお断りしておくとともに，論文集の性格上表現にやや不統一な箇所があることをお許し願いたい。

　著者が会計学の世界に足を踏み入れてから今日に至るまで恩師，先輩，あるいは同僚など多くの諸先生のお教えを受けてきており，深謝している。本来ならばここにそのご尊名を掲げ謝意を表さなければならないのであるが，すでに鬼籍に入られた方が多く掲載のお許しを得ることが不可能なため，割愛させていただいた。

　最後に，市販に不向きな本書の刊行を快くお引き受けいただいた菅田直文社長と，元来が怠惰でのんびり屋の著者を激励し何かとご助言をいただいた土屋貞敏氏に厚くお礼申し上げる。

2008年　立春

長谷川　茂

目　次

序　章　会計の原点と社会言語としての役割 …………… 1
1　はじめに ……………………………………………… 1
2　複式簿記に基づく結果報告と
　　会計数値による分け前の算定 …………………………… 2
3　会計の社会言語性と役割 ………………………………… 6
4　むすび ………………………………………………… 8

第1章　会計学と研究方法 ………………………………… 11
1　はじめに ……………………………………………… 11
2　研究方法と構築される理論の性格 ……………………… 12
3　「説明理論」の構築と目的論的研究方法の宿命 ………… 14
4　目的論的研究方法と「指導理論」の性格 ……………… 16
5　価値判断の回避と計算構造論的研究方法の限界 ……… 18
6　むすび ………………………………………………… 20

第2章　会計と複式簿記の接点 …………………………… 23
1　はじめに ……………………………………………… 23
2　二項対照的把握と複式簿記 ……………………………… 24
3　把握内容の決定と会計 …………………………………… 26
4　把握金額の決定と会計 …………………………………… 27
5　把握時期の決定と会計 …………………………………… 29
6　接点としての脚注・附属明細表（書） ………………… 30
7　むすび ………………………………………………… 31

第3章　会計改革と複式簿記 …… 33
1. はじめに …… 33
2. 株主資本等変動計算書の財務諸表としての地位 …… 34
3. 負ののれんと我が国の文化 …… 37
4. その他有価証券評価差額金・土地再評価差額金といわゆる資本直入法 …… 39
5. むすびにかえて …… 41

第4章　非財務諸表情報と会計 …… 45
1. はじめに …… 45
2. 米国における非財務諸表情報の重視と会計の危機 …… 47
3. 非財務諸表情報とMD＆A …… 48
4. MD＆Aの記載内容と会計 …… 50
5. むすび …… 53

第5章　「企業財務諸表の目的」の概要と疑問点 …… 57
──FASB暫定意見書──
1. はじめに …… 57
2. 財務諸表の3つの目的 …… 58
3. 基本的な目的と総合的検討 …… 59
4. 意思決定の具体的内容と財務諸表 …… 61
5. 財務諸表とキャッシュ・フロー情報 …… 63
6. むすびにかえて …… 65

第6章　財務会計目的の遂行と貨幣価値変動 …… 67
1. はじめに …… 67
2. 財務会計の目的 …… 68
3. 貨幣価値変動と財務会計目的遂行機能の喪失 …… 70

4　財務会計目的の遂行に適した貨幣価値変動会計 ………… 75
　　5　貨幣価値変動に関する修正方法と表示方法 ……………… 83
　　6　修正方法の計算例 ……………………………………………… 87

第7章　ガインサー物価変動会計論の概要と性格 ……… 99
　　1　は　じ　め　に ………………………………………………… 99
　　2　物価変動と管理会計的接近の重要性 ……………………… 100
　　3　管理会計的接近と物価指数の選定および
　　　　保有利得・損失の処理 ……………………………………… 103
　　4　管理会計的接近と各資産の処理および
　　　　財務諸表の作成 ……………………………………………… 107
　　5　補足的検討と事例研究 ……………………………………… 112
　　6　むすびにかえて ……………………………………………… 115

第8章　貨幣価値の変動と資本維持 …………………………… 119
　　1　問　題　の　所　在 ………………………………………… 119
　　2　資本維持思考の生成とその背景 …………………………… 122
　　3　資本維持の内容 ……………………………………………… 124
　　4　資本維持の会計学的性格 …………………………………… 129
　　5　む　す　び …………………………………………………… 130

第9章　貨幣価値の変動と利益の把握 ………………………… 137
　　1　問　題　の　所　在 ………………………………………… 137
　　2　期間損益計算構造の変貌と利益概念 ……………………… 140
　　　　――一般的考察――
　　3　収益の計算と貨幣価値の変動 ……………………………… 141
　　　　――実現主義の修正と発生主義の採用――

4　費用の計算と貨幣価値の変動 ································· 146
　　　　──取得原価主義の修正と時価主義の抬頭──
　　5　む　す　び ··· 152

第10章　貨幣価値の変動と実現概念の展開 ············· 161
　　1　問　題　の　所　在 ··· 161
　　2　伝統的実現概念 ··· 163
　　3　貨幣価値の変動と実現概念の展開 ························· 165
　　4　むすびにかえて ··· 170

第11章　物価変動会計の将来 ····································· 175
　　1　は　じ　め　に ··· 175
　　2　再来の物価変動会計の特色 ···································· 176
　　3　投資者の情報要求と物価変動会計の二分化 ············ 177
　　4　投資意思決定のための物価変動会計と
　　　　予測会計情報の外部公開 ······································ 180
　　5　む　す　び ··· 182

第12章　時価評価と損益計算 ····································· 185
　　1　は　じ　め　に ··· 185
　　2　時価評価導入論の背景と真意 ································ 187
　　3　現行損益計算の特色と実現基準 ····························· 188
　　4　分配可能利益の算定と時価評価 ····························· 191
　　5　むすびにかえて ··· 193
　　　　──時価評価への役割期待と代替策──

第13章　取得原価基準における取得原価の意味 ······ 197
　　1　は　じ　め　に ··· 197

2　取得原価基準の生成とその背景 ·· 198
　　3　会計でいう評価と貨幣の機能 ·· 200
　　4　機能面からみた貨幣と取得原価 ··· 201
　　5　むすびにかえて ·· 205

第14章　企業への投資意思決定のための利益 ················ 209
　　1　は じ め に ·· 209
　　2　制度的利益の性格と限界 ··· 210
　　3　企業への投資意思決定に適した利益概念の模索 ············· 214
　　4　む　　す　　び ·· 218

第15章　総括利益とエドワーズおよび
　　　　　　ベルの利益概念 ·· 223
　　1　は じ め に ·· 223
　　2　総括利益と含み益（損）··· 224
　　3　収益源泉の明示化と
　　　　エドワーズおよびベルの利益概念 ································· 225
　　4　むすびにかえて ·· 229

第16章　外部報告制度と予測会計情報 ······························ 233
　　1　は じ め に ·· 233
　　2　外部報告制度の意味 ·· 234
　　3　予測会計情報の外部報告と制度化の方向 ······················· 237
　　4　制度化にあたっての問題点 ·· 240
　　5　むすびにかえて ·· 243

第17章　投資者の意思決定と予算の公開 ························· 247
　　1　は じ め に ·· 247

2　カレント・コストの利用と予測可能性 ………………………… 247
　　3　代替策としての予算の公開 ……………………………………… 249
　　4　むすびにかえて ………………………………………………… 252

第18章　長期株式投資者の意思決定と予算の公開方法 …… 255

　　1　はじめに ………………………………………………………… 255
　　2　長期株式投資者の意思決定 …………………………………… 256
　　3　意思決定に必要な会計情報とその入手方法 ………………… 258
　　4　企業予算の外部公開の方法 …………………………………… 260
　　5　むすびにかえて ………………………………………………… 263

第19章　予測会計情報の外部公開と会計原則 ……………… 267

　　1　はじめに ………………………………………………………… 267
　　2　予測会計情報原則をめぐる諸説 ……………………………… 268
　　3　予測会計情報原則の一試案 …………………………………… 274
　　4　むすびにかえて ………………………………………………… 277

第20章　会計の言語性と国際的調和 ………………………… 281

　　1　はじめに ………………………………………………………… 281
　　2　会計の言語性と社会言語学的分析 …………………………… 282
　　3　言語としての会計と国際的調和 ……………………………… 287
　　4　むすび …………………………………………………………… 291

第21章　会計の社会言語性とインサイダー取引 …………… 295

　　1　はじめに ………………………………………………………… 295
　　2　2つの外部報告会計とインサイダー取引 …………………… 296
　　3　公表の迅速性とインサイダー取引 …………………………… 298

4　社会言語としての会計とインサイダー取引 ················ 300
    5　む　す　び ··· 304

第22章　会計と社会言語的特性 ·· 307
    1　は　じ　め　に ·· 307
    2　会計の手段的性格と外部報告 ······································ 309
    3　社会言語としての会計の特性 ······································ 313
    4　むすびにかえて ·· 317

序 章

会計の原点と社会言語としての役割

1　は じ め に

　会計とは何か。これは，古くて新しい課題であるばかりではなく，会計学の世界に身を置く者にとって永遠の課題でもあろう。しかし，そうはいっても，未解明のままこれを放置して置いてよいはずがない。これまでにも，たとえば，会計とは，記録に基づいた計算と事実に基づいた計算とを合わせることである[1]とか，あるいは企業の言語である[2]などと，多くの先達により，多様な特色をもつ会計のある側面を捉え，その視点から種々の解明が試みられてきており，著者ごときが口をはさむ余地などないように思われる。それにもかかわらず，このような疑問を提起するにいたったのは，会計とはどのようなものなのか，浅学の著者なりに一応わかったつもりでいたのであるが，会計の研究や実践における昨今の動向をみるに，この自信が揺らいでいるからである。

　IASC（2001年4月以降IASB），FASB，あるいは我が国の企業会計基準委員会などから出されたいわゆる概念フレームワークによれば，会計，特に外部報告会計の主要な目的は，投資者などの意思決定への情報提供にあり，当然，フレームワークもこの視点に立って構築されることになるという。その上，これまで会計に対して向けられてきた，結果報告および結果の分け前の算定という要請は，無視はしないが，副次的な処遇に留めるとし，この立場から種々の提案が行われ，現に実施に移されつつある。このような会計への接近態度は，次章で述べる目的論的研究方法を用い，主要な目的と見做した意思決定への情報提供を中心に概念フレームワークを構築し，これを受けて制定された具体的実

務を行わせようとしているといってもよいであろう。しかし，このような動きは，会計の主要な目的は，これまでと変わりはなく，会計の諸概念もその視点に立って構築されるはずとみている著者の理解と大幅に異なっており，違和感をもつとともに危機意識さえもった次第である。後述のいくつかの章でも触れるが，会計というものは，もともと副次的な処遇をするとされた要請に応えるために出現したはずで，現在でもこれに応えることは会計の存在理由としてきわめて重要な意味をもっており，近年関心を集めるようになったにすぎない意思決定への情報提供という要請に応えることとは，その理由が異なるからである。概念フレームワークの構築にあたり，これら2つの要請に応えることを，二者択一的にではなく同等に会計の主要な目的と，なぜ位置付けなかったのであろうか。おそらく，このように位置付けフレームワークの構築を行うと，全体として整合性を保てないためであろう。もしそうであるならば，他の途を探すよりほかないであろう。

物事の位置付けにあたり，firstでなくてもよいonly oneが肝要なのだ，という言葉をしばしば耳にする。会計には会計にしかできない独自の役割があるはずであろう。それを果たすことが会計の主要な目的に位置付けられ，フレームワークもその視点に立って構築されるはずである。意思決定への情報提供に応えるということは，真に，会計にしかできない役割なのであろうか。これに応える途が，会計以外にももし存在し，会計はone of themにすぎないものであるのならば，フレームワークの構築に混乱までも惹き起こして，会計に拘泥する必然性はないはずであろう。外部報告会計の領域における昨今の動向をみて抱いたこのような疑問について，本章では考えてみたいと思うが，これは同時に，本書全体を貫く問題意識にもなっている。

2 複式簿記に基づく結果報告と会計数値による分け前の算定

会計の原点は複式簿記にあるとみる解釈には誰も異存はないであろう。リト

ルトンも指摘しているように[3]、複式簿記は、当初、財産管理の必要上自然発生的に生まれたが、株式会社制度の生成とともに、その主な必要理由が損益計算書と貸借対照表の作成に変わったといわれる。これらを用いて投資者に出資金の運用について結果報告し、結果の分け前の算定を行うためである。これらが同時に与信や投資などの意思決定の際にも利用されていたであろうことは想像できようが、それは、あくまでも二次的利用にすぎず、前述したような昨今いわれている位置付けとは主副が逆であったであろう。このように述べると、株式会社制度が高度に発達し、多種多様な投資技術や投資商品が開発されている現在の事情と較べても、意味がないといわれるかもしれないが、会計にしか担えない役割は何なのかを、考えようというのであるならば、会計の原点である複式簿記にまで立ち返って考えてみる必要があるのではないかと思う。会計の果たそうとしている目的との関連で、概念フレームワークを構築するにあたっても、会計であるかぎり当然、複式簿記の計算機構の制約を受けるからである。

世界で最初の簿記書は15世紀に刊行されたといわれているように、複式簿記の歴史は古いが、会計の歴史は比較的に浅い。19世紀後半ごろ貸借対照表に計上する資産の金額決定をめぐって、会計という独自の領域が簿記から分かれて誕生したとされる。会計というものが、いわば評価論の問題が動因になって生まれたという事実は、非常に興味深いことかと思う。国際会計基準の動きと併せて昨今我が国の会計界を悩ませている種々の問題は、何らかの形でこの評価論と係わっているからである。会計が企業の言語に譬えられていることは前述したが、この言語に、複式簿記の計算機構を通して加工された会計数値を必ず用いている事実からみれば、会計で生起する全ゆる問題が評価論と何らかの係わりをもっていることは当然のことといえよう。

周知のように、会計を行うにあたっては、会計公準という前提を無意識のうちにいくつか置いている。そのなかの1つに、貨幣評価（測定）の公準と称するものがあり、会計で取り扱う対象を説明するのにしばしば使われる。企業にとってたとえどのように重要な出来事であっても貨幣額で計算できなければ、

会計の対象にはなりえないとするのである。たとえば，収益や費用の計上にあたり，観念的にはこれらが起こっているということを認識できても，その金額を決定，つまり測定できなければ，これらの計上は行わず，したがって会計では認識と測定は同時に行われることになっている。このように，貨幣額での計算の可否は，いいかえれば評価論は，会計にとっては全てにわたって付いて回る宿命みたいなもので，その内容を束縛する。会計で評価論[4]の問題が浮上するのは，継続企業を前提にすれば，取引時，決算時，および中間時であるが，これが深刻な問題として顕在化するのは，決算時である。決算時には，損益計算書と貸借対照表を作って結果報告を行うとき，同時に必ず結果の分け前の算定を伴うからである。端的にいって，結果報告が意思決定への情報提供の一環としての意味しかもっていないというのであれば，どのような金額決定を行いそれを反映した会計数値を損益計算書と貸借対照表に記載しようが，その信頼性の問題以外は会計上さしたる不都合はないであろう。しかし，株式会社制度の誕生以来長きにわたって会計に求められてきた，結果の分け前の算定という役割を無視するわけにはゆくまい。この役割を果たすため，決定された金額が，複式簿記という計算機構を通して加工され損益計算書と貸借対照表に記載されるからこそ，これを会計数値と呼ぶことができるのではなかったか。だから，会計数値は単なる統計数値とは異なり，特有の性質をもっているのである。このことは，意思決定への情報提供を充実させようとの意図から近年多用されつつある，脚注や附属明細表（書）で示している数値についてもいえることであろう。この数値は，損益計算書と貸借対照表に記載の会計数値の補足説明にすぎないものだからである。会計数値というものは，本来，結果の分け前の算定という役割を果たすのに適合するよう性格付けられていることを，忘れてはならないであろう。

　結果の分け前の算定は，結果報告とともに通常は決算時に行われる。分け前は，資金の裏付けがないと実施できないので，取引時にはその算定を予定し，実現という考え方を導入して金額の決定が行われている。問題は，取引時に決定された金額の修正を伴うこともある決算時の金額決定である。特に，修正で

超過額が生じたとき，複式簿記を用いて処理すれば当然出てくる貸方側相手勘定の取り扱いである[5]。これが実現の要件を満たしているのであれば，分け前の算定に組み入れることができようが，現実にはそうでない場合が多い。当面の課題である意思決定への情報提供についても，これを重視する論調のなかでは，決算時の金額決定に時価的な考えを取り入れるようしばしば強調されるが，そのとき生ずる貸方側相手勘定の扱いが難題になっている。前述の概念フレームワークでは，実現の代わりに「リスクからの解放」という抽象的な概念を取り入れ，これを回避しようと試みてはいるが，どのような具体的な要件を満たしたときにこの解放の判断をするのか不明である。この相手勘定は，会計上の性質からみれば一種の評価益なので，本来は，分け前の算定で収益として取り扱われるはずであろう。しかし，資金の裏付けの面で難点があるため，資本（純資産）直入法などという苦肉の策まで工夫されている。これも，フレームワークの構築に全体として整合性を保てなかった一例でもあろうが，その原因は，会計の主要な目的を意思決定への情報提供に求めたにもかかわらず，その構築にあたってこの視点を貫徹できなかったところにあるといえる。情報提供の一手段として決算時の金額決定に時価的な考え方を導入すれば，当然といえば当然のことであるが，複式簿記の計算機構の制約を受ける会計にあっては，分け前の算定に影響が及ぶことになる。分け前の算定を重視すべきか，はたまた情報提供を重視すべきか。会計にとってはジレンマに陥る。

　投資者が意思決定を行い行動を起こせば株価の変動として表れるはずである。いくつかの実証研究によれば，結果報告も含め会計情報が公表されてもその株価に与える影響は微々たるものであるという[6]。これが事実ならば，これまで取り上げてきたような，意思決定への情報提供を重視する視点からの昨今の動きは，何んのためだったのだろうか。ましてや，結果報告および結果の分け前の算定に適合した古くからあるフレームワークに混乱を引き起こしてまで，このような話を進める必要があるのだろうか。著者には理解しかねる。後の第17章でも述べるが，意思決定への情報提供の問題にあくまでも会計の領域で接近したいというのであれば，たとえば企業予算を外部へ公表するという別

の途も考えられよう。複式簿記の計算機構によって制約を受ける会計には，会計にしか果たせない独自の役割があるはずである。これを忘れてはならないと思う。

3 会計の社会言語性と役割

　会計は，前にも触れたように，企業で用いる言語に譬えられることがある。表現の手段に数値を用いてはいるが，自然言語ではない。会計という現象が社会現象の1つであるように，会計も社会言語の一種に挙げられる。自然言語であるならば，言語学で研究領域を分類したときの構文論での検討が中心になろうが，社会言語の場合には，むしろ意味論と語用論での検討が中心になる。特に，会計の場合には，複式簿記の計算機構によって言語としての構文は制約を受けているので，このような検討に重点が置かれることになろう。したがって，意味論と語用論の研究領域で近年めざましい進歩を遂げているといわれる社会言語学の力を，本章でも借りることになる。

　言語の誕生と社会の成立は同時といわれている。言語がなければ意思の疎通が不可能なため社会は成立しないし，社会がなければ意思の疎通は不要で言語の存在理由がみつからないからである。社会言語学ではこの点に注目する。意思の疎通にあたってもっとも確実で誤解を与えない方法は，伝えたいと思う対象それ自体を，直接相手にみせることであろうが，有形無形の問題，距離の問題，あるいは時間の問題などが障害となってこれが不可能である。このため，伝達の手段として言語が使われることになるのであるが，伝えたいのは言語そのものではなくて，相手に的確に対象を分かってもらえるようにそこに盛り込んでいる意味である。意味には言語内意味と言語外意味の2つがあるとされる。前者は，その時代時代のそれぞれの社会で蓄積された言語体験のなかから抽出された最大公約数的なもので，これが辞書に載っている。また後者は，言語の受け手が自己の過去の言語体験を駆使して，伝えられた言語のなかから読み取る送り手の真意に当たるもので，送り手と受け手との間に言語知識と言語体験

について差異があるため，必ずしも前者と同じになるとはかぎらない。両者に共通な点は，いずれもその時々の社会の諸条件を反映して意味の内容が決まることである。特に，後者の場合には，その時の社会における言語使用の方法や態様の影響を強く受けるといわれる。だから，社会言語学では意味論と語用論を関連づけて取り上げているのである。

前述のように会計が社会言語の一種ならば，日常言語の場合と同様，会計にも言語内意味と言語外意味の2つが考えられよう。会計では，表現手段として会計数値を用いるが，これによって伝えようとする対象は，企業の経営活動のはずである。しかし，この活動には過去的な側面と未来的な側面の2つがあり，今までみてきたように，会計にしか担えない独自の役割は，前者に係わる結果報告と結果の分け前の算定だったはずである。当然，会計数値にはこれらが言語内意味として盛り込まれることになる。受け手がこれを的確に読み取れるようにするには，送り手と受け手の両者に共通の，いわば辞書に相当する手懸かりが必要になる。これが，概念フレームワークと会計諸基準で，これらのなかには過去的な側面に関する言語体験の最大公約数的なものが集約されているはずである。前述のように，意思決定への情報提供の要求に応えるために，これまであまり言語体験のなかった未来的な側面についての意味まで言語内意味として盛り込もうとして，フレームワークや会計諸基準に手を加えようとするから混乱が起こるのである[7]。前にも強調したことであるが，会計には会計にしか果たせない役割があるはずである。なぜ，従来からの会計数値のもつ言語内意味を曖昧にし，受け手を惑わす必要があるのだろうか。会計は手段的性格の強いものであるといわれる。したがって，しかるべき目的を達成するのに最適の内容を，言語内意味として会計数値に盛り込むのが道理に適うことになる。あくまでも未来的な側面についての意味を何らかの形で伝えたいというのであれば，受け手は，意思決定にあたり，それに伴うリスクを可能なかぎり回避するために，伝えられた会計数値のなかに言語外意味まで読み取ってこれを行おうとするはずで，しかも，この言語外意味は，自己の言語体験によって著しい影響を受けるといわれているので，これを読み取るのに役立つものを補助的に

伝えることも1つの方法であろう。前に触れた企業予算の外部への公表もそのなかに入る。

4 む す び

　会計は，社会言語の一種として会計にしか果たせない役割をもっている。会計に期待される役割には，古くからある結果報告および結果の分け前の算定という役割と，近年関心を集めつつある投資者などの意思決定への情報提供という役割の2つが挙げられることが多いが，会計にしか果たせない独自の役割は前者である。しかし，研究面でも実践面でも，昨今後者を念頭に置いた動きが盛んで，前者に適合するようにつくられているフレームワークや会計基準に，この視点から手を加えようとして，いらざる摩擦や混乱を惹き起こしているようにみうけられる。後者は会計以外の別の方法でも充分に対応可能なことが，理論上はもちろんのこといくつかの実証研究でも明らかにされている。後者のためだけの会計を別個に構築して実施するのならば，それは自由であろうが，そうでないならば，後者の視点に基づいたこのような動きには必然性がない。

　会計という世界の昨今の動向をみていると，会計よ何処へ行くや，との危機感を深くする。複式簿記の計算機構の制約を受ける会計には，会計でしか果たせない独自の役割があることを忘れてはならないと思う。

注

（1）　たとえば，岩田　巌著「利潤計算原理」昭和31年，第1章を参照。
（2）　たとえば，青柳文司著「会計学の原理」昭和43年，第1章第2節および第2章第4節を参照。
（3）　第2章の注（1）および第16章の注（3）を参照。
（4）　評価論という表現は静態論時代の名残りで，現在の動態論の立場からみれば不適切な表現であるが，これが広く普及し変更が難しいのでそのまま使用しているといわれている。厳密にいえば，評価と測定は異なる。期中の金額決定には測定という表現が，また，期末の金額決定には評価という表現が用いられることが多い。

（5） 負債の場合には超過額が借方側相手勘定として出てくることも考えられるが，その処理は保守主義の原則との関連で費用の計上として説明されている。
（6） たとえば，第13章の注（15）を参照。
（7） この一例ともいえるものが，平成18年2月制定の「会社計算規則」第171条7項1号ないし8号，11号，および12号にみられる。「利益」と「損失」という表現には，我が国の言語体験から抽出された決まった言語内意味がある。それなのに，「零以上の額に限る」とか「零未満の額に限る」などという必要があるのだろうか。もしかすると，零未満の利益や零以上の損失でもあるのだろうか。

第1章
会計学と研究方法

1　はじめに

　会計学にも，方法論の必要なことが叫ばれてからすでに久しい。会計学が，1つの科学として昇華するためには，その研究方法の研究，つまり方法論が重要なことは，斯界の多くが認めるところである[1]。しかし，会計学は，その研究対象があまりにも実践に密着しすぎているためか，これまで，企業の経営活動に伴って日々生起する，当面の具体的問題の解決に追われ[2]，その体系化，精緻化に必須の方法論は等閑視されてきた嫌いがある。

　周知のように，科学というものは，種々雑多な知識の寄せ集めにすぎない常識とは異なる。それは，演繹推理や蓋然的推理によって整合的に体系化された知識である[3]。したがって，会計学が科学と呼ばれうるためには，日々の実務経験を通して得られた知識を，単に集積してゆくだけで，そのまま放置しておいてよいはずがなく，しかるべき研究方法を用いてその整合的な体系化をはかるとともに，絶えずその精緻化にも努める必要があろう。では，どのようなしかるべき研究方法を用いたならば，このような作業を建設的に推し進めることができるのであろうか。方法論が会計学のためにも重要な理由がここにある。

　方法論は，会計学の研究領域としてはもっとも新しいものの1つである。これに真正面から取り組んだ論攻も未だ少なく，研究の鍬が入れられたばかりのような状態にあるといってもよい。本章では，会計学方法論に対する著者なりの構想を纏める一里塚として，次のような点に検討を加えてみたいと思う。会計学において，整合的に体系化された理論を構築しようとする場合，どのよう

な研究方法が選択されることになるのか。研究対象たる会計がもつ特性は，その選択にどのような影響を及ぼすことになるのか。選択された研究方法のいかんによっては，事実判断ばかりではなく価値判断を伴うこともあり，構築された理論の性格に，どのような影響が生ずることになるのか。そして，このような選択と関連して，他にどのようなことが考慮されなければならないか。これらの点である。

2 研究方法と構築される理論の性格

　一般に，理論形成にあたって用いられる推論の方法には，大別して，演繹推理と蓋然的推理の2つがあるといわれる[4]。前者は，設定した前提のみから必然的に結論を導き出す推論方法で，その特徴は，前提が真ならば結論も必ず真になる点，および結論の内容がすでに前提のなかに暗々裏に含まれている点にある[5]。後者は，前提のほかに観察などを用い蓋然的な結論を導き出す推論方法で，一般に帰納法と呼ばれているものがその代表的な方法とされ，その特徴は，前提が真であっても結論は必ず真になるとはかぎらず，その蓋然性が高まるだけという点，および，結論の内容が必ずしも前提のなかに暗々裏に含まれているとはかぎらない点にある[6]。そして，理論形成にあたっては，これら2つの方法がしかるべく組み合わされて併用される。最初と最後の段階では蓋然的推理が，その中間の段階では演繹推理が，それぞれ行われるのである。すなわち，現実と接触して仮説や前提を設定する最初の段階では，まず蓋然的推理が行われ，次にこの仮説や前提から演繹推理を用いて結論が導き出され，そして最後に，この結論を現実に突き合わせて検証する段階では，再び蓋然的推理が行われるというわけである[7]。

　このような推論方法そのものについて研究するのは，論理学の仕事であるが，これらの利用を各科学で考えるときには，当然，各科学ごとの方法論が成立し，それぞれの事情に応じて附帯的に生起してくる特殊な問題の検討も迫られることになる[8]。このことは，会計学の場合についても同じである。会計学の分野

では，会計というその研究対象がもつ特殊性をも考慮に入れて，これら2つの推論方法を，多種多様に組み合わせ併用したものが，斯学特有の研究方法としていろいろ提唱されている。これらの研究方法について一々ここで取り上げることは割愛するが[9]，大きくいって，これらは2つに分類できるように思う。1つは，会計のもつ手段的性格に着目し，これが充足している何らかの目的との関連で，会計理論を整合的に構築せんとする方法で，これを，仮に，目的論的研究方法と呼ぶことにする。いま1つは，会計の背後にある複式簿記という独特の計算思考に着目し，会計固有の計算機構との関連で，会計理論を整合的に構築せんとする方法で，これを，仮に，計算構造論的研究方法と呼ぶことにする。以下では，このような分類を用いて話を進めて行くことにする。

ところで，一口に会計学といっても，倉地教授も指摘しておられるように，そこで構築される理論には，性格のまったく異ったものが2つある[10]。いま倉地教授の命名に倣って示せば，1つは，「説明理論」としての会計理論と呼ばれるものであり，他は，「指導理論」としての会計理論と呼ばれるものである[11]。前者は，哲学にいうザイン論とか存在論に相当するもので，事実判断のみに依拠して，現に存在している会計実践を在るがままに認識し，何故そう在るのかその存在の仕組みや理由を解明する会計理論である。これに対し後者は，哲学にいうゾルレン論とか当為論に相当するもので，立論にあたって価値判断の介入をも伴うが，現存の会計実践を望ましいと考える方向へ指導・改革し，ひいては在るべき望ましい会計を擁立せんとする会計理論である。したがって，これら両理論の妥当性の検証は，もちろん両者とも，会計という社会現象を研究対象としているので，実験による検証は不可能であるが，前者については，現実の会計実践との対比による経験的検証が可能である。しかし，後者については，この検証も不可能である。なお，以下では，前者の会計理論を「説明理論」と，また後者のそれを「指導理論」と略称して論を運ぶことにする。

目的論的研究方法や計算構造的研究方法は，このような2つの理論の構築にあたり，それぞれどのように係ってくるのであろうか。節を改めて考えてみる

ことにする。

3 「説明理論」の構築と目的論的研究方法の宿命

先にも少し触れたように，会計学の研究対象たる会計は，それ自体，自己目的をもっているわけではない。何らかの目的を充足するための手段として，その存在を認められているにすぎない。会計のもつかような手段的性格からみれば，「説明理論」であろうと「指導理論」であろうとそのいかんを問わず，目的論的研究方法を用いて，会計目的を中心とする整合的な会計理論の構築を試みたほうが，合理的といえるかもしれない。

まず，「説明理論」についていえば，確かに，この研究方法を用いて，現存の会計実践を在るがままに事実認識し，その存在の仕組みや理由を解明せんと試みることは可能であろう。しかも，会計学の科学性を追究せんとする立場からすれば，形成された理論体系の整合性を後で現実と対比して経験的に検証できるこの理論を，ぜひとも完成させたいところであろう。だが，これには2つの点で大きな困難が伴う。1つは，「説明理論」そのものの本質に根ざす困難であり，いま1つは，目的論的研究方法の利用から生ずる困難である。

初めの困難についてであるが，そもそも「説明理論」に，理論体系としての完全な整合性を期待するなどということが可能なのだろうか。「説明理論」というものは，もともと仮説演繹体系として形成されているはずである。したがって，このような期待を抱くこと自体すでに自己矛盾を犯したことにならないか。というのは，仮説としての理論は，現実の会計実践と対比して，いかに多くの経験的検証を積み重ねたとしても，それが真であるとの蓋然性が単に高められただけにすぎず[12]，絶対的に真であると断定できるような理論は，永久に出現しえないからである。「説明理論」であっても，現行の会計実践を矛盾なく説明しえないようなものならば，あるいは例外を認めざるをえないようなものならば，それは「説明理論」として失格である，との批判の声をしばしば耳にする。だが，これは的外れの批判といえよう。これまでで明らかなように，

第1章　会計学と研究方法　15

このような批判に耐えうるような「説明理論」など論理的にあるはずがない。「説明理論」というものは，本来，永遠に未完成の仮りの理論なのである。その精緻化への努力が永久に続けられるべき筋合いのものなのである。このように，「説明理論」そのもののなかに，完全な理論的整合性を求めにくい厄介な体質をもっていることは，銘記しておく必要があろう。

　次にいま1つの困難についてであるが，目的論的研究方法を利用すると，それに伴って宿命的に避けて通れない問題が起ってくる。この方法を用いる場合，果して「説明理論」の段階で留っていられるのだろうか。必然的に「指導理論」へ移行せざるをえなくなるのではないか。ということである。倉地教授が再三警告を発しておられるように[13]，会計学の研究が混乱に陥る危険を避けるためには，「説明理論」と「指導理論」の差異を明確に認識し各自その研究に取り組むべきことは，確かに研究態度としてはきわめて重要である。しかし，そのような態度を果して堅持できるものなのだろうか。否，それどころか逆に，「説明理論」の段階で甘んじていたのでは，研究態度として怠慢との謗りを免れないのではないか。何故ならば，この「説明理論」で究明の対象にしている肝心の会計実践そのものが，もともと何らかの所与の目的の達成を目指しすべて矛盾なく統合的に行われているわけではなく，この研究方法の趣旨からすれば，そこでは当然，首尾一貫した合目的的会計実践へ改革せよとか，さらには，ヨリ有効な新しい合目的的会計を開発し実践せよ，などの議論へ発展して行くはずだからである。いいかえれば，目的論的研究方法という立場からみれば，矛盾だらけで不完全な会計実践を相手にして，整合性のある完全な「説明理論」を構築せんとすること自体，矛盾であって，そのようなことが可能なわけがないということである。

　このようにみてくると，経験的検証に耐えうるような整合的な「説明理論」を，目的論的研究方法を用いて構築するなどということは，実際にはありえないことになってしまう。では，どこに解決の緒口を見い出したならばよいのか。どうしても，かかる研究方法によって「説明理論」を構築したいというのであれば，この理論も会計学にとって重要な任務をもっているので[14]，現存の会

計実践は在るがままに事実認識し，そのなかに含まれる矛盾は矛盾として統一的解明のない説明のままで留め，理論的整合性の追究は断念するよりほかはないであろう。また逆に，かかる研究方法によって専ら理論的整合性のみを追究したいというのであれば，「説明理論」は諦めてむしろ「指導理論」の構築に方向転換したほうが得策かもしれない。さらにはまた，「指導理論」は，価値判断が介入し，その経験的検証が不可能なため，科学性の点で若干疑問が残るから，あくまでも整合的な「説明理論」の構築を目指したいというのであれば，計算構造論的研究方法など他の研究方法を探し，活路を切り開くほかはないであろう。研究の方向としては，これら3つの行き方のうちのいずれかを選ばざるをえなくなる。

4　目的論的研究方法と「指導理論」の性格

いま述べたようなわけで，目的論的研究方法を用いて形成せんとしている会計理論のなかに，一貫した整合性を求めるとなると，究極的には，「説明理論」の構築は断念し，「指導理論」のほうへ転向せざるをえなくなる。構築された「説明理論」をもって，現存の会計実践を矛盾なく説明できないのは，推論がまだ未熟だからだとの批判を受け，いくら努力を積み重ねてみても，所詮，現実を整合的に説明できる理論など作れるわけがない。実は，構築された「説明理論」自体に欠点があったからではなくて，肝心の研究対象そのもののなかに欠陥があったからである。もともと会計実践というものは，その時々の必要性に応じて創意工夫された経験の寄せ集めにすぎない。最初から全体的整合性を考えて集積していった結果ではないのである。このような会計実践の説明に，理論的整合性を探し出すことなど，永遠に不可能に近いといえる。ならば，会計実践に囚われずに，全体的整合性のある理論の構築を試みてはどうか，という発想が当然出てくる。ここで作られた理論が，実践の指導や改革のために適用されれば，それは結果として「指導理論」ということになる。

目的論的研究方法を用いて「指導理論」の構築を図る場合，会計のもつ手段

的性格に立脚して理詰めでいえば，これは次のように行われるはずである。まず，実態調査などを行って，会計に対する社会からの全ゆる要求を，会計目的として把握する。次に，それら各目的ごとに，その目的達成に最善の会計を個々に樹立する。こうなるはずである[15]。しかし，これを実施に移すとなると，その経済性の面からみてほぼ不可能であろう。そこで次善の策が考えられる。これは，各会計目的のなかでもっとも重要度の高いものについては，まず一個の会計を樹立するが，他の相対的に重要度の低いものについては，これに何らかの補正を加えて転用する便法である。ただし，これには，多種多様な会計目的のなかから，その前提となるもっとも重要度の高いものを、いかに選択するかという，きわめて困難な問題が伴う。だが，これは解決可能であろう。というのは，現存の会計実践では，この便法に近い，いわば混合会計が実際に行われているとみられるからである[16]。したがって，これを分析すれば，その背後に隠れている種々の目的意識が分かるはずである。恐らくは，そのなかに大多数が重視している支配的なものがあるはずである。結局これをもって，もっとも重要度の高い会計目的と理解すればよいわけである。その後は，これを立論の出発点にして，現在種々の目的のための会計が渾然一体となっている実践を整理し，そこに含まれている矛盾点は修正して，最終的には整合性のある会計に纏め上げて行けばよいことになる。

　ところで，このようにして構築された「指導理論」の妥当性は，どのように検証するのだろうか。そのような内容の会計は，まだ実践で行われたことがないはずであるから，「説明理論」の場合とは異なって，現実との対比による経験的検証などもちろんできるわけがない。さらには，会計は自然現象ではないので，実験によって検証するわけにもゆかない。では，どうするか。

　同一の会計目的を前提に置いて構築された異なった「指導理論」の間で，そのいずれが妥当かの検証は，それぞれの推論に内在的批判を加えれば可能であろう。というのは，ここでの推論は，事実判断の問題だからである[17]。しかし前提に置かれた会計目的が異なる「指導理論」の間での妥当性の検証は不可能である。何故ならば，この場合には外在的批判が加えられることになり，結

局は，それぞれが前提に置いた会計目的の妥当性にまで遡って価値判断をしなければならず，永遠に決着のつかない「神々の争い」[18]といえるからである。ただ，この場合，現実には次のような妥協的解決で満足することになる。つまり，結果論ではあるが，大多数が実際に選択した理論をもって，そのような結果になったのは，これがもっとも妥当性をもっていたからだと理解するわけである。そして，その選択が本当に妥当であったか否かの最終的な判断は，後世史家の評価に待つことになるのである[19]。

「指導理論」の構築に目的論的研究方法を用いれば，確かに，理論的整合性は貫徹し易いが，それには以上のような難点が伴う。そこで，いま一度原点に立ち返り，本質的に価値判断が介入するはずがなく，かつ経験的検証の可能な「説明理論」を，計算構造論的研究方法など他の研究方法を用いて整合的に構築しうる途を，模索せんとの動きが当然出てくる。

5　価値判断の回避と計算構造論的研究方法の限界

「指導理論」には必然的に価値判断が介入する。会計学の科学性を高めようとの動機から，目的論的研究方法を用いてせっかく整合性のある理論を組み立てたとしても，これではいかんともし難い。会計学も含め社会科学が，自然科学と較べて，これまで科学性の点で遜色がみられたのは，その科学的探究にあたり価値判断が混入し事実認識を歪曲させる恐れがあったことに，その原因の1つがあるといわれる[20]。かつて，マックス・ウェーバーも，このことを憂えて，社会科学の研究に価値判断が介入しその科学性を損うことのないよう，科学と政策の分離を強調したわけである[21]。したがって，会計学においても，その科学としての昇華を目指すのであるならば，当然そこでは，価値判断の混入の恐れのない何らかの研究方法を探し出し，これを用いて整合性のある「説明理論」の構築を試みてみる必要があろう。このための方法が，計算構造論的研究方法である。

既述のように，計算構造論的研究方法では，会計の背後にある複式簿記とい

う独特の計算思考に着目し，会計固有の計算機構と関連させて，現存の会計実践を解明して行こうというのである。この方法の主たる狙いは，推論への価値判断介入の防止にあるとみられる。このため，そこではまず会計目的への論及は避けられている。これに触れると，前述したように，必然的に「指導理論」へと転換せざるをえなくなるからである。さらにそこでは，会計というものを，純粋に，計算の仕組みに関する問題とだけみて，取り上げようとしている。会計実践も社会現象の1つではあるが，数値をもって表現するのを特色としているため，多分に自然現象に近い性質をもっているものと理解するならば，価値判断のまったく介入する余地のない自然科学[22]と同じように取り扱うことができるからである。このように，この研究方法は，価値判断の介入を回避せんとの発想から考え出されたものといえる。

　では，計算構造論的研究方法を用いてみて，実際に，推論への価値判断の介入を排除し，整合性のある「説明理論」の構築に成功したのであろうか。この方法では，会計実践を単純に計算機構としてのみ解明して行くので，価値判断の入り込む余地はなく，この点は，一応，成功したものといえるかもしれない。しかし，整合性ある「説明理論」の構築という点では，大きくいって，次のような2つの限界があり，首尾一貫した矛盾なき説明を行うには無理があるようである。

　1つは，この研究方法による場合，いくら新しい独創的な説明を試みようとしても，結局，複式簿記という独特の計算思考の枠組みから抜け出せないということである。例えば，説明の難しい例としてよく使われる引当金や繰延資産などの問題にしても，この計算思考がなければ，この世に存在するはずがなく，これ以上の変った新しい説明など試みようもない。どのように複雑な会計実践であっても，その背後にはこの計算思考が貫かれているからである。そして，いま1つは，たとえこの研究方法に基づいたとしても，推論の過程で究極的には会計目的に論及せざるをえなくなることである。例えば，この研究方法では，よく，会計は損益計算のための計算構造に成っている，というが，まさか損益計算そのものが自己目的をもっているわけではあるまい。何故，損益計算を行

うのかと，順次遡って問い詰めて行けば，結局，社会から求められている何らかの会計目的に突き当るはずである。もともと，会計実践というものは，何らかの目的意識をもって行われた行動の結果を，会計数値を用いて表現しただけにすぎず，その背後には必ず目的意識が存在しているはずだからである[23]。

このようなわけで，計算構造論的研究方法も，価値判断の回避には成功したが，目標の整合性ある「説明理論」の構築にはいま一歩といったところである。

6 むすび

以上，会計学を科学として追究して行くための研究方法について，それを用いて構築されるはずの会計理論の性格と関連させて，検討を試みてきたが，そこでは次のような点を明らかにできたと思う。

(1) 研究対象の会計がもっている特性から，会計学における研究方法は，大きくいって，2つに分類できる。1つは，会計の手段的性格に着目し，これが充足を目指している何らかの会計目的と関連させて研究して行く目的論的研究方法である。いま1つは，会計の背後にある複式簿記という独特の計算思考に着目し，会計固有の計算機構と関連させて研究して行く計算構造論的研究方法である。そしてこれらのうちいずれを選択するかは，構築を意図している会計理論の性格によって決まる。

(2) 会計学で構築される理論には，性格のまったく異ったものが2つある。1つは，現存の会計実践を事実判断に基づいて解明する「説明理論」である。いま1つは，この実践の指導・改革を目指す「指導理論」で，そこには当然，価値判断が介入する。これら両者とも，会計実践という社会現象を研究対象としているため，その妥当性について実験による検証は不可能であるが，前者は，現実との対比による経験的検証が可能である。しかし，後者については，大多数が会計実践で実際に採択した理論をもって，もっとも妥当性が高いものと見做すか，あるいは後世史家の評価に待つよりほかにない。

(3) 会計学の科学性を高めるという視点からみれば，価値判断が混入せず事

実認識を歪める恐れのない「説明理論」の構築を試みるのが，本筋であるが，目的論的研究方法の場合には，2つの点でこれが難しい。1つは，仮説演繹体系として理論形成が行われるため，永久に理論的整合性が求められない点である。いま1つは，研究対象になっている肝心の会計実践そのものに欠陥がみられるため，この研究方法の趣旨からすれば，「指導理論」へ移行せざるをえない点である。

（4）　会計のもつ手段的性格を重視するならば，目的論的研究方法によって，整合性ある「指導理論」を構築することになる。この場合，前提に置かれた会計目的については，価値判断の問題なので，理論構築時点ではその妥当性を検証できないが，その後の推論過程については，事実判断の問題なので，論理的に検証できる。

（5）　前述の（3）と同じ立場から，計算構造論的研究方法による「説明理論」の構築が試みられている。そこでは，会計実践を自然現象に近い性質のものと理解しようとしているため，価値判断介入の回避には成功しているが，整合性ある「説明理論」の構築という面では，次のような2つの限界があり，必ずしも成功しているとはいえない。1つは，会計実践なるものが複式簿記という計算思考の適用による産物なので，実践の解明もこの計算思考の枠組みから抜け出せないことである。いま1つは，会計の背後には必ず目的意識が存在しているので，理論形成にあたって会計目的を無視するわけにはゆかないことである。

以上である。方法論は会計学においてもきわめて重要な問題といえる。したがって，これらの諸点を踏まえて，その精緻化のために今後の一層の研究が待たれる。

注

（1）　例えば，倉地教授は，会計学における方法論の重要性を早くから強調してきておられる〔倉地幹三稿「会計学方法論に関する一考察」（明治学院論叢　第189号　485頁

以下），同　稿「会計学における研究課題と研究方法」（一橋論叢　第68巻第1号　32頁以下），同　稿「会計学における挑戦のあり方」（企業会計　第25巻第5号　121頁以下）参照〕。
(2)　このための研究方法として，case by case method とか piecemeal method などと呼ばれるものがあり，提示された各解決策の間に全体的整合性を貫けない弱点はあるが，かつて英米で主流を成していた。
(3)　近藤洋逸・好並英司著「論理学概論」（岩波書店）221頁～270頁参照。
(4)　同　上，78頁。
(5)　同　上，およびW・C・サモン著・山下正男訳「論理学（改訂版）」（培風館）19頁～24頁参照。
(6)　近藤洋逸・好並英司著，前掲書，78頁，および164頁～165頁，ならびにW・C・サモン著・山下正男訳，前掲書，19頁～24頁参照。
(7)　近藤洋逸・好並英司著，前掲書，4頁。
(8)　同　上　参照。
(9)　会計学で用いられる各種研究方法の解説については，若杉明著「会計学方法論」（同文舘）や村上仁一郎著「会計方法論」（中央経済社）などに詳しい。
(10)　倉地幹三稿，前掲論文（一橋論叢　第68巻第1号），46頁。
(11)　同　上　36頁。
(12)　倉地幹三稿，前掲論文（企業会計　第25巻第5号），131頁参照。
(13)　同　稿，前掲論文（明治学院論叢　第189号），511頁，および同　稿，前掲論文（一橋論叢　第68巻第1号），46頁。
(14)　同　上（一橋論叢　第68巻第1号），45頁～46頁参照。
(15)　このような理論構築の一例としては第6章及び第8章を参照。
(16)　例えば，中小企業では税務会計を，また大企業では証取会計を，それぞれ中心にして会計を実施しているとみられている。
(17)　近藤洋逸・好並英司著，前掲書，276頁～277頁参照。
(18)　マックス・ウェーバー著・尾高邦雄訳「職業としての学問」（岩波文庫）54頁。
(19)　近藤洋逸・好並英司著，前掲書，278頁参照。
(20)　同　上，271～278頁参照。
(21)　マックス・ウェーバー著・富永祐治・立野保男共訳「社会科学方法論」（岩波文庫）9頁～31頁，および105頁～108頁参照。
(22)　近藤洋逸・好並英司著，前掲書，276頁参照。
(23)　倉地幹三稿，前掲論文（一橋論叢　第68巻第1号），35頁，およびマックス・ウェーバー著・富永祐治・立野保男共訳，前掲書，14頁～15頁参照。

第2章

会計と複式簿記の接点

1 はじめに

　1990年代に入り，我が国では，会計ビックバンと称して，種々の会計改革が提案され，あるいは実施に移されてきている。これらは，いわゆるバブル経済の崩壊に伴う事後処理の一環として始まったものではあるが，ほぼ同時期に強まった国際会計基準への同調化傾向の影響によるところが大きい。周知のように，最近の国際会計基準の進展は，投資意思決定への情報提供という側面を重視した米国会計基準と同じ色合いの濃いものが作られることが多い。したがって当然，これらの改革も，主にこの情報提供という視点に立って従来の会計を見直し，一部はその修正という形で，また一部は新たな追加という形で，進められてきている。

　ところで，情報化社会と呼ばれるようになって久しいが，会計に対しても，企業関連の情報をめぐって多種多様な役割期待が向けられてきている。会計の原点は複式簿記にあり，会計はその計算機構によって制約を受けているという事実への社会的認識不足のためなのか，本来ならばIR関連の情報として取り扱われるべきものまでも，会計の守備範囲に入ると誤解されているようにみえる。複式簿記の計算機構に乗せられないものは会計情報とはいえない。

　会計改革で指示されている事項も，会計上の問題として取り扱うというのであれば，当然のことながら，外部へ情報として提供するにあたって，複式簿記の計算機構に乗せられることになる。この点でジレンマに陥る。既存の計算機構は，必ずしも投資意思決定への情報提供に適合するようには作られていない

からである。それどころか，長年にわたって，株式投資者への受託責任についての結果報告と結果の分け前たる分配可能利益の算定に適合するような機構が作り上げられてしまっているからである。会計に対する異なった役割期待に，複式簿記の計算機構のなかでどのように応えることが可能なのだろうか。

本章では，この答えを見つける手がかりを探るため，古くして新しい問題ではあるが，会計と複式簿記の関係を改めて考えてみたいと思う。

2　二項対照的把握と複式簿記

会計とは何か，複式簿記とは何か，また両者はどのような関係にあるのかについては，これまで多くの先達によって論じられてきており，先行研究としてまずそれらを紹介するのが順当であろうが，紙幅の都合上それは割愛する。ただここでは，まず中世に複式簿記が商業の発達とともに，経営上の必要に迫られて自然発生的に誕生し，その後株式会社制度の発達とともに，資産評価問題と関連して複式簿記を補う形で会計が誕生したといわれる史的事実については，ほぼ異論がないことだけを触れておく。

さて，リトルトンによれば，複式簿記の起源は，収入支出の記録と債権債務の記録に始まるといわれる[1]。人間の記憶力には限りがあるので，自己の財産管理のためにこの2つの記録が必要不可欠とされたことは，想像に難くない。ことに，商的活動を行っていればなおさらのことであろう。このことは，複式簿記で企業経済活動の二項対照的把握に用いてる対概念の借方と貸方とが，金銭の借り手と貸し手に由来するところからも推測できよう。

金銭の貸借は，収入支出を記録する勘定と，債権債務を記録する勘定（当時は現在と異なり，財産管理が複式簿記の主要目的であったため，貸付金とか借入金という統括勘定ではなくて人名勘定）を用い，貸した時は，金銭そのものは支出として前者の貸方に，貸しは借り手である後者の借方に記録し，また，借りた時は，金銭そのものは収入として前者の借方に，借りは貸し手である後者の貸方に記録し，二項対照的に把握されることになる。この借方と貸方を用いた二項対照的

把握という複式簿記の特色が如実に見て取れるのは，金銭貸借の返済を記録する時であろう。返済を受け，あるいは返済を行った金銭そのものは，前者の勘定に収入あるいは支出として借方あるいは貸方へ記録すれば足りるが，問題は後者の勘定への記録である。二項対照的把握をしなければならないわけだから，後者の勘定への記録は，前者の勘定とは借方あるいは貸方が逆になるはずである。このような記録の仕方は，減算のための反対記録といわれているが，ヨーロッパ諸国の，加算志向とでも呼んだらよいのか，古来の慣習から出ているように思えてならない。彼の諸国では今でも，お客に釣銭を渡す時，お客が出した金額から品物の代金を差し引きその差額を渡すのではなく，品物の代金に釣銭を加えて行きその合計額とお客が出した金額とを同じにする方法で渡しているのをしばしば見かけるが，これと同じ考え方のように思える。このような考え方は，勘定締切りの時，借方と貸方を比べその累計額の小さいほうに，小さい分と同じ金額を加えて借方合計と貸方合計を同額にするところにも見て取れる。勘定への全ての記録について二項対照的把握で一貫させるとすれば，借方と貸方の両側に同じ金額を加算していったほうが合目的的だからであろう。

　この二項対照的把握は，収入支出を記録する勘定を中心にみると，相手勘定の借方で支出の原因を，また貸方で収入の原因を表すことになる。つまり，相手勘定は，収支の原因を記録する勘定といえる。もしそうならば，この相手勘定とペアになっている肝心のもう一方の勘定は，原因から生じた結果を記録する勘定と言い換えることもできる。したがって，誤解を恐れずに敷衍していえば，複式簿記は，収入支出ばかりではなく企業の経済活動全てを，原因対結果という形で二項対照的に把握する計算機構とみることもできよう。問題は，どのような原因を，どのような金額で，どのような時期に把握し，またどのような結果を，どのような金額で，どのような時期に把握し，そして，両者をどのように二項対照的に複式簿記の計算機構に乗せるかである。これらは，会計の力を借りなければ解決不可能である。

3 把握内容の決定と会計

　複式簿記では，原因対結果は，いわゆる計算五要素として資産，負債，資本，収益，あるいは損費のいずれかの増減という形で把握されるが，これら五要素の内容は，会計に期待される役割，つまり利用目的の如何によって決まる。会計は，自己目的を持っておらず何らかの目的を達成するための手段だからである。メイ[2]をはじめ多くの論者が会計の利用目的について述べているが，株式投資者の立場からすれば，企業の受託責任についての結果報告と結果の分け前たる分配可能利益の算定，および投資意思決定への情報提供の2つが主なものとみられる。企業を取り巻く諸条件が許せば，かつてそうであったように，古くから行われてきている前者のための会計で，後者にも応えることが可能であろうし，また，五要素の内容も前者のみを前提に決定できよう。しかし，近年それが困難な状況になりつつあり，このことが，前述の会計改革の1つの理由にもなっている。

　本来ならば，会計の手段的性格からいって，異なった役割期待ごとに別々の会計が必要なはずで，計算五要素もそれに応じて別々の内容のものになるはずであるが，会計の経済性からみて実務上これが不可能である。1つの会計で異なった役割期待に応えようとすると，現行の会計のように，必然的に混合会計とならざるをえない。このような，いわば二元論的あるいはそれ以上の多元論的会計のなかで，五要素の内容を一元論的に解明しようとすること自体無謀な試みかもしれないが，斯学の精緻化のためにはその努力は必要であろう。

　さて，計算五要素の内容も，生成史的には，混合化の歴史だったといってもよいであろう。複式簿記の目的が財産管理にあった当初の時代には，債権債務を中心に五要素の内容も決められていたであろうが，その後，株式会社制度の発達と企業経済活動の複雑化に伴い，財産管理が発展的に経営管理として副次的目的に変わり，損益計算書と貸借対照表の作成がその主要目的になって以降，この主要目的の補強のために誕生した会計への役割期待が多様化し，五要素の

内容も，繰延資産や引当金などの例にみられるように，混合化の過程を辿っている。このような混合化状態にある内容を一元論的に解明しようとすれば，これまでの斯学における研究の進展にみられるように，内包の抽象化に頼らざるをえないのではないか。著者もかつて，五要素の1つ収益そのものを取り上げたわけではないが，収益は分配可能利益の源泉となるため，その計上がいったん行われたならば逆転することのない不可逆性を，備えるに至ったか否かが，収益実現・未実現の区分要件であると述べ[3]，論旨の展開にあたり内包の抽象化を試みたことがある。確かに，抽象化すればするほど，共通性を抽出し易いが，これでは実務に困難を来す。循環論的ではあるが，これを救済するのが，複式簿記の計算機構におけるその実行可能性であろう。会計への役割期待との関連で内容の決まった五要素が，複式簿記の計算機構に乗らなければ会計情報とはいえないからである。会計は，まさに複式簿記との相互作用の上に存立しているのである。

4 把握金額の決定と会計

どのようなものであれ原因対結果を，複式簿記の計算機構に計算五要素の増減として乗せるとなれば，共通の計算単位として金額で表現しなければならなくなる。そうでないと多種多様な原因または結果の加減が不可能だからである。問題はどのような金額を使うかである。当然のことながら，金額は収入と支出に依拠して決定されるが，この収支には過去，現在，および未来の3つがある。前二者は確定した収支といえるが，未来の収支は決算日での予測にすぎず未確定のものである。これらのうちいずれに基づいて金額を決定するかは，前述の把握内容の決定と同様，会計に期待される役割，つまり利用目的の如何による。1つの会計で異なった役割期待に応えている現行の混合会計では，これら3つの収支が混合化されながら金額決定が行われている。ただこれまでは，株式投資者への結果報告と分配可能利益の算定のため，金額の決定は，主に確定した収支である過去および現在の収支に基づき，未来の収支に基づくことは引当金

の例にみられるように部分的であった。ところが，投資意思決定への情報提供という役割期待の充足を重視する最近の傾向の下では，どのような意思決定であれ意思決定は全て未来にかかわるとの認識からか，未来の収支に基づく金額の決定が強調されつつある。たとえ確定していない未来の収支に基づく金額であっても，これを用いて五要素の増減は複式簿記の計算機構に乗せられるはずであるから，最終的に求められる純利益にそれは影響を与えることになる。ここに混合会計の苦悩がある。

　投資意思決定への情報提供のみを目指すのであれば，不確かな未来の収支に基づく金額を用い純利益を算定しても支障はないかもしれないが，純利益というものは，分配可能利益の源泉でもある。そのため，従来，純利益の算定にあたり，資金的裏付けのない収益の算入は排除されてきた。当然，未来の収支は，金額の決定に用いられず，企業の健全性強化に資するとみられた一部の損費算入に限りその金額の決定に用いられていたにすぎない。これとても，昨今のバブル経済の事後処理にみられるように，度を超せば社会に混乱を巻き起こす。もっとも，この事後処理は，バブル経済後の企業実態の透明性を高め，投資意思決定への情報提供を補強しようとの意図から出たものではあろう。しかし，たとえそうであっても，これが複式簿記の計算機構の上で行われれば，いやでも純利益に反映され，それを源泉とする分配可能利益の算定に重大な影響を与えることになる。将来のことは神のみぞ知るとの譬えはあるが，歴史上，永遠に続いた不況はない。やがて景気が回復し好況になった時，この情報提供という会計の役割を重視し，金額の決定に未来の収支を使用し続ければ，純利益の算定にもっと難解な問題が起こるであろう。収益の金額決定に損費との一貫性を保つとすれば，当然，未来の収入に基づくこととなり，資金的裏付けのない未確定の収益が純利益に算入されてしまう。これを源泉として分配可能利益を求めるわけにはいかなくなる。それを避けるとすれば，損費と収益の金額決定の一貫性をどのように保つのであろうか。バブル経済が起こる以前のような保守主義思考も取り入れた会計に戻ろうとでもいうのだろうか。

　ところで，分配可能利益の源泉たる純利益は，損益計算書と貸借対照表に表

示されるが，これらは，決算の時に総勘定元帳に設けられる損益（集合）勘定と残高（集合）勘定（英米式決算の時は繰越試算表）を基礎に作成される。したがって，純利益の算定にあたり，未来の収入と支出に基づく金額の影響を排除するとすれば，総勘定元帳の上ではこの金額を用いない方法が採られることになる。周知のように，複式簿記では，損益計算書と貸借対照表の作成という主要目的のためには仕訳帳と総勘定元帳の2つの主要簿を，また経営管理という副次的目的のためには種々の補助簿を用意している。当然，未来の収支に基づく金額は，後者の補助簿の上で取り扱われることとなる。企業の透明性を高め投資意思決定への情報提供の充実を図りたいのであれば，分配可能利益の源泉ともなる純利益に重大な影響を及ぼす恐れのある方法を採る必然性はない。未来の収支に基づく金額は，補助簿を基礎にしている脚注や附属明細表（書）を用い十分に明示できるはずである。把握金額もやはり，会計と複式簿記の相互作用の上に決められることとなる。

5　把握時期の決定と会計

　原因対結果が，何時，計算五要素の増減として複式簿記の計算機構に乗せられるようになるかは，やはり会計に期待されている役割，つまり利用目的の如何による。これまでは，主に株式投資者への結果報告と分配可能利益の算定のため，五要素増減の金額確定時をもってその把握時期としてきた。観念的には，原因または結果のいずれか一方または両者が，その金額確定前に生起していることが分かっていても，五要素の増減として金額で表現できなければ，複式簿記の計算機構に乗せ，分配可能利益の源泉となる純利益を求めることが不可能だったからである。したがって，当然，把握時期の決定は把握金額の決定と同時に行わざるをえない。現行の混合会計の下では，把握時期として，主に，過去および現在の収支に基づく金額の確定時が使われるが，未来の収支に基づく金額であっても，企業の健全性保持からみて難点のない場合には，例えば未収収益や未払費用などを相手勘定として用い損益の計上を行う時のように，決算

時にこれを先取りし確定したものとして，この決算時をもって把握時期とすることもある。このように，前述の金額決定の場合と同様，把握時期も混合化されつつ決められているといえよう。

　ところで，前述のような昨今声高に叫ばれている，企業の透明性を高め投資意思決定への情報提供の充実を図ろうとの視点に立つならば，把握時期としては決算時が使われることになろう。意思決定は将来にかかわるため，決算時に未来の収支に基づき確定する金額のほうが，過去および現在の収支に基づく金額よりも将来に近く，この金額の確定時つまり決算時が選ばれるはずだからである。決算時に未来の収支に基づき金額がいったん確定されれば，たとえ予測が加味されたものであっても，原因対結果を計算五要素の増減として複式簿記の計算機構に乗せるにあたりこの金額が用いられることとなる。その上，全ての会計期間に一貫性を保つとすれば，決算時に毎回，未来の収支に基づく金額の確定が必要となろう。このような作業自体，実施に移すとなると，かなりの困難を伴うであろうが，仮に可能であったとしても，前にもしばしば触れたように，分配可能利益の源泉となる純利益の算定との両立が難しい。やはり把握時期も，補助簿を介して脚注や附属明細表（書）に反映させるほかないであろう。ここでも会計と複式簿記は相互作用の上に存立しているといえよう。

6　接点としての脚注・附属明細表（書）

　一般に，会計行為は会計処理と会計表示の2つの領域に分けられるが，これまでみてきた把握内容，金額，および時期の決定は，前者に属する問題といえる。そして，これらは会計の影響を受けつつ複式簿記の計算機構を通して行われる。前にも触れたように，いわば補助簿から始まった複式簿記は，現在その主要目的を誕生当時とは異にしているが，損益計算書と貸借対照表の作成という主要目的を果たすには主要簿を用い会計処理を行い，また，経営管理という副次的目的を果たすにはこれに加え補助簿も用い会計処理を行っている。会計行為のもう1つの領域，会計表示は，従来これらのうち主要簿を用いた会計処

理を手掛かりに，受託責任についての結果報告を行うとともに，結果の分け前である分配可能利益も明らかにしてきた。しかし，以前は資金収支表という一種の附属明細表（書）にすぎなかったキャッシュ・フロー計算書の例にもみられるように，最近は，補助簿で取り扱うはずの会計処理までも会計表示に含めて公表するような状況になりつつある。

補助簿で取り扱う会計処理は，本来，外部への公表を予定していないものである。したがって，外部公表に伴う種々の会計上の制約を受けずに自由に会計処理が可能だったはずである。それを，投資意思決定への情報提供の一環としてこれまでの会計表示に加えて公表するとなれば，主要簿で果たしてきた役割，なかでもとくに分配可能利益の源泉になる純利益の算定を阻害しないようにする必要があろう。そのためには，再三述べてきたように，脚注や附属明細表（書）での会計表示を活用し，補助簿で取り扱った会計処理を公表する以外に方法はみあたらないといえよう。

脚注や附属明細表を用いた会計表示は，米国ではU. S. スティールの初期の年次報告書のなかにもみられるように歴史は古いが，我が国では，脚注は戦前に企画院準則に，また附属明細表は戦後に企業会計原則に，それぞれ取り入れられたのが最初といわれており，いずれも歴史が浅い。しかし，歴史が浅いからこそ逆に固定観念に囚われずにこれらを弾力的に応用できる可能性が高いとみることもできよう。会計が，その原点である複式簿記の計算機構の束縛から逃れられない以上，最近の会計への多様な役割期待に応えるには，会計と複式簿記の両者のいわば接点上に位置付けることのできる脚注や附属明細表（書）での会計表示を活用することも検討に値する1つの解決方向であろう。

7 むすび

会計と複式簿記の関係は，中身と器や意味と構文など今までに種々譬えられてきているが，これは斯界の永遠の課題といっても過言ではないであろう。これまで述べてきたように，複式簿記の基本理念は原因対結果という形での二項

対照的把握にあり，それらは，計算五要素の増減として，会計と複式簿記の接点の上でその相互作用を受けつつ内容，金額および時期が決められる。しかもその場合，会計に期待される役割の如何により大きな影響を受ける。このため，いくつもの役割期待に応えるよう求められる現在は，混合会計にならざるをえない。ことに，昨今強調されている投資意思決定への情報提供という役割に応えるのに，主要簿を用いれば分配可能利益の源泉ともなる純利益の算定に影響が及ぶので，補助簿の活用とその記載事項の外部公表化が図られつつあり，この側面からの混合化状態が，会計報告書の上で表面に現れているといえる。

このような最近の動向は，投資意思決定への情報提供の充実のため，いわば内部情報の外部情報化とみることもできようが，これを徹底させると，かつて著者も提唱したことがあるように[4]，究極的には企業予算の外部公表にまで行き着くこととなろう。会計の原点である複式簿記の計算機構に乗せることに拘泥しなければなおさらのことであろう。今後の動向を注目したい。

注

(1)　A. C. Littleton, *Accounting Evolution to 1900*, 1933, pp. 28-33（片野一郎訳『リトルトン　会計発達史』1952年，46～54頁）.
(2)　G. O. May, *Financial Accounting*, 1943, pp. 3-5（木村重義訳『G. O. メイ　財務会計』，1970年改訳版，5～7頁）.
(3)　第12章を参照。
(4)　第17章を参照。

第3章

会計改革と複式簿記

1 は じ め に

　我が国で1990年代以降行われてきている種々の会計改革は，当初は，会計ビックバンと称していわゆるバブル経済の崩壊に伴う事後処理の一環として始まったものではあるが，近年は，公表されているいくつかの会計基準でその設定趣旨の説明にあたり「国際的動向も踏まえ」とか「国際的調和を重視する観点から」などという表現がしばしば用いられていることからも窺い知れるように，2000年に証券監督者国際機構（IOSCO）が各加盟国へ国際会計基準の承認を勧告したことの影響からか，国際会計基準への同調化を強く意識した内容のものが多いようにみうけられる。問題はその内容である。

　周知のように，1989年に出された「概念フレームワーク」[1]は2001年に発足の国際会計基準審議会（IASB）にもそのまま引き継がれ，会計基準設定の際の指針として用いられている。ここで示されているフレームワークは，株式投資者などの意思決定への有用な情報の提供という視点に立って，全体が組み立てられているので，IASBから出される国際会計基準のほうも，当然それと整合性が保てるような内容のものになっている。我が国でも，これまでピースミル・メソッド風に会計改革が進められてきたが，そのなかで出された各会計基準の間に全体として整合性を保つ必要上，2004年にまず基本概念ワーキング・グループの研究成果であると断って，討議資料「財務会計の概念フレームワーク」が公表され，その後，関係者の意見を参考にこれに修正を加えたものが，企業会計基準委員会の公式見解として2006年末に出されている[2]。ここでも

IASBと同様の視点に立ってフレームワークの全体が組み立てられている。これは，会計改革で出されてきた会計基準の性格を示す1つの証左でもあろうが，会計改革が始まる以前の，「企業会計原則」を中軸に，結果報告および結果の分け前たる分配可能利益の算定という視点に立って作られてきた会計基準，との折り合いを探すのが難しい。最近の会計基準では，「企業会計原則」を意識して自己の守備範囲を明示しているものが多いが[3]，1つの会計基準のなかで，異なった2つの視点の両立をどのように図るかで苦慮しているようにみうけられる。結果報告という視点だけならば，これも情報提供の一種なので，意思決定への情報提供という視点との両立は可能であろうが，結果報告には必然的にその分け前の算定を伴っているところに両立の難しさがある。しかも，これを会計という領域の課題として取り上げようとするかぎり，これに複式簿記という制約条件が加わるため，その困難性はさらに増すことになる。

そこで，本章では，会計改革以降の会計基準が指示している事項のうち，このような2つの視点の両立を図ろうと苦慮しているようにみうけられるもので，かつ，複式簿記との関連からみて理解に苦しむものを，2，3取り上げ検討を加えてみたいと思う[4]。

2 株主資本等変動計算書の財務諸表としての地位

2006年5月1日以後に終了する会計または事業年度から，株主資本等変動計算書の作成が会社法および金融商品取引法で義務づけられた。この計算書を支える会計基準である企業会計基準第6号によれば，これは財務諸表の1つとのことである（第23項）。しかし，これが損益計算書や貸借対照表と同じように主要財務諸表の1つであるのか，あるいは附属明細表のように副次的なものなのか，については何も触れられていない。2006年制定の「会社計算規則」と同年改正の「財務諸表等規則」で定めている財務諸表の体系から類推するかぎりでは，これを主要財務諸表の1つと位置づけているようにみうけられる。もしそうならば，株主資本等変動計算書は複式簿記の仕組みとどのように関連づけら

れるのであろうか。損益計算書は総勘定元帳の損益（集合）勘定と，また貸借対照表は残高（集合）勘定（または繰越試算表）と結びついているように，主要財務諸表というものは，総勘定元帳のいくつかの勘定が集められた集合勘定と，表示の様式が異なるだけで実質は同じであるから，株主資本等変動計算書も同じように総勘定元帳上の何らかの集合勘定と結びついているはずである。かつて，キャッシュ・フロー計算書と現在呼ばれているものについても，同様の疑問が起こっている[5]。

　キャッシュ・フロー計算書は，1999年4月1日以後開始の年度から主要財務諸表の1つとしてその作成が義務づけられるようになったが，そのようにした理由が必ずしも明確にされていないように思われる。他の主要財務諸表と同様に重要な情報を提供することと国際的調和を図ることの2つが理由として述べられているが[6]，複式簿記との関連については何も触れられていない。それ以前は，1987年4月より有価証券報告書の「経理の状況」のなかで，キャッシュ・フロー計算書に類似したものが，「資金収支の状況」として示されていた。これは，もちろん主要財務諸表でもないし附属明細表でもない財務諸表外の情報として示されていたのである。複式簿記との関連からみて総勘定元帳との結びつきに納得のゆく理屈がみつからず躊躇したためではないかと推測するが，重要な情報を提供するだけというのであれば，このような表示の仕方でもやむをえなかったかもしれない。最近，非財務情報と称するものが，投資意思決定への情報提供という視点から関心を集めているようであるが，この表示の仕方はその先駆けとみることもできよう。本章では，後述のように，株主資本等変動計算書について複式簿記との関連で解釈を試みてみるつもりであるが，この表示の仕方は，その財務諸表としての地位を理解するときの1つの示唆になるかもしれない。

　ところで，非財務情報という用語であるが，誤解を招く不適切な表現かと思う。たぶん米語の翻訳であろうが，その内容を捉え，財務諸表外の媒体を用いて伝えられる情報という意味で，非財務諸表情報と呼んだほうが適切かと思う。もともと財務情報と会計情報は同義語で，複式簿記の考え方にもとづいて作ら

れた数値が会計数値であり，これを用いて表された内容が会計情報，つまり財務情報のはずである。米国のMD＆Aの例にもみられるように[7]，会計数値を用いて解説しておりながら非財務情報と呼ぶのでは矛盾と思えるからである。財務諸表に記載の数値を用いて財務諸表外の箇所で解説を加えることは，我が国でも以前から，有価証券報告書のなかのいくつかの箇所で分散的に行われていたが，2003年4月1日以降終了の年度から，有価証券報告書のなかで「第二 事業の状況」の「七 財政状態及び経営成績の分析」という見出しの下，米国のMD＆Aよりはやや簡略化した形ながら，会計数値を用いて全般的な解説を加えることになっている[8]。たぶんこれから先，投資意思決定への情報提供という視点から，このような方向での情報開示の充実が進んでいくとみられる。そのようななかにあって非財務情報という用語を使うのはいかがなものであろうか。

　さて，話を株主資本等変動計算書に戻そう。この計算書は，資本金などについての記載を除いてかつての剰余金計算書とかなり類似している。そこで，その財務諸表としての性質を考える手懸かりを，我が国の剰余金計算書をめぐる規定の変遷に求めてみたいと思う。周知のように，「企業会計原則」には1949年の設定当初から1963年修正まで，第二損益計算書原則の七に剰余金計算書の規定が設けられており，また，1963年の「財務諸表規則」制定に伴い凍結された「財務諸表準則」にもその標準様式が定められていた。これが主要財務諸表の1つとされていたのか否かは，明言がないので不明であるが，設定の前書きに示されている財務諸表の体系，およびこの作成を省略し利益剰余金計算の明細は損益計算書に，また資本剰余金計算の明細は貸借対照表に記載を認める容認規定から判断するかぎり，主要財務諸表の1つに位置づけていたとみても誤りではないように思う。ところが，1963年修正のとき，同年制定の「計算書類規則」が示した包括主義の損益計算書も受け入れやすいよう，剰余金計算書から資本剰余金の計算部分が除かれ，残りは利益剰余金計算書として扱うとされ，この状態が包括主義の損益計算書が採用される1974年修正まで続くが，それ以前と同様の財務諸表の体系および容認規定からいって，これを主要財務諸表の

1つに位置づけていたとみてよいであろう。しかし，除かれた部分は，その取扱いについて「企業会計原則」には明言はないが1963年制定の「財務諸表規則」から推測するかぎりでは（第118条），附属明細表で扱うべき事項と考えていたのではないかと思う。このような扱いは，連結財務諸表中心の情報開示が1999年4月1日以後開始の年度から本格的に実施されるとき，資本金等明細表へ集約化される形で受け継がれたが，株主資本等変動計算書の導入に伴い，この明細表も利益処分計算書とともに，これに吸収されるような形で廃止されてしまった。

　このような我が国における変遷から次のようにいうことができよう。剰余金計算書のうち利益剰余金計算書に当たる部分は，前期利益剰余金処分額の箇所を除けば，1974年修正以降の損益計算書の特別損益と同じであり，総勘定元帳上の損益（集合）勘定と実質的に結びつくので，主要財務諸表の1つと位置づけられる。しかし，資本剰余金計算書の部分は，附属明細表扱いされてきたように，総勘定元帳上の何らかの集合勘定との結びつきはみられず，同じような位置づけは難しい。当面の課題である株主資本等変動計算書についても同様に難しいといわざるをえない。これは，この計算書には，集合勘定との結びつきがみつからず除外した剰余金計算書の項目が集められているためでもあろうか。前述のように「会社計算規則」と「財務諸表等規則」ではこれを主要財務諸表の1つと位置づけているようではあるが，複式簿記との関連からみたとき，必ずしもそうとはいえないように思う。投資意思決定への情報提供のため必要というのであれば，附属明細表としてでもよいはずであるし，極論すれば，会計監査の問題は伴うが非財務諸表情報として示してもよいはずであろう。

3　負ののれんと我が国の文化

　2006年制定の「会社計算規則」と同年改正の「財務諸表等規則」で，負ののれんという科目が貸借対照表に固定負債の1つとして記載されることになったが[9]，のれん分けなどという表現にもみられるように，古くからある我が国の

風習と相いれないような用法に違和感をもった次第である。のれんはgoodwillと英訳されるが，負ののれんはまさかbadwillと英訳されるわけでもあるまい。このようなマイナスのイメージをも与えかねないものならば，のれん分けをしてもらいたいと思う者など誰もいないであろう。会計学の素養がある者にとっては，複式簿記にもとづいて処理したため生じた貸方科目とすぐに気づくが，そうでない者にとってはいかがなものであろうか。会計学がますます敬遠されてしまう。

　負ののれんという用語は，たぶん「企業結合に係る会計基準」で初めて使われたのではないかと思うが，いわゆるパーチェス法重視の国際会計基準との調整に手間取り，会計数値の処理に直接関係のない用語の検討にまでは手が回らなかったのであろうか。数値を扱ってはいるが，会計という現象は社会現象のはずであろう。社会言語学では，言語というものは，文化も含めそれが使用されている社会の全ての諸条件にもとづいて，その言語内意味も言語外意味も与えられていることを教えている。現在の我が国で使われている言葉のなかから，普通の知識さえあれば意味を理解できる用語を探す必要があったのではないかと思う。

　ところで，「負の」ではない「正の」のれんは，単に，のれんという科目名で無形固定資産の１つに記載するよう，両「規則」とも求めている。商法の領域では，のれんという名称が評価について定めた条文のなかで以前から使用されてきているが，「企業会計原則」では，その設定当初から営業権という用語のまま現在にいたっており，「財務諸表等規則」でも今度の改正まで同様であった。のれんの語源にまで遡って詳細に研究されている高瀬教授によれば，のれんも営業権も一種の無形財産であり譲与・売買の対象となりうるが，営業権という用語は，のれんの語源とは直接関係のない新しい造語で，のれんよりも広義で使われているという[10]。のれんという用語は高瀬教授の当時でも歴史の古いものであったのに，今度の改正で，これよりも新しい用語のはずの営業権の使用をやめて，いわば懐古的にこれに変えたのはどのような事情があったからなのであろうか。科目名の対称性を求めて，営業権という言葉に「負の」

と付けるよりものれんという言葉に付けたほうがましだとでも考えたのであろうか。両「規則」の内容に影響を与えたとみられる「企業結合に係る会計基準」には，のれんと負ののれんの会計処理について対称性に配慮している記述はあるが（前書き，三3（4）（5）），科目名についてはそのような名称にした事情が一言も触れられていない。

かつて，企業結合の1つである合併の会計で，取得の時の対価と受け入れた純資産との差額を，借方側では営業権，また貸方側では合併差益という非対称的な名称の科目を用いて処理していたことがある。後者の差益という表現が，損益計算書上の収益と混同させる恐れがあるとの批判はあったが，のれんという言葉に「負の」と付けるのとは違って，我が国の古い文化に由来する意味と矛盾するようなものではなかったかと思う。会計数値だから複式簿記にもとづいて処理し金額さえつじつまが合っていれば，科目にどのような名称を用いようが差し支えないというものでもないであろう。金額に意味を吹き込む1つの手段として科目の名称は重要かと思う。したがって，誤解を避けるのに必要ならば，このような非対称的な科目名を用いてもよいはずであろうが，あくまでも対称性を重視したいというのであれば，少し前までの連結調整勘定のように，たとえば企業結合調整勘定といったような名称の科目を用い，種々の形の企業結合によって法的に1つの組織になるとき会計処理上生じた差額であることを，示してもよかったのではないか。少なくとも我が国の文化との衝突は回避できたかと思う。

4　その他有価証券評価差額金・土地再評価差額金といわゆる資本直入法

会計改革では，投資意思決定への情報提供と国際的調和を重視する立場から時価評価的な考え方が取り入れられたが[11]，ここに掲げた2つの評価差額金もそのために生じた産物である。これらは，企業が経営活動を円滑に遂行するため長期保有している固定資産のうち，いわゆる相互持合いの株式が主要部分

40 　 4 　その他有価証券評価差額金・土地再評価差額金といわゆる資本直入法

を占めるとみられるその他有価証券，および土地に時価評価を行ったとき，時価と簿価との差として現れたものである。したがって，その中身は，時価が簿価を上回り評価益となる場合と逆に下回り評価損となる場合の2つがあるはずであるが，後者の評価損は損失として営業外費用か特別損失に計上することになっているので[12]，評価差額金とはいっても中身は実質的に前者の評価益のみであろう[13]。もしそうならば，収益は損益計算書に計上するのが鉄則のはずなので，これはそのように計上されてよいはずである。しかし，そうはなっていない。

　このような評価差額金については，その処理に資本（2006年以降は純資産）直入法と呼ばれるものが導入され，収益でありながら損益計算書を経由せず直接貸借対照表へ計上されることになっている。これは，前述した2つの視点の両立を目指して，複式簿記という制約条件の下で考え出された苦肉の策かと思うが，そのためであろうか，複式簿記では混合勘定の使用は避けるのが原則といわれているのに，科目の名称もこのような評価差額金という玉虫色の表現にせざるをえなかったのであろう。投資意思決定への情報提供の要請には応えたいが，実現基準との関係で結果報告の際に必要な結果の分け前の算定に未実現の収益を加えるわけにもゆかず，ジレンマに陥っている様子がかいまみえる。これらが不可解なものならば，そのまま不可解な存在として受け入れるよりほかないかもしれないが，本章でこれらを取り上げたのは，その取扱いについての「会社計算規則」の規定に疑問をもったからである。

　2006年施行の会社法と「会社計算規則」の条文のなかには，会計の領域からみたとき疑問を感じるものがいくつかみられるが[14]，これらの評価差額金の取扱いもその1つである。その処理に資本直入法を採用しておきながら，会社法第461条2項6号を受けて剰余金から減ずべき額を定めた「会社計算規則」第186条2号と3号では，評価差額金がプラス，つまり差益のときは，ゼロとし減額に含めないと定めている。逆にいえば，差益は剰余金に加えよということであろう。そうであるならば，なぜ資本直入法を採用したのであろうか。剰余金の源泉である当期純利益を計算する損益計算書へ初めから収益として計上

しておいてもよかったはずであろう。また他方，評価差額金がマイナス，つまり差損のときは，ゼロとせず減額に含めると定めているので，当期純利益の計算にあたり損益計算書で営業外費用か特別損失としてすでに差し引かれているはずの差損を，剰余金から再度引くことになりはしないだろうか。同条の4号以下では，評価差額金についてこのような混乱を生むような表現はみられない。

5 むすびにかえて

　我が国の1990年代以降の会計改革で出された会計基準が取り上げている事項のうち，複式簿記との関連からみたとき理解に苦しむものとして，株主資本等変動計算書，負ののれん，並びにその他有価証券評価差額金および土地評価差額金を取り上げ，検討を試みたが，従来からある結果報告および結果の分け前の算定という視点に，国際会計基準の重視している投資意思決定への情報提供という視点を，どのように妥協させて会計改革を進めてゆくかで苦慮している具体的な姿の一端をみられたように思う。最近は，むしろ後者の視点からの会計改革が声高に叫ばれ，前者の視点からの動きは影が薄くなってきたように感じられる。このようななかにあって，これから先会計はどこへゆくのであろうか。

　いくつかの実証研究によれば[15]，会計情報は投資意思決定に決定的な影響をもっていないという。また，昨今の企業不祥事と株価の関連をみても，会計情報そのものの与える影響は微々たるもので，むしろそのなかに不正が含まれていた場合，不正を行ったという事実のほうが，企業活動全体に不信感を抱かせ，株価に大きな影響を与えているようにみうけられる。もしこのようなことが真実ならば，複式簿記との長い歴史のある従来からの視点に立ち返って，進行中の会計改革を再考してみる必要があるのではないかと思う。

注

（1）　IASC, Framework for the Preparation and Presentation of Financial Statements, 1989.
（2）　この討議資料には著者の理解の範囲を越える箇所もいくつか散見されるが，これに検討を加えることが本章の目的ではないので，ここでは割愛する。
（3）　たとえば，企業会計基準委員会，企業会計基準第5号1項，26項および32項，同第6号1項，同第9号1項，2項および30項，あるいは同第10号1項など，を参照。
（4）　取り上げる事項の順序は，それの載っている会計基準が出された早い順からではない。著者の興味にもとづき任意である。
（5）　収支計算書を主要財務諸表の1つに加えるよう早くから提唱されていた染谷教授は，その附属明細表としての処遇も認めつつ，総勘定元帳で現金勘定を収支要因別にいくつかの勘定に分割し，集合勘定的な色彩をもたせる方法の試案も示されている（染谷恭次郎著『財務諸表三本化の理論』昭和58年，国元書房，157～165頁を参照）。
（6）　「連結キャッシュ・フロー計算書等の作成基準の設定に関する意見書」（平成10年3月13日），「二　キャッシュ・フロー計算書の位置付け」を参照。
（7）　米国においてMD＆Aが起こった背景やその内容の詳細については，次章を参照。
（8）　「企業内容等の開示に関する内閣府令」（平成15年3月31日改正，同年4月1日施行）第15条，様式第3号を参照。
（9）　「会社計算規則」では「負の」という表現は用いず単に「のれん」としているだけであるが，固定負債の一項目としての記載を求めていることからみれば（第107条2項2号ホ），当然，負ののれんと考えられる。
（10）　高瀬荘太郎著『暖簾の研究』昭和5年，森山書店，1～31頁を参照。
（11）　時価評価とはいっても，ここで取り上げているその他有価証券も含めた一部の有価証券と土地を除き，我が国では時価評価は容認されておらず，実質的には強制評価減か低価基準の適用といえよう。
（12）　「固定資産の減損に係る会計基準」四2，「金融商品に関する会計基準」18項（2）および20項，並びに「会社計算規則」第5条3項および6項を参照。
（13）　「金融商品に関する会計基準」では，評価差額の合計額を純資産の部へ計上することも認めているので（18項（1）），仮定の話としては，評価損である差額が純資産の部に計上されることもありえようが，実際問題としてはいかがなものであろうか。実質的には損失の繰延べとなるような処理を行い企業の評判を落とすよりも，損益計算書へ損失として計上する正攻法を選ぶのではないかと思う。
（14）　たとえば，公開会社でない大会社の会計監査人の設置義務について，会社法第328条1項と2項とでは矛盾する内容になっていたり，あるいは法定準備金が剰余金のなかに含まれるのか否かについて，会社法第446条と「会社計算規則」第108条4項および5項とでは異なった内容になっており，これらをどのように理解すればよいのかなどは，その例である。

(15) Cf. Mohammad Abdolmohammadi, Roger Simnett, Jay C. Thibodeau, and Arnold M. Wright, "Sell-Side Analysts' Reports and the Current External Reporting Model", *Accounting Horizons*, Dec. 2006, pp. 375–389.

第4章

非財務諸表情報と会計

1 はじめに

　ここ数年来，我が国では，国際会計基準という外圧を受け，会計ビックバンと称して会計上種々の改革が実施されつつある。これらのなかには，原価基準と実現基準を中軸とする従来の会計理論の枠組みにはなじまないものが，多数含まれており，バブル経済崩壊後の事後処理で苦労している企業にとって，これらを受け入れることが更なる難題になっている。確かに，貿易立国の我が国にとって，国際会計基準も重要ではあるが，我が国の最近の会計動向は，国際会計基準というバスに乗り遅れてはならじと脅迫観念にいささか囚われすぎている感がしないでもない。実は，現在我が国の企業を悩ませている時価基準やいわゆる減損会計などの問題は，国際会計基準が独自に考え出し基準化の対象にしたものではない。これらは，米国において1970年代に，株式投資者の持つ会計に対する役割期待と会計が実際に提供している情報との間に大きなギャップがあるとの批判が起こり，これに応える会計上の諸改革の一環として初めは取り上げられ[1]，その後次のような経緯で国際会計基準に導入されるようになったものである。

　米国では，1980年代まで続く景気低迷と87年10月の株価大暴落をきっかけに倒産企業が続出し，国際的にも米国の経済的地位がかなり低下したため，ここから立ち直るのに利用可能な手段は何でも利用しようとの意図の下に，国内的には，種々の経済改革を実施したのはもちろんのこと，会計や監査の面でも種々の改革が行われた[2]。それと同時に対外的には，当時バブル経済のさなか

1 はじめに

にあった我が国に対しても，日米構造協議を通して会計上の問題も含め種々の要求を突き付けてきたばかりではなく，国際会計基準委員会に対しても，それまでの態度を改めこれを積極的に利用しようとした[3]。それで，前述のような時価基準などについての米国の考え方が国際会計基準のなかに盛り込まれ[4]，ひいては我が国にも影響が及ぶ結果になっているわけである。

ところで，米国で会計上の諸改革の一環として，時価基準や減損会計などの考え方を財務諸表に取り入れようとしたのは，当時の財務諸表そのものでは提供できない情報，つまり非財務諸表情報をも財務諸表に取り込もうとしたためといってもよいであろう。米国では当時，株式投資者は，その意思決定にあたって，財務諸表の提供している情報をほとんど利用しておらず，それ以外の情報に依存しており，財務諸表の有用性に疑念が持たれていた[5]からである。特に，会計の知識もなく証券アナリストなどから情報を入手する以外に途のない個人の株式投資者については，会計関係者の間でこのような見方が大勢を占め，そこに危機感さえ持っていた[6]。前述のような諸改革はこの対策として行われることになったのである。したがって，時価基準や減損会計などによって提供される情報は，端的にいって，非財務諸表情報の代替とみてもよいであろう。

そこで，本章では，我が国の会計動向に影響を与えた遠因ともなっている非財務諸表情報を取り上げ，次のような順序で論旨を展開してみたいと思う。まず，なぜ米国で非財務諸表情報が注目を集めるに至ったのかその背景を探るとともに，その会計への影響を明らかにする。次に，非財務諸表情報と，そのなかの，投資意思決定への情報提供という点で重要視されているMD&A（この意味については後述参照）について概観し，会計という視角から吟味を試みる。そして最後に，以上の考察を踏まえた上で，現在我が国の会計動向に影響を与えているような問題は，投資意思決定への情報提供という点からみれば，非財務諸表情報の領域で取り扱われてよいはずであって，財務諸表は，受託責任についての結果報告と結果の分け前たる分配可能利益の算定という役割を担う本来の姿に立ち返るのが筋ではないか，との卑見をもって結びとする。

2 米国における非財務諸表情報の重視と会計の危機

会計の先達G・O・メイも述べているように，会計およびその産物たる財務諸表に期待される役割は多種多様であるが[7]，株式投資者の立場からいえば，投資先企業の受託責任についての結果報告と分配可能利益の算定，および投資意思決定への情報提供という2つの役割を期待しているとみてよいであろう[8]。そして，1966年のASOBAT[9]辺りから米国での会計研究の動向は，前者の役割に係わらせた研究から，後者の役割に係わらせた研究へ力点が移つり，しかもこれを企業の側ではなくして情報の利用者側に立って行うようになってきたようにみうけられる。このような変化は，それを起こさせるような事情が当時の米国社会にあったからであろうとの推測は容易に付くが，当時，米国は，財政と貿易のいわゆる双子の赤字を抱え，またベトナム戦争の影響もあり，閉塞感が漂っていた。そのようななかにあって，1970年代の2度に渡る石油ショックと80年代までにかけてのスタグフレーション下での金融機関も含めた企業倒産が主な誘因となって，会計や財務諸表に対する社会の見方が厳しくなってきたようである。会計関係者の側でも当然これに応じざるをえなかったはずである。

ところで，情報化社会と呼ばれるようになってすでに久しいが，巷には真偽取り混ぜ夥しい量の情報が氾濫している。企業の世界も同様で，財務諸表の公表など企業自身が発信する情報のほかに，直接間接に企業へ影響を及ぼすような多種多様な情報が社会に溢れている。株式投資者など企業の利害関係者は，その意思決定にあたり各々の利用目的に合致したものを，これらのなかから取捨選択し利用する。財務諸表はその利用情報の1つにすぎない。特に米国では，このように存在感の薄い財務諸表の地位は，前述のような社会的背景に加え，更にその後インターネットの普及や種々の金融派生商品の出現など企業を取り囲む社会的経済的諸環境の著しい変化を受け，投資意思決定にあたって非財務諸表情報が重要視されるに従い，相対的にますます低下した[10]。会計関係者，

とりわけ会計士達は，ここに危機感を抱いたのである。このままの状態が続いたのでは，投資意思決定への情報提供という分野では，ひいては企業の資金調達市場では，非財務諸表情報を提供している電算機関係の業者などに仕事を奪われ，やがて専門職としての会計士の社会的存在価値が軽減されてしまうとともに，情報規制の一環として，1930年代から容認されてきた会計分野での会計士達の自主統治にも，政府の干渉が加えられる恐れがあるとみたのである[11]。

このような危機意識から，財務諸表の提供している情報と株式投資者のそれへの役割期待との間のギャップを埋め，投資意思決定への情報提供の面で力不足の財務諸表の蘇生をはかるために，米国公認会計士協会を中心に，会計および監査上の問題を取り上げるいくつかの検討委員会が組織され，将来予測情報の開示，時価基準の導入，減損会計，金融派生商品会計，あるいは企業存続の可能性に関する情報提供と監査などの問題について報告書が出された[12]。当然のことながら，これらのなかには，非財務諸表情報との対比の形で検討が進められているものが目立つが，これも会計士達の非財務諸表情報に対する危機意識の大きさを物語るものであろう。

3 非財務諸表情報とMD&A

さて，以上のように米国で注目を集めている非財務諸表情報ではあるが，それがどのようなものなのかについては，ここまでは「財務諸表そのものでは提供できない情報」という程度の大ざっぱな理解で話を進めてきた。そこで改めてその意義内容をここで取り上げてみたいと思う。

非財務諸表情報とは，字義通りに解釈するならば，同義語反復的ではあるが，財務諸表に記載されていない全ての事象ということになろう。いいかえれば，複式簿記の考え方にもとづいて加工すると自動的に産出される財務諸表では明らかにできない全情報ということになる。したがって，複式簿記の考え方に基づいて加工できない企業自身の事象はもちろんのこと，当該企業に関連がありそうな森羅万象の全てがこれに含まれることになる。しかしながら，米国では，

企業がSECへ提出する年次報告書の記載事項のうち、レギュレーションS-Kで定めた事項を主に非財務諸表情報と呼んでいるようであり、これに臨時的に発表される財務情報を含めることもある[13]。レギュレーションS-Kでは、事業の概況から合併・買収まで10の区分に分けて記載事項を定めているが[14]、我が国に当てはめていえば、有価証券報告書の記載事項のうち「経理の状況」を除いた部分と証取法第166条Ⅱ項や東証の「会社情報適時開示の手引き」で定めている重要事実が、ほぼこれに当たるといえよう。以下では、これらの非財務諸表情報のうち、米国の会計士達が危機感を持つのに大きな影響を与えたとみられる、レギュレーションS-Kの「Item 303 財政状態および経営成績に関する経営者の分析検討 (Management's Discussion and Analysis of Financial Condition and Results of Operations, 略称 MD&A)」を、特に取り上げ考察を加えてみたい。

　MD&Aは、SECへの提出書類の1つとして1968年から開始されたが[15]、その意図するところは、株式投資者が、財務諸表本体の数字と簡単な脚注だけで業績の内容を判断し、それを将来の業績予測に役立てるのには不充分なため、圧倒的に豊富な情報を持つ企業の経営者自身に、財務諸表の簡潔な解説を行わせるとともに、将来の見通しについても短期的・長期的分析情報を提供させ、情報不足で不利な株式投資者にも、情報の面では経営者と実質的に同等の目線に立って企業を判断する機会を与えようとするところにある[16]。情報の収集力の面でもまた分析力の面でも優位にある経営者に、簡潔かつ理解し易い情報の提供を代替させ、株式投資者のなかでも特に、会計の知識も充分でなく、年次報告書が送付されてきても後半部分の財務諸表のところは読まないといわれている、個人の株式投資者に対する情報の非対称性の解消を目指しているようにみうけられる。SECは、2000年10月に、企業が一部の証券アナリストなどに未公開の重要な情報を開示することを禁止した、公平開示規則レギュレーションF-Dを導入したが、その根底に流れる基本的な考え方は、株式投資者も含めた全ての市場参加者間に情報の非対称性が生じないようにすることにある。公正な資金調達市場の守護神をもって任ずるSECが、以前からMD&Aの充実に力を注いできたのと、これも同じ延長線上にあるといえる。

MD&Aは，始まった当初はその提出は企業の任意で，記載すべき内容や様式も自由だった。その後，何回かの改正で提出は強制されるようになったが，その記載内容については，後述のように大まかなことを定めただけで，様式も含め具体的内容は企業の自由に任されたままである[17]。恐らくSECは，MD&Aの性格上，長期にわたって実例を積み上げた後でないと具体的に記載内容を定めるのは無理とみたためであろうが[18]，実際に企業から提出されたMD&Aの内容を分析し，不適切なものには釈明と訂正を求めており[19]，この試行錯誤の過程を通して，一定の方向を見い出そうとしているようにみうけられる。次に，節を改め記載内容について概観する。

4 MD&Aの記載内容と会計

Item 303によれば[20]，MD&Aの記載内容は，年次報告書のなかに年次財務諸表だけを載せている場合と，中間の財務諸表を併せて載せている場合の2つに分けて規定されているが，以下では前者を中心に述べる。

MD&Aは，株式投資者も含め企業の利害関係者が，財政状態とその変動，および経営成績について充分に理解し適確に評価できるよう，その援助手段として作成されるとし，そのために，流動性，固定資産関係支出，および経営成績内容の3つの領域について，経営者自身の分析検討も加えた後述のような情報を提供しなければならないとする。なお，情報提供にあたっては，これら3つの領域について適確に理解するのに必要と経営者が考えた過去の趨勢，需給状況，契約内容，あるいはその他臨時的な重要影響事項も併せて示すよう求めており，また，強制ではないが，これらの領域についての将来への見通し情報も併せて示すことが推奨されている。

まず，流動性についてであるが，ここでいう流動性とは，企業の資金需要のために充分な資金量を生み出す能力のことで，経営者が流動性の指標と考える貸借対照表上の諸項目，諸利益，あるいはその他のキャッシュ・フロー項目について，短期と長期の両者にわたって説明するとともに，もし，重要な資金不

第4章　非財務諸表情報と会計　51

足が当該年度にあったり，または将来起こりそうなときには，これを回避するためにどのような対策を取ったのか，または取ろうとしているのかを明らかにせよとしている。なお，流動性の説明にあたっては，その増減に重要な影響を与えた，または将来与えそうな過去の趨勢，需給状況や契約内容などについても述べるとともに，流動性の源泉についても企業内部と外部に分けて示し，もし，重要な未使用の源泉があるときには，これにも触れることとしている。

次に，固定資産関係支出については，このような支出の原因となった重要な契約内容とその決済資金の源泉を明らかにするとともに，過去の設備投資の状況との関連についても述べるよう求めている。なお，これらの説明にあたっては，自己資本，負債，およびオフ・バランス　シートでの資金調達の三者間の比率変動にも触れることとしている。

そして，最後の経営成績内容については，経常的な活動からの売上や収益などの趨勢を示し，これらに重要な影響を与えた要因があるときは，その影響の程度も含めて説明するとともに，経営成績を理解する上で必要なその他の重要な収益や損費項目があるときには，それらについても触れるよう求めている。また，将来，売価の変更や新製品の導入，あるいは人件費や原材料費の変動など，経営成績に重要な影響を及ぼす事象が起こる可能性が高いときには，それらの影響の程度も含め経営成績についての見通しも明らかにするよう求めている。

なお，これら3つの領域が相互に関連ある場合には，関連付けて説明し，また，セグメント制を取り入れたり，子会社を持っている場合には，セグメント別や子会社別，あるいはセグメント間や親子会社間において行われたこれらの領域についても触れるよう求めている。さらにまた，期間比較が可能なように，提出年次財務諸表と同じ3年間にわたってこれらについて説明することが必要とし，過去の趨勢について触れるときには，Item 301で定めている重要な要約財務指標と同じ5年間にわたって説明するよう求めている。

なおまた，年次報告書のなかに中間の財務諸表が含まれている場合には，この財務諸表と前年度の同様のものとの間，あるいは前年度末や当該年度末の年

次財務諸表との間などで起こったこれら3つの領域について，その変動部分も含め前述と同じように説明するよう求めている。

　以上，Item 303に基づいて，MD&Aの記載内容をみてきたが，これらは，おおよその方向を指示しているだけでかなり抽象的なので，米国公認会計士協会の会計基準担当の部門から，企業のMD&A作成にあたり会計士が指導しチェックすべき具体的留意事項が例示されている[21]。しかし，MD&Aに関するいくつかの実証研究によれば，実際に企業が作成しているものは，記載内容，様式，表現態様，あるいはページ数などについて千差万別であり，これらの研究では，その類型化と表示頻度の分析が試みられたり[22]，あるいは年次報告書に記載の他の情報と比較分析した上で，理解し易さを旨とする点からみてMD&Aは可能なかぎり簡潔性を追求すべしとの提言をしているものもある[23]。なお，MD&Aの有用性についてもいくつかの実証研究が行われており，短期的にはMD&A提供の情報と売上高の変動，1株当たりの利益，および固定資産関係支出との間に有意性が認められ，有用との判断を下しているものもある[24]。

　ところで，これまでみてきたようなMD&Aで提供の情報が，非財務諸表情報の1つに入れられているように，MD&Aは財務諸表そのものではないことだけは，確かなようである。もしそうならば，これと会計との関係をどのように理解したらよいのであろうか。MD&Aでは，前述したように，会計の産物である財務諸表で提供の情報も用いてはいる。しかし，過去の業績を分析検討し，将来への見通しを述べるにあたって，必要でかつ理解の助けになるような情報ならば，どのようなものでも全て用いて説明を行うよう求められている。当然，このような情報のなかには，会計の大前提である複式簿記の考え方では加工不可能なものも含まれているであろうし，また，加工前の生の情報も入っているであろう。複式簿記には特有の考え方がいくつかあり[25]，これに基づいて加工を行うからこそ会計といえるのである。会計とは何かは，古くして新しい課題ではあるが，複式簿記を離れて会計は存在しえないことは万人の認めるところであろう[26]。したがって，もともと複式簿記の考え方に基づいて作

成されているわけではないMD&Aは，かなり会計的色彩も備えてはいるが，会計そのものの守備範囲に入るものではないといってもよいであろう。このような性質が故に，MD&Aは，前述のような会計上の諸改革で叫ばれたことの代替的な役割を期待されていたのであろう。

5 むすび

　会計とその産物たる財務諸表には，株式投資者の立場から，受託責任についての結果報告と結果の分け前である分配可能利益の算定，および投資意思決定への情報提供という2つの役割が期待されている。従来の原価基準と実現基準を中軸とする会計理論の枠組みは，主として前者に重点を置いて構築されてきており，これをもって，最近もっぱら後者に重点を置いて叫ばれている種々の会計上の改革に応えることは難しい。これら両者とも必要不可欠ではあるが，ひとつの会計での両建てはかえって混乱を引き起こす。そうであるならば，別の途を探すよりほかはない。その1つが，米国での会計諸改革の遠因ともなった非財務諸表情報といえる。これまでみてきたように，特にそのなかのMD&Aは後者の役割のために作成され，将来への見通し情報まで示している。したがって，MD&Aと財務諸表で両者の役割を分担し，現在改革が叫ばれているようなことは，MD&A上の問題として取り上げ，従来の会計と財務諸表は前者の役割だけを担う本来の姿に戻るのが筋であろう。ただ，このようにした場合，将来予測情報まで含んだMD&Aの監査をどうするのか，また，米国のように免責条項[27]を設けるのかが検討課題となろう。

　会計の世界に身を置いている者にとって，部分的には自己否定ともなり矛盾を感じるが，米国での非財務諸表情報，なかでも特にMD&Aについての状況は，我が国の会計改革の方向に1つの示唆を与えるものといえよう。

注

(1) Cf. Thomas W. Rimerman, "The Changing Significance of Financial Statements", *Journal of Accountancy*, April 1990, pp. 79-83.
(2) Cf. Dale L. Flesher, Paul J. Miranti and Gary John Previts, "The First Century of the CPA", *Journal of Accountancy*, Oct. 1996, pp. 55-56.
(3) 国際会計基準委員会（2001年4月から国際会計基準審議会（IASB）と改組改称）をめぐるこのような動きについては，第20章を参照。
(4) 米国の会計基準と国際会計基準の類似性については，Christopher Nobes, *Comparative International Accounting*, 6th ed., 2000, pp. 69-80 and pp. 157-159 を参照。
(5) Cf. Thomas W. Rimerman, *op. cit.*, pp. 79-82, and Patricia A. Williams, Glen D. Moyes and Kyungjoo Park, "Factors Affecting Earnings Forecast Revisions for the Buy-Side and Sell-Side Analyst", *Accounting Horizons*, Sept. 1996, pp. 112-121.
(6) Cf. Thomas W. Rimerman, *op. cit.*, pp. 82-83.
(7) Cf. George O. May, *Financial Accounting*, 1943, pp. 19-23（木村重義訳「G・O・メイ 財務会計」昭和32年, 5～8頁）。
(8) 第6章を参照。
(9) A. A. A. Committee to Prepare A Statement of Basic Accounting Theory, *A Statement of Basic Accounting Theory*, 1966（飯野利夫訳『基礎的会計理論』1969年）。
(10) Cf. Thomas W. Rimerman, *op.cit.*, pp. 79-82.
(11) Cf. *ibid.*, pp. 82-83.
(12) Cf. *ibid.*, p. 83, Edmund L. Jenkins, "An Information Highway in Need of Capital Improvements", *Journal of Accountancy*, May 1994, pp. 77-82, and Daniel J. Noll and Jerry J. Weygandt, "Business Reporting : What Comes Next?", *Journal of Accountancy*, Feb. 1997, pp. 59-62.
(13) 例えば，Pro Forma Financial Information などと呼ばれているものが，その一つである。
(14) Cf. SEC, Regulation S-K in 17 CFR, Chapter 11, Part 229.
(15) Cf. SEC, Securities Act Release No. 4936, Dec. 9, 1968.
(16) Cf. SEC, Securities Act Release No. 6711, April 24, 1987.
(17) Cf. Nicholas Schroeder and Charles Gibson,"Readability of Management's Discussion and Analysis", *Accounting Horizons*, Dec. 1990, pp. 78-87.
(18) Cf. Paul Rosenfield and Frederick Gill, "Applications in Accounting", *Journal of Accountancy*, Dec. 1991, pp. 95-96, and Karen L. Hooks and James E. Moon, "A Classification Scheme to Examine Management Discussion and Analysis Compliance", *Accounting Horizons*, June 1993, pp. 42-43.
(19) Cf. Richard Dieter and Keith Sandefur, "Spotlight on Management's Discussion

and Analysis", *Journal of Accountancy,* Dec. 1989, pp. 64-70.
(20) 以下，MD&Aの記載内容については，特に断らないかぎり，前述（14）のRegulation S-Kに基づいて話を進める。
(21) Cf. Paul Rosenfield and Frederick Gill, *op. cit.,* pp. 96-101.
(22) Cf. Karen L. Hooks and James E. Moon, *op. cit.,* pp. 41-59.
(23) Cf. Nicholas Schroeder and Charles Gibson, *op. cit.,* pp. 79-87.
(24) Cf. Stephen H. Bryan, "Incremental Information Content of Required Disclosures Contained in Management Discussion and Analysis", *The Accounting Review,* April 1997, pp. 285-301.
(25) Cf. A. C. Littleton, *Accounting Evolution to 1900,* 1933, pp. 12-13, pp. 24-28, and pp. 78-81（片野一郎訳「リトルトン　会計発達史」昭和27年，22～24頁，41～47頁，および120～123頁）。
(26) 例えば，安藤英義著「簿記会計の研究」平成13年，204～228頁，および新田忠誓稿「資産負債アプローチと会計人の感覚」『企業会計』第53巻第10号，4～10頁などを参照。
(27) Cf. SEC, Rules of the Securities Act, Rule 175, and Rules of the Exchange Act, Rule 3b-6.

第5章

「企業財務諸表の目的」の概要と疑問点
——FASB暫定意見書——

1 は じ め に

　財務諸表は一体何のために作るのか。この古くて新しい問題は，最近AAAの「基礎的会計理論」[1]やAICPAの「財務諸表の目的」[2]などで取り上げられ，再びこれをめぐる論争の焔が燃え上がったようである。これから本章で紹介する表記の文献もその一つである。

　米国の財務会計基準審議会（略称FASB）は設立以後これまでに種々の問題について勢力的な活動を続けてきているが，この1976年12月2日付で公表された暫定意見書もその所産の1つである。これは，前述のAICPAの「財務諸表の目的」の内容を再検討するため，1974年6月に公けにした討議資料「財務諸表の目的に関するスタディー・グループ報告書の検討」(Consideration of the Report of the Study Group on Objectives of Financial Statements) について，同年9月の公聴会までに寄せられた数多くの意見や批判を参考にしてまとめたものである。これは，暫定意見書 (Tentative Conclusions) と銘を打たれているように，これと一緒に公けにされた討議資料「財務会計の理論構造：財務諸表の諸要素とその測定」(Conceptual Framework for Financial Accounting and Reporting : Elements of Financial Statements and Their Measurement) とともに，翌年の6月下旬に開かれた公聴会で再度批判や意見を求め，いま一度検討し直して最終的な成案が公表されている。

　この暫定意見書は，64ページ，196パラグラフの本文と，最近の意思決定手

法について解説している14ページの補論から成っており,また本文は,初めに示されている結論的部分とその論拠や補足説明を述べている残り後半部分の2つから構成されており,さらに後半部分は3つの章に分けられている。以下,その概要を紹介してゆくことにする。

2　財務諸表の3つの目的

暫定意見書は,公聴会に寄せられた意見や批判を参考にしAICPAの「財務諸表の目的」で掲げている12の目的に批判検討を加え,企業が投資者や債権者など各種の外部利害関係者へ定期的に会計情報を提供する,いわば一般目的用の財務諸表に負わされている目的として,その本文初めの結論的部分で次のような3つを示している。

(A)　企業の財務諸表は,財務会計という制約はあるが,現在および将来の投資者と債権者がそれぞれの合理的な意思決定を行う上で役に立つ情報を提供すべきこと。財務諸表は,企業経済活動と財務会計について相当の理解力をもち,かつ財務諸表の調査に必要な手間隙を進んで割こうとする,投資者と債権者の理解に耐えうるものであるべきこと。(第8パラグラフ)

(B)　企業の財務諸表は,投資者と債権者が配当や利子として将来受取るべき見込額を算定したり,また有価証券や貸付金などの売却,償還,あるいは満期日にもとづく収入として将来受取るべき見込額を算定したりする上で役に立つ情報を提供すべきこと。これらの見込額は,(1) 支払期限が来たとき負債を弁済しまたその他の経営資金需要を充たしたり,営業財産や営業活動に再投資したり,あるいは配当や利子を支払ったりするのに必要な資金を,営業活動と財務活動を通じて獲得できる企業の能力によって影響を受けるし,また,(2) その能力に対する投資者と債権者の一般的な評価——これは当該企業の有価証券の市場価額ばかりではなく他企業のそれにも影響を与えるが——によっても影響を受ける。したがって,財務会計と財務諸表は,投資者と債権者が,営業活動や財務活動を通じて獲得

できる正味流入キャッシュ・フローについての企業の予測を，分析評価するのに役立つ情報を提供すべきこと。(第14パラグラフ)
(C)　企業の財務諸表は，企業へ将来流入するキャッシュ・フローの源泉である企業の経済資源について，また，企業から将来流出するキャッシュ・フローの原因であるその経済資源の他への移転義務について，そしてまた，経営活動と企業に影響を与えるその他の諸事象との財務会計的結果である収益について，情報を提供すべきこと。この情報は，投資者と債権者が，企業の配当や利子の支払能力と期限が来たときの負債の決済能力とを，分析評価する上で有益であるから，これは，財務会計と財務諸表の中心とすべきこと。(第16パラグラフ)

暫定意見書では，以上のように財務諸表の目的を3つ掲げているが，次に，その後半部分で述べているそれぞれの論拠や補足説明を聞いてみることにする。

3　基本的な目的と総合的検討

まず，(A)の目的は，いわば財務諸表の基本的な目的ともあるいは総合的な目的ともいえるのであるが，これと関連して，本文の後半部分の第1章などで次のような説明を行っている。
㋑　米国のように社会的分業がきわめて高度に進みかつ複雑化した国々においては，自給自足経済ではなく，複雑な迂回生産をともなう交換経済が行われており，しかもその大部分を株式会社企業が担っているところに特色がある。そして，この企業の最近みられるような巨大化にともない，企業に関心をもつ投資者や債権者など各種の外部利害関係者が増大してきているが，種々の制約条件があるため，彼等が必要とする情報を自ら企業の内部に入って直接収集するわけにはゆかない。そこで，その代替手段として財務諸表が必要になる。したがって，財務諸表は，企業と外部利害関係者とを結び情報を伝達する非常に重要な1つの手段である，との認識に立っ

て考察を加える必要がある。なお，暫定意見書では，その理由を明確に述べてはいないが，考察の対象にする財務諸表は私企業のものに限定し，公営企業や非営利事業などのものは除くとしている。

㋺　企業には投資者と債権者のほかにも多種多様の利害関係者が存在し，それぞれの意思決定のため財務諸表をはじめいろいろな情報を利用しているが，この暫定意見書では，これらの利害関係者のうち投資者と債権者のみに的を絞って考察を進める。それは次のような理由による。まず第一には，他の利害関係者は大抵の場合，企業との力関係や情報の収集分析能力からみて，一般目的用の財務諸表に依存しなくても独自の詳細な情報の提出を企業に強制できる立場にあるからである。そして第二には，他の利害関係者に較べて投資者と債権者の情報要求と意思決定の内容は比較的容易に把握できるし，またそのモデル化も行い易いからである。なお，上述の第一の理由からすれば，この投資者と債権者のなかに機関投資者・債権者を含めることは問題であるが，暫定意見書では，これらの機関投資者・債権者の意思決定と情報利用の態様については，研究もかなり進んでおり多くの資料も存在しているため，個人投資者・債権者のそれよりも容易に把握できるとして，投資者と債権者のなかにこれらを含めている。

㋩　財務諸表は，投資者と債権者がその意思決定にあたって必要とする種々の情報のうちのごく一部を提供するにすぎないが，さらに悪いことには，財務会計というものが貨幣交換経済のなかの企業について必ず貨幣を用いて会計を行うという制約，いいかえれば客観的な貨幣計算の不可能なものは会計の対象から除くという制約を受けることから，財務会計の結果である財務諸表もその制約の範囲内でしか情報を提供できないということである。なお，ここから必然的にインフレ会計の問題が生ずるが，これはFASBの他の研究計画ですでに取り上げているので，この暫定意見書では除外したとしている。

㊁　財務諸表など種々の情報に対する個々の投資者と債権者の理解力は非常に異なっているが，財務諸表にかぎっていえば，これらをすべて包括し満

足させられるようなものでなければならない。特に，企業の側でその理解力を勝手に類推し，財務諸表に表示すべき情報を独断的に取捨選択するようなことがあってはならない，と注意を喚起している。

4 意思決定の具体的内容と財務諸表

次に，(B) と (C) の目的は，財務諸表の具体的なあるいは各論的な目的ともいえるものであるが，このうちのまず (B) の目的に関連して，本文の後半部分の第2章と巻末の補論などで次のような説明を加えている。

(イ) この目的は，投資者と債権者が行う意思決定の内容とその意思決定にあたって必要とする情報の内容，の両者に関連するものである。

(ロ) 現在の米国では，株式の分散にともなう不在株主の増大と特殊能力をもつ専門経営者の出現によって所有と経営の分離が高度に進んでおり，また有価証券の自由売買と円滑な流通を保証する証券市場が十分に確立されている。このような下にあって，投資者は投資対象の有価証券について相互に比較考量し購入すべきか，売却すべきか，あるいは保持し続けるべきかのいずれかの意思決定を行い，また債権者も与信対象の企業について同様の意思決定を行う。これらの場合，投資者と債権者は，経済的合理性に適った行動をとるかぎり，投資や与信対象について将来得られる収入からそれに要する支出を控除した差額，すなわち将来の純収入が極大になるよう意思決定を行う。

(ハ) 投資や与信対象から得られる将来の純収入のうち，そのプラス要因である収入は，将来受取る配当や利子とその処分などによる回収額から成っており，またマイナス要因である支出は投資や与信対象への投下額から成っている。一般に投資者と債権者は，その意思決定にあたってこれらの収入と支出の関係を比較し評価するのに金額を用いず比率によることが多い。たとえば，将来の純収入の現在割引価値を支出額で除して求める，将来純収入現在割引価値率（discounted cashflow rate of return）などである。

㈡　投資者と債権者は，その意思決定にあたってこの㈧でいう収入と支出を知る手がかりとなる情報の入手を望んでいる。なかでも特に，将来の受取るべき配当や利子と有価証券の将来の市場価額などを予測できる情報の入手を求めている。ところがこの配当，利子，あるいは市場価額などは，企業が，その主たる収益稼得活動である営業活動と資金調達・返済活動である財務活動の両者を通じて資金を獲得できる，その総合的な能力によって影響を受けるので，結局，投資者と債権者にはこの能力を予測し評価しうる情報の入手が必要になる。

㈩　一般に，投資や与信対象から得られる収入が高ければ高いものほど，それにともなうリスクも大きく，またその逆も当てはまるので，投資や与信についての意思決定は，この収入とリスクの関係を考量して行われる。この場合に用いられる方法には，大別して2つある。一つは，伝統的財務分析 (traditional financial analysis) とでも呼ぶべきもので，主として財務諸表などを用いて個々の企業や有価証券を分析比較し評価する方法である。そしていま1つは，近代的資本市場理論 (modern capital market theory) とでも呼ぶべきもので，主として資本市場の諸条件を考慮しポートフォリオなどを用いて投資を選択し分散する方法である。これら両方法の根本的な差異はリスクの取扱い方にある。リスクには，当該企業に特有の原因から生ずるリスク (unsystematic risk) と，それ以外の資本市場全体に共通の原因から生ずるリスク (systematic risk) の2つがあるが，前者の方法では，これらのリスクを区別せず特定の投資対象や与信対象ごとに全リスクを考量する。これに対し後者の方法では，分散投資を前提とするので，これら2つのリスクを区別し，投資の分散によりある程度回避できる第一のリスクよりは第二のリスクのほうに重点をおいて考量する。なお，投資者と，債権者が実際に意思決定を行うにあたっては，これら両方法を併用する場合が多い。

5 財務諸表とキャッシュ・フロー情報

　最後に，(C) の目的は，上述の (B) の目的の趣旨を受け継いで，投資者と債権者の情報要求に応えうる具体的な会計情報の内容を明らかにしようとしたものであるが，この目的と関連して，本文の後半部分の第3章などで次のような説明を行っている。

　㋑　前述したように，意思決定にあたって将来の純収入の極大化を望む投資者と債権者は，その可能性を探るため企業の総合的な資金獲得能力を判断できる情報の入手を求めている。現在作成されている財務諸表のなかで多少ともこの要求に応えているとみられるものは資金運用表であるが，これとてもその主流は運転資金運用表であるから，企業の配当や利子の支払能力に関心をもつ投資者と債権者の立場からみれば十分なものとはいえない。また，たとえこれが現金資金運用表であったとしても，それは過去の運用結果を表示したものにすぎないから，企業の将来の支払能力を知ろうとする投資者と債権者に対して必ずしも適切な情報を提供しているものとはいえない。ここに，適切な情報を提供できる他の方法を模索せざるをえなくなる。

　㋺　この模索している方法の一つの候補として，現在の会計方法のなかでは，企業のキャッシュ・フローを現金の収支によって捉える現金主義会計が考えられるが，資本の有機的構成と信用経済が著しく高度に進み，企業に流出入するキャッシュ・フローが複雑かつ迂回的な現在ではこれも実状にはそぐわない。そこで，発生主義会計 (accrual accounting) が有力な方法として再認識されることになる。この発生主義会計は，企業のキャッシュ・フローを取引の実施事実や原因の発生事実にもとづいて捉えるもので，現金の収支を直接把握しようとするものではないが，実際の企業経営においては，これらの事実が生起した後，通常多少の時間的ずれをおいて現金の収支が現われるので，いってみれば，この会計は将来の現金収支を捉えてい

るともいえるわけである。したがってこれは，企業の将来の支払能力を知ろうと望む投資者と債権者の要求に合致する方法ともいえることになる。

㈠ 投資者と債権者の立場を考慮した発生主義会計においては，企業で経営活動が行われたとき，これを将来その結果として現われるはずの現金収支として認識する。したがってここでは，現在の会計でいう企業の資産は将来の現金収入の源泉として，また負債は将来の現金支出の原因として，そして収益と費用はこれらの収入支出に変動をもたらす原因としてかあるいは現在の現金収支として，それぞれ捉えられる。通常，これらの諸要素も含めて発生主義会計で提供される情報は，大きくいって次のような2つの財務諸表に盛り込まれる。1つは財務状態表 (statement of financial position) とでも呼ぶべきもので，現在慣行的に用いられている貸借対照表がこれに当たる。いま1つは財務状態変動表 (statement of changes in financial position) とでも呼ぶべきもので，これにはいくつかあり，現在慣行的に用いられているものでいえば，損益計算書，資本金等変動明細表 (statement of changes in owners' equity) および運転資金運用表などがこれに当たる。なお，発生主義会計では，企業のキャッシュ・フローをその流入時点と流出時点のみで捉える現金主義会計とは異なり，これをその全過程を通して捕捉しようとするものであるから，現在のように期間計算を前提としている場合には，現金収支の期間的ずれをできるだけ補正する意味で，ある一期間の財務諸表よりは複数の期間のものか長期間のもののほうが望ましいことになる。

㈡ しかしながら，現在の発生主義会計にもとづく財務諸表は，もともと期間損益を計算するためのものであるから，そのなかに取得原価主義および実現主義という会計思考を反映している。したがって，これが，企業の収益力を分析評価し予測するために利用されたり，あるいは経営者の経営責任の遂行程度を評価するために用いられたりすることはあっても，その当初の作成目的からみればそれは副次的な利用にすぎない。多くの場合，財務諸表の利用者が各自の目的に合せしかるべく修正して用いているのが実状である。それ故，現在いろいろな問題点の指摘されているこの発生主義

会計について，前述した財務諸表の目的との関連で今後さらに研究を積み重ねてゆく必要がある。

6　むすびにかえて

以上，暫定意見書の概要をできるだけ忠実に紹介してきたが，最後に，結びとして若干の感想を述べてみることにする。

（1）　この暫定意見書とAICPAの「財務諸表の目的」とを較べてみると，後者で掲げていた12の目的を3つにまとめ体系的にかなりスッキリしたといえる。これは，財務諸表の利用者を投資者と債権者に絞ったことと関連があるが，このほか，重複しているとみられるものや，目的とせず説明事項としたほうが妥当と思われるものなどを整理したためであろう。

（2）　ここで掲げている3つの目的は，これまでに多くの人達によって述べられてきたものであって特に目新しいものとはいえないが，果してほんとうに，投資者と債権者がここで示しているような意思決定を行い，また情報要求をもっているのか否か，今後さらに実証研究によって跡付けてみる必要があるのではないか。

（3）　これらの目的に応えうる会計として，発生主義会計を発展させる考えのようにみうけられるが，損益計算における収益測定の問題も含めて具体的にどのような計算構造を考えているのだろうか。

（4）　この（3）と関連して，キャッシュ・フローという概念を導入して1つの方向を探ろうとしているようにみえるが，その場合，従来の資金会計との関係はどうなるのか。さらには，J. R. ヒックスの所得概念の影響を受けている他の会計理論などとどのように異なるのか。興味がもたれるところである。

注

(1) AAA. Committee to Prepare a Statement of Basic Accounting Theory, *A Statement of Basic Accounting Theory*, 1966（飯野利夫訳「基礎的会計理論」国元書房）。

(2) AICPA, Accounting Objectives Study Group, *Objectives of Financial Statements*, 1973（川口順一訳「財務諸表の目的」同文館）。

〔追 記〕

　本章は，FASB暫定意見書の紹介文にすぎないので，本書への所収を割愛するつもりであったが，ここ数年斯界で注目を集めているいわゆる資産負債アプローチは，文中で前述したように，この意見書と一緒に公表された討議資料「財務会計の理論構造：財務諸表の諸要素とその測定」のなかで初めて明らかにされた考え方で，この意見書で示されている財務諸表の目的とも密接に関連があるとみられるので，若干手直しをし本書へ所収した次第である。

第6章

財務会計目的の遂行と貨幣価値変動

1 はじめに

　周知のように，企業会計は，貨幣によって測定しうる事象のみを計算対象とし，しかも，その測定手段たる貨幣の価値の変動は，僅少の場合には，これを無視するとの前提を設定して，その理論体系を打ち立ててきている。しかるに，再度にわたる世界大戦の結果生じたインフレーションのために，特に今次大戦後において世界の各国にみられているクリーピング・インフレーションのために，かかる前提に基礎をおいた企業会計の理論体系は，再検討をせまられてきている。

　かかる時において，近年わが国および諸外国においては，貨幣価値の変動をめぐって，企業会計上これをどのように処理すべきかについて活発な議論が展開され，種々なる見解が表明されてきている[1]。そこで，これまでに述べられてきた諸見解を，その内容と主張点から分類してみると，ある論者は，経営の実体資本維持およびそれと関連した経営政策または財務政策の観点から，貨幣価値変動問題を論じており，また，他の論者は，投資者をも含めた企業の利害関係者へのよりよい情報の提供という観点から，この問題へ接近しようと試みているといったごとくである。かように，貨幣価値の変動をめぐって，企業会計上これにいかに対処すべきかという問題が，企業の経営遂行にあたって考えられうるあらゆる面から，広範囲に論究されているのである。確かに，このように貨幣価値の変動によって企業の経営上生起しうる諸問題を，企業会計におけるあらゆる角度から多面的に究明することは，必要なことであろう。しかし，

およそ議論を進めるにあたっては，そこに共通の場なり，領域なりを確定して，これを進めるのでなければ，建設的な結論も得られないし，さらに議論の一段と高い水準への進歩発展もありえない。貨幣価値変動問題に関する限り，従来の議論には，このような共通の場が存在していなかったようにみうけられる。すなわち，すでに若干ふれたように，各論者が，それぞれの企業観なり，あるいは企業会計観なりに基づいて，独自の問題領域を設定し，各自の企業会計の目的や職能に対する重点の置き方によって，ある論者は問題を財務会計的に解明しており，また，他の論者はこれを管理会計的に――論者が意識していると否とにかかわりなく著者にはそのように思われる――論じており，そこには，平行線的な議論のみが存在しているにすぎないものといえよう[2]。かような状態では，企業会計，特に財務会計における貨幣価値変動問題へのよりよい接近も不可能であろうし，したがってまた，そこからなんらかの統一的な結論が導き出されることもありえないであろう。

したがって，本章では，貨幣価値変動問題を財務会計の領域に限定し，これを財務会計の目的と関連づけ，貨幣価値の変動にどのように対処したならば，この目的のよりよい遂行に適合しうるか，また，そこにおいては，どのような修正方法や表示方法が採られなければならないかについて明らかにしてみたいと考える[3]。

2　財務会計の目的

企業会計は，種々なる内部経営目的と外部経営目的をもって行われている。これら諸目的のうち特に後者の外部経営目的のために形成せられているのが，財務会計である。かかる財務会計の最も重要な目的は，グレディーも述べているように，「経営者が，株主，債権者，政府および真の利害関係を有するその他のものに対して，その受託責任 (fiduciary accountability) を果しえたかどうかに関して，必要な総合的かつ信頼しうる情報を提供することである」。すなわち，その目的は[4]，経営者が，利害関係者達より委託されている企業の経営遂

行をその内容とする受託責任からの解除の手段として，企業の経営活動の結果たる経営成績と財政状態に関する情報を，会計数値という形をもって，彼等に伝達することにある。そして，かかる目的のなかでも特に重要なものは，将来の株主をも含めた投資者に対するそれである[5]。すなわち，この場合には，経営者の受託責任は，特にスチュワードシップ（stewardship）と呼ばれ[6]，財務会計の目的は，投資者が，経営者がこのスチュワードシップ機能をどの程度まで果しているかを評価し，それに基づいてその持株を将来も所有し続けるか否か，あるいはそれを処分してしまうか否かについて，意思決定を行うのに必要な基礎的情報を提供することにある[7]。そして，かかる情報提供の具体的内容は，損益計算書と貸借対照表を主軸とする財務諸表を通して行われる。

すなわち，一方において，損益計算書では，貸方側において当該期間に実現した収益を計上し，借方側において当該収益の実現に貢献した費用を計上し，両者の比較対応計算，すなわちいわゆる費用収益対応計算を行い，企業の経営活動の成果たる期間損益を確定する。そして，かかる対応計算から算定された期間損益の内容は，今日の取得原価主義を基調とする財務会計の理論体系においては，当然のことながら，名目的な貨幣価値によって表わされた名目的成果であり，経営者は，かかる名目的成果を報告することによって，そのスチュワードシップ機能を完遂したものとして免責されている。

他方，財務会計におけるもう一つの情報提供の客体たる財政状態の報告は，貸借対照表によって行われる。貸借対照表は，周知のように，貸方側において企業に投下されている資金の源泉を，借方側においてその投下された資金の具体的な運用形態を示すことによって，その財政状態の表示という機能を果している[8]。そして，この貸借対照表の場合においても，今日の財務会計では，当初に投下された貨幣数値，すなわち取得原価たる歴史的原価を用いて，投下資金の源泉たる負債・資本とその具体的な運用形態たる資産を計上することによって，財政状態を正しく表示しているものとしている。

かように，経営成績と財政状態に関する情報の提供という目的は，現在の財務会計の体系においては，取得原価主義を中心として構成された理論体系のな

かで果されている。そして，かかる取得原価主義を基本的な評価基準として作成された，損益計算書と貸借対照表を主軸とする財務諸表を報告することにより，一方において，経営者はそのスチュワードシップから解放され，他方において，投資者はよりよい意思決定のための基礎が与えられることになる。

3 貨幣価値変動と財務会計目的遂行機能の喪失

　今日の財務会計は，すでに明らかにしてきたように，歴史的原価たる取得原価を中心として構成される取得原価主義会計の理論体系として形成せられており，その中心課題は，財政状態の表示もさることながら，期間損益の確定にあるとされ，当該期間に実現した収益と当該収益の実現に貢献したと認められる原価部分を対応する，いわゆる費用収益対応計算の結果としての期間損益の算定にその特色がある。そして，このような取得原価主義を基調とした今日の財務会計が成立している根拠としては，つぎのような諸点があげられよう。すなわち，（1）　今日の企業会計においては，企業を「継続企業」(going concern) とみることが現実に即しており，したがって，この継続企業についての会計は，かつての口別計算やいわゆる静態論にみられたような清算価値の算定およびこれに基づく財産計算的思考によらずに，過去の歴史的原価たる取得原価を適正に期間配分する動態論的思考を採ることが合理的であること，（2）　企業会計担当者の会計責任 (accountability) の賦課と免責は，片野教授のいわれるように[9]，取得原価によってこそ明確に把握できること，（3）　取得原価は，取引の時点においては，取引当事者達の合理的意思に基づいて取引が行われている限り，公正な市価 (fair market value) と一致しており，したがって，かかる利害関係の相対立する両取引当事者達の合理的意思に基づいて決定された取引価格は客観的であり，この点において，取得原価主義は価値の客観的な測定基準と考えられること[10]，すなわち経済計算の客観性が保たれること，ならびに，（4）　企業におけるいわゆる資本の有機的構成の高度化にともなって，企業資産のなかに占める固定資産の比重がますます大きくなってきており，またその

種別は多種多様となってきているために,個々の資産について,前述したような静態的価値,いいかえれば処分価値や清算価値または取替時価を算定することは技術的に不可能であること,などである。

このような理論的および実際的根拠から,今日の財務会計では,いわゆる動態論的思考が支配的となり,また資産および費用の測定計上にあたって,取得原価主義が広く容認されているが,ここで特に注目しなければならないことは,かかる取得原価主義を中心として形成せられている今日の財務会計の理論構造の基底には,貨幣価値の変動は,これを無視して差支えないという,いわゆる貨幣価値一定の公準[11]と呼称する前提が存在しているという事実である。そして,かかる前提の上に成立している今日の財務会計は,現実に貨幣価値が変動している事実を直視するとき,一定の限界を露呈し,理論の破綻を生ずることになる。いうまでもなく,理論なるものは,なんらかの前提なり,あるいは仮定なりを設定し,それを基盤として成立しうるものである。しかも,かかる前提あるいは仮定は,その設定によって得られる結果が,一定の有用性をもつ場合にのみ存在の意義が認められる。その有用性に疑問が生じた場合には,かかる前提あるいは仮定は再び吟味しなおされなければならない。財務会計において貨幣価値変動問題を考慮し,その理論体系のなかにこれを組み入れようとの要請は,財務会計がその理論構成の基盤としている貨幣価値の変動を無視するという前提がくずれ,企業のおかれた現状と比較するとき,その有用性に限界があるとの認識から生れるものである。

したがって,かかる貨幣価値の変動によって明らかとなる財務会計の有用性の限界,ならびにその理論体系において生ずる欠陥を認識するためには,その動因となる貨幣価値の変動の内容を理解していなければならない。貨幣価値とは,交換価値,すなわち財貨一般の総体 (bundle of things in general) に対する交換比率である[12]。いいかえれば,貨幣価値とは,財貨一般に対する支配力,すなわち購買力である。かかる内容を有する貨幣価値の変動を直接的に測定することは困難であるため,その間接的な測定手段として,物価変動を示す物価指数を用い,貨幣価値は,この物価指数の逆数 (reciprocal) で表わされる[13]。

この点について，高松教授も，「価値測定の難問題と直接に取組むことを回避し，物価指数という手段を媒介として，貨幣価値の変動を間接的に測定しようとするのである。比喩的な表現をとれば，貨幣価値の変動を物価指数という反射鏡をとおしてみるわけであり，この反射鏡に映し出された目盛を読むことによって，価値の大いさを測定する」と述べられているように[14]，貨幣価値の変動は，物価指数の趨勢を求めることによって間接的に測定される。すなわち，「全商品価格指数または一般物価指数が2倍になったということは，例えば，100から200になったような場合には，当該期間において貨幣の大きさ（購買力）が2分の1に減少したのと同じことである」といえる[15]。ここにみられるように，貨幣価値の変動を測定するにあたっては，物価指数の問題がきわめて重要となる[16]。しかしながら，貨幣価値の変動の測定にあたって，物価指数を用いることの欠点は，「それが強調すべきこととは反対のことを強調しているところにある。——すなわち，『価格が2倍になった』というべきところを，『貨幣の交換価値が半分に下落した』としてしまう」のである[17]。かかる欠点があるからといっても，それは，貨幣価値の変動の測定手段としての物価指数の重要性を減ずるものではない。というのは，貨幣価値と物価指数は，つねに相関関係にあるからである。

かかる物価指数には，一般物価指数と個別物価指数とがある。前者は，個別物価指数を総合し，平均したものである。これに対して，後者は，多数の個々の商品について，それぞれの価格を，基準時点に対する他の一定時点において，比較して算定したものである。前者の一般物価指数の変動は，物価変動と呼ばれ，後者の個別物価指数の変動は，価格変動と呼ばれる。しかして，「貨幣価値とは，貨幣の一般購買力を意味するのであり，その変動は一般物価指数によって示される」ものであるために，「貨幣価値の変動は，一般物価指数によって測定できる」ことになる[18]。したがって，価格変動が生じたという事実だけでは，インフレーションやデフレーションが存在しているという証拠，すなわち貨幣価値に変動が生じているということにはならない[19]。むしろかかる価格変動という事実が存在していることは，市場経済が正常に機能している証拠

といえる。このように物価変動と価格変動とは，比例的関係をもっているとは限らない[20]。

　かかる一般物価指数を通して間接的に測定される貨幣価値に変動がみられるときには，財務会計は，種々なる影響を蒙むる。かかる貨幣価値の変動によって生じてくる影響について，メイスンは，財務諸表上に及ぼされる影響と内部経営目的にみられる影響について述べているが，いま当面の課題となっている前者，すなわち財務会計に対する影響についてみると，つぎの如くである。

　「数値を修正しなければ，損益計算書は，物価水準の変動により会計数値の比較可能性の欠如という影響を蒙むる。すなわち，減価償却費やその他の類似した費用は，当期の物価水準を反映しておらず，したがって当期の収益数値との比較可能性が失われ，その結果，報告された純利益の重要性が小さくなる。貸借対照表もまた諸項目の比較可能性の欠如という影響を蒙むる。すなわち，現金や受取勘定および負債は，当期の貨幣価値で表示されるが，棚卸資産，ならびに特に固定資産は，比較不可能項目の集合体である。というのは，これらは，通常の場合，財貨および用役に対する異なった購買力を示す，過去の貨幣の混合物であるからである。」[21]

　しかして，かかる貨幣価値の変動による比較可能性の欠如によって，将来の株主をも含めた投資者達は，その意思決定の基礎とすべき情報が得られないことになる。詳言すれば，貨幣価値の変動によって会計数値の比較可能性が失なわれる結果，まず第一には，経営者の業績を評価するに必要な真の経営成果利益が，その絶対額においても，またその趨勢からみても，明らかでなくなるために，第二には，企業の財政状態の良好度の判定が不可能となるために，現在の株主は，その所有株式の所有の継続または処分の意思決定ができなくなるし，また，将来の投資者は，新に資金を投下して企業に参加すべきか否かの意思決定が合理的に行いえないことになる。ここに，貨幣価値の変動によって惹起せしめられる財務会計の目的を遂行するための機能の喪失がみられる。

　かかる財務会計目的の遂行機能の喪失と関連して，もう１つの重要な問題が派生する。それは，財務会計の情報提供という目的へのもう１つの要請，すな

わち前述したような経営者のスチュワードシップ機能の達成度についての評価の内容に関するものである。これまでの貨幣価値の変動は無視するとの前提の上に成立している取得原価主義を中心とする理論体系の下では，すでに述べたように，名目的な貨幣価値を用いて表わされた経営成績と財政状態を測定し，表示することによって，かかるスチュワードシップを果たしたものとして，それから解放されていたのである。したがって，貨幣価値に変動がないとの前提に疑問が生じたときには，かかる名目的な経営成績と財政状態の測定，表示によるスチュワードシップからの解放という理論は，吟味しなおされなければならないことになる。すなわち，かかる場合には，いかなる内容をもつ経営成績を算定し，報告したならば，経営者はスチュワードシップから解放されたことになるのか。それは，名目的な経営成績でよいものなのか，実体計算(Substanzrechnung)[22]に基づいた経営成績でなければならないのか，あるいは，貨幣の購買力による計算に基づいた経営成績でなければならないのか。また，いかなる内容をもつ財政状態を報告したならば，経営者は同様に免責されるのか。それは，単に名目的貨幣価値，すなわち取得原価によるだけでよいのか，時価，すなわち取替原価によらなければならないのか，あるいは一般物価指数によって修正した貨幣価値によらなければならないものなのか。これらの諸点が問われなければならない。ここに，貨幣価値の変動によって財務会計上みられるもう1つの問題が生ずる。

　前述した財務会計目的の遂行機能の喪失という問題は，これまでに多くの論者によりしばしば論じられてきているようであるが，このもう1つの問題については，これまでのところあまり検討を加えられてきていないようにみうけられる。前者の問題は，測定・報告された経営成績と財政状態の表示の形式，およびその表示手段たる貨幣の同質性，ひいては比較性に関連する，いわば表示形式上の問題である。これに対して，後者の問題は，そこで表示されている数値の内容に関する問題である。したがって，財務会計の経営成績と財政状態の測定・表示という本質的課題に即していえば，測定・表示された数値の内容を問題とする後者の問題の究明こそが，重要であるといえよう。

かような貨幣価値の変動をめぐって財務会計上生起する諸問題は，どのようにしたならば解決することができ，また，喪失された財務会計目的の遂行機能を回復することができるかが，つぎに明らかにされなければならない。いいかえれば，貨幣価値の変動に対処しうる財務会計は，どのようなものでなければならないかという問題である。つぎに節を改めて，この点を論じよう。

4 財務会計目的の遂行に適した貨幣価値変動会計

　財務会計，すなわち外部報告目的会計は，前述したように，企業の利害関係者，特に投資者に対して，企業の経営活動の成果たる経営成績と財政状態に関する情報を提供するという目的をもっている。しかも，かかる提供せられた経営成績と財政状態の内容は，現在の財務会計においては，貨幣価値の変動を無視するとの前提の上に成立している，取得原価主義を中心としてその理論体系が形成せられているために，名目的貨幣価値をもって表示せられている。財務会計の目的は，かかる名目的数値による情報の提供をもって達成せられたものとされる。しかるに，貨幣価値の変動を無視するという前提に疑問が生じたときには，財務会計の理論体系の再検討が必要となる。またそれと同時に，かかる理論体系のなかで遂行せられていた財務会計の目的は，すでに明らかにしたように，貨幣価値の変動によって阻害されるため，貨幣価値の変動の下におけるかかる目的の達成の条件が，吟味されなければならないことになる。ここに，貨幣価値変動会計，すなわち，財務会計目的の遂行に適した貨幣価値変動会計はいかにあるべきかという問題が成立する。

　　(注)　貨幣価値変動会計という用語は，必ずしも一般化しているわけではなく，モリッセイも指摘しているように，例えば，物価水準会計（price-level accounting），統一貨幣価値会計（uniform-dollar accounting），共通貨幣価値会計（common-dollar accounting），あるいは一定貨幣価値会計（constant-dollar accounting）などと各種の呼称が用いられ，用語の統一性を欠いている（L. E. Morrissey, *Contemporary accounting Problems,* 1963, pp. 313-314）。また，この点からみても，貨幣価値変動会計の意義内容についても混乱がみられているが，AICPAの会計調査研究叢書第6号の「……『物価水準変動』という用語は，インフレーションあるいはデフレーション

の期間において生ずる，貨幣の一般的購買力の変動に限定して使用する。……したがって，『物価水準修正』の目的は，財務諸表上の各項目を『共通の』貨幣価値，すなわち，同一の一般的購買力を有する貨幣によって表示することにある」という貨幣価値変動会計に対する考え方が，一般に認められているようである (The Staff of the accounting Research Division of the AICPAs, *op. cit.,* p. 5)。

もちろん，貨幣価値の変動によって企業会計上生起する問題は，リトルトンとジンマーマンも，「このような修正は，（1） これによって，会計記録とその結果たる純利益の計算から，インフレーション要素を排除すること，および（2） その結果として，企業資産の実物的な取替に必要な水準に近い額の利益を企業に留保できること，という2つの信念に基づいて提唱されている」と述べており[23]，また，片野教授もいろいろとあげられているように[24]，必ずしも財務会計上の問題に限定されるとは限らない。貨幣価値の変動に関連して，企業維持または資本維持の問題，あるいは取替資金の留保等の財務政策または経営政策の問題など，企業の経営遂行のあらゆる過程において考えられうる問題の惹起することは，すでに「はじめに」のところでふれた通りである。しかしながら，貨幣価値の変動をめぐる問題を財務会計の領域において論じようとする限り，これらの問題は，財務会計本来の範疇から外れたものといわなければならない。このことは，片野教授が「インフレーション会計それ自体のもつ本質的課題は，あくまで計算貨幣の尺度異質性を匡正するという問題，いい換えれば，貨幣価値修正計算ないし安定価値会計という問題であって，資本維持問題は本質上これとは別個の範疇に属する。それは貨幣価値の変動する場合といわず，貨幣価値の安定せる場合といわず，およそ企業の独立採算経営の基本原則として，企業会計の出発点にはじめから存在する問題なのである」と述べられているところからも[25]，また，高松教授が「いわゆる資本維持の問題は，物価変動会計における重要な実践的課題であることはもちろんであるが，物価変動会計そのものの本質的課題は，あくまでも貨幣単位安定の仮定が失なわれたさいの会計処理という問題である。すなわち，貨幣単位安定の仮定に立脚する取得原価主義会計が，その仮定の失なわれたとき，どのように発展してゆくかが，その中心問題なのである。だから資本維持の問題は，物価変動会計の本

質的課題とは一応別個のものである。前者は後者が解かれずしては解決できないものであるが、後者は前者からきりはなして、後者自身として解決されなければならない」と論じられているところからも[26]、十分に理解しうるところである。

かくして、貨幣価値の変動にどのように対処したならば、喪失した財務会計目的の遂行機能を回復することができるかが最も重要な論点となってくる。すなわち、財務会計の目的遂行に適した貨幣価値変動会計の理論体系が明らかにされなければならないことになる。しかして、前項で明らかにした貨幣価値の変動によって現われる財務会計目的の遂行に関する2つの欠陥、すなわち会計数値の比較可能性の喪失および経営者のスチュワードシップ機能の達成度についての評価手段の欠如との関連において、かかる貨幣価値変動会計について検討してみよう。

財務会計には、すでに述べたように、種々なる要請が向けられている。将来の株主をも含めて、特に投資者の立場からみたときには、その意思決定に必要な情報の提供という面に重点がおかれる。かかる情報の提供という目的は、この場合にはその中心的要素を比較可能性という点に求める。すなわち、投資者は、所有株式の所有の継続または処分および新投資などについての意思決定を行うために、企業から提供された情報に基づいて、当該企業の収益力の趨勢を予測する手段として、そこにもられている会計数値の比較検討を行うわけである。

およそ、財務会計をも含めて、企業会計なるものは、貨幣によって測定しうるもの、すなわち、貨幣計算の可能なもののみを計算対象としている。したがって、貨幣計算を行うからには、計算尺度としての貨幣に同質性が保持されていなければならない。ここに、貨幣価値の変動を無視するという前提が必要となるわけである。会計理論は、かかる前提の上に成立している。そして、かかる前提に立脚した、取得原価主義を基調として形成せられている、今日の財務会計の理論体系において、当初に投下された貨幣価値で表わされた、歴史的原価たる取得原価によって、比較可能性が有効に保たれているのは、かかる前提

の存在により，取得原価に同質性がみいだされているからである。それ故，かかる前提に疑問が生じたときには，計算内容の同質性を確保するために，貨幣に代りうるなんらかの計算尺度が求められなければならないことになる。もしもそうしなければ，スウィニーが，伝統的な会計手続に対する3つの異論のうちの1つとして，「通常の会計手続は，同種の測定単位で表現されていない諸数値を集約しており，したがって，『同種のものに同種のものを加えれば，同種のものになる』という，基本的な数学上の公理に反している」という点をあげているように[27]，貨幣計算を行っても，それは，単に片野教授のいわれるような貨幣数量計算であるにすぎず[28]，同質的な貨幣計算，すなわち，同一の一般的購買力を有する貨幣による貨幣計算は，実行しえないことになる。この場合には，かかる同質性をもたない貨幣によって測定された，会計数値を比較してみても，それは，「いわば，メートルで測った数値，ヤードで測った数値，曲尺で測った数値，鯨尺で測った数値の単なる数量の集積である」にすぎないため[29]，なんら有用な結果は得られない。すなわち，この場合には，異なる時点における取得原価の比較可能性が失なわれることになる。したがって，かかる場合には，今日の取得原価主義を基調とする財務会計においては，測定基準たる取得原価に代替しうる，なんらかの尺度が求められなければならない。

　取得原価に代りうる計算尺度としては，取替原価をはじめとして，種々なるものが考えられよう。しかし，取得原価に代りうるためには，少なくともこれと同等か，あるいはこれに優る有用性をもったものでなければならない。いいかえれば，比較可能性の支柱となっていると同時に，財務会計の生命とも称すべき，経済計算の客観性，あるいは検証可能性の要求に応じうるものでなければならない。かかる要求を満足しうるものは，一般物価指数を用いて修正した貨幣数値以外にないであろう。かかる数値を用いて，財務諸表上の全ての項目が表示しなおされることになる。ここに，一般物価指数による修正計算という内容をもつ，貨幣価値変動会計が成立する。ただし，かような貨幣価値変動会計においては，従来用いられてきた取得原価による会計を排除するものではない。というのは，修正された会計数値が取得原価からどの程度乖離しているか

を知るために，比較分析上欠くことができないからである。したがって，取得原価主義と一般物価指数による修正計算との，いわば二者調整[30]の理論体系が，貨幣価値変動会計のあるべき姿として理解される。

　つぎに，このようにして成立した貨幣価値変動会計の体系が，財務会計に対するもう1つの要請である経営者のスチュワードシップ機能の達成度に関する評価手段としての有用性との関連において，吟味されることになる。

　経営者は，すでに述べたように，企業の経営活動の結果たる，経営成績と財政状態について，投資者に情報を提供することにより，そのスチュワードシップから解放される。そして，かかる提供せられた情報，すなわち経営成績と財政状態の内容は，貨幣価値の変動を無視するとの前提に基礎をおいて成立している。今日の取得原価主義を基調とした財務会計の理論体系においては，当然のことながら，名目的貨幣価値で表現され，経営者は，かかる名目的貨幣価値で表わされた，経営成績と財政状態の報告をもって，スチュワードシップから解除せられたものとされている。

　すなわち，情報提供の内容の1つである経営成績についてみるならば，貨幣価値の変動を無視するとの前提が，存在する限り，名目的貨幣価値で表示された経営成績の数値は，経営者の業績評価の尺度としての機能を有効に果しているわけであり，また，それが，かかる前提の下においては，実体計算に基づいた経営成績とも，あるいは貨幣の購買力による計算に基づいたそれとも，大体において一致しているという事実がみられたからこそ，かかる名目的経営成績の報告をもって，経営者は，そのスチュワードシップを完遂したものとして，免責されていたといえるのであろう。しかるに，かかる前提に疑問が生じたときには，どのような内容をもつ経営成績を算定し，報告したならば，経営者は，スチュワードシップから解放されたこととなるのか。いいかえれば，名目的経営成績をはじめとする，上述のような経営成績数値のうちのいずれによるかということである。

　この問題について，一義的な解答を与えることは，困難であろう。というのは，導き出されてくる解答が，この問題を認識する者のもっている企業観なり，

企業会計観なりによって，左右されるからである。ただここでいいうることは，実体計算に基づく経営成績数値は，今日の財務会計において取得原価主義が確固たる地位を占める根拠の1つとなっている経済計算の客観性という点，およびディッケンズとブラックバーンの指摘しているような(31)，計算技術上の困難性という点から排除せられるとともに，AICPAの会計調査研究叢書第6号でも指摘しているように(32)，それは，実体計算の動因となる価格変動が，伝統的会計，すなわち今日の財務会計において，損益を生ぜしめる一要素と考えられているという事実からも，排除されるということである。

つづいて，貨幣の購買力計算に基づく経営成績数値，すなわち一般物価指数によって修正された経営成績数値の妥当性が検討される。かかる経営成績数値は，経営者のスチュワードシップ機能の達成度の判定尺度として，いいかえれば経営者の業績評価の尺度として，きわめて有用である。というのは，AICPAの会計調査研究叢書第6号でも明らかにしているように(33)，一般物価指数に基づく修正計算によって，貨幣価値の変動と価格変動とが区別され，したがって，貨幣価値の変動によって経営成績に及ぼされる影響が除去されるために，貨幣は経済行為においては，単に「中立的」な媒介手段としての機能をもつものにすぎないかのように取り扱われる結果，かかる修正せられた経営成績の数値は，経営者の業績評価の尺度として，真の経営成果利益を提供していることになるからである。ここにおいて，貨幣の購買力計算に基づく経営成績数値の有用性が認められるとともに，一般物価指数に基づく修正計算を内容とする，貨幣価値変動会計の成立する1つの根拠が求められる。そしてまた，この点において，先に明らかにした比較可能性の要請から形成せられた貨幣価値変動会計が，承認を与えられたことになる。

されば，かかる有用性をもっている経営成績数値は，それだけで，財務会計の目的を充足しうるものなのかが，つぎに問われなければならない。すなわち，かような経営成績数値は，従来の名目的経営成績数値にとって代りうるものなのか否かという，二者択一の問題である。いいかえれば，財務会計の理論体系のなかで，一般物価指数による修正計算を内容とする貨幣価値変動会計が，こ

れまでの取得原価主義を排除して、これに代る地位を占めることができるかということである。この点については、片野教授も指摘されているように[34]、取得原価のもっている、経営の内部関係と外部関係における会計責任[35] (accountability) の設定と解除の過程を明らかにするという有用性からみて、一般物価指数で修正した貨幣数値は、取得原価のもっているかかる機能を果しえないため、これに代りうるものとはいえない。いいかえれば、一般物価指数による修正計算を内容とする貨幣価値変動会計と、取得原価主義会計とは、代替の関係にあるのではなくして、相互補完の関係にあるといって差支えない。このことはまた、財務会計本来の情報提供という目的に即してみても、首肯しうるものであろう。すなわち、取得原価主義に基づいて算定された名目的経営成績の数値とともに、貨幣価値の変動について修正計算した経営成績をも表示したほうが、かかる情報提供という目的によりよく適合していることになるからである。かくして、今日の財務会計においては、取得原価主義会計と貨幣価値変動会計との二者択一という形ではなくして、両者の二者協調という形で、その理論体系を形成するほうが望ましいことになろう。

つぎに、経営者のスチュワードシップからの解除のためのもう1つの指標である、財政状態の内容が問題となる。いうまでもなく、財政状態の報告は、貸借対照表によって行われる。貸借対照表は、貸方側で企業に投下されている資金の源泉を、借方側でその投下された資金の具体的な運用形態を示すことによって、その機能を果している。そして、すでに述べたように、かかる貸借対照表の表示形式をもって、財政状態と呼ぶことが一般に認められている。ただここで注意しなければならないことは、今日の貨幣価値の変動を無視するという前提の上に成立している財務会計の下においては、かような貸借対照表の表示形式をもって財政状態と呼んでも、その内容は、当初に投下された貨幣額たる取得原価で表わされているという事実である。したがって、かかる貨幣価値の変動を無視するとの前提に疑問を生じたときには、かかる貸借対照表の表示内容をもって、財政状態を表示しているといえるか否かが問題となる。従来の財務会計においては、かかる前提が存在していたからこそ、かかる貸借対照表の

表示内容をもって，財政状態を表示しているといえたのである。かかる前提に破綻がみられるときには，かような貸借対照表をもっては，財政状態を表示しているとはいえなくなる。したがって，貸借対照表に対して，なんらかの修正を試みなければならないことになる。

　貸借対照表の修正にあたって用いられる計算の尺度としては，取替原価をはじめとして，種々なるものが考えられよう。しかし，つぎに述べるような理由から，修正計算の尺度としては，取替原価などではなくて，一般物価指数によって修正した貨幣価値を用いることを妥当と考える。すなわち，まず第一には，貨幣価値に変動がみられないときにも，取替原価などの時価は存在しているはずであるにもかかわらず，今日の財務会計では，これを用いずに，取得原価を用いて作成した貸借対照表をもって，財政状態を表示しているとしている点，第二には，第一の取替原価などの時価が用いられていない理由の1つでもあるが，これの算定の計算技術上の困難性，およびそれと関連して経済計算の客観性が得られない点，ならびに，第三には，貸借対照表が，貸方側で企業に投下されている資金の源泉を，借方側でその投下された資金の具体的な運用形態を示すことをもって，財政状態と呼ぶことが，今日の財務会計において一般に認められているという事実からみて，当初に投下された資金と同じ購買力をもつ貨幣で表示しなおせば，この現在一般に認められている財政状態の内容に一致する点，である。かかる理由から，現在の貨幣価値による修正計算，すなわち一般物価指数を用いた修正計算が妥当と考えられる。この点においてもまた，先に明らかにした比較可能性の要請から形成せられた貨幣価値変動会計が承認を得たこととなる。

　ただ，この場合にも，前述したと同じように，取得原価は，経営の内部関係と外部関係における，会計責任 (accountability) の設定と解除の過程を明らかにするという，一般物価指数によって修正した貨幣数値もってしては果すことのできない，独自の機能をもっているために，ここに成立する貨幣価値変動会計の体系は，取得原価主義と一般物価指数による修正計算との二者協調という形をとることになる。したがって，財政状態は，取得原価に基づいたものと，一

第6章　財務会計目的の遂行と貨幣価値変動　83

般物価指数によって修正されたものとの2つが示されることになる。このことはまた，財務会計の情報提供という目的にも即しているといえる。

かくして，財務会計の目的遂行に適合した貨幣価値変動会計は，取得原価主義と一般物価指数に基づく修正計算を内容とする，二者協調という形で形成せられることになる。

5　貨幣価値変動に関する修正方法と表示方法

これまでのところで，財務会計の目的遂行に適した貨幣価値変動会計の理論的な面を明らかにしてきたが，かかる貨幣価値変動会計においては，具体的にどのような修正方法が採られ，修正の結果はどのように表示されなければならないかが，つぎに問題となる。これは，いわば，財務会計の目的遂行に適した貨幣価値変動会計の手続面の問題である。

そこで，以下のような項目ごとに，修正方法と表示方法について検討を加えてみよう。

（1）　**全面的修正か，あるいは部分的修正か。**

全面的修正とは，財務諸表上の全ての項目について修正計算を行うことであり，部分的修正とは，一部の項目，例えば減価償却費などについて修正を行うことである。これら2つの方法のうちで，前者の方法が，財務会計の目的からみて有用であることはいうまでもない。たとえば，AICPAの会計調査研究叢書第6号でも「完全に修正された財務諸表においては，全ての金額は，同一の基準的な測定単位に基づいているから，比較可能であろう」としているように[36]，かかる全面的修正によってこそ比較可能性が保持せられることになる。したがって，全面的修正を行えば，つぎのような効果がもたらされる。すなわち，（1）経営分析上の各比率がより正確となる。（2）減価償却費の計上がより正確となる。（3）配当金および法人税と利益との関係が明確となる。ならびに，（4）貨幣項目の保有から生ずる利得または損失が明らかにされる[37]。

これに対して，部分的修正を行うときには，比較可能性が失なわれ，貨幣価値の変動によって生ずる純利益に対する影響を除去することもできなくなるし，また，貨幣的項目に基づく利得や損失も明示できない[38]。もっとも，かかる部分的修正は，モリッセイも「厳密にいえば，特定資産の価格趨勢を反映するための修正は，『価格修正』であって，『物価水準修正』ではないであろう」と述べているように[39]，貨幣価値変動会計の領域で，全面的修正と対等の地位において検討されるべき問題ではないといえよう。

(注) なお，貨幣価値の変動により，貨幣的項目の保有から生ずる利得または損失については，the Staff of the accounting Research Division of the AICPAs, *op. cit.*, pp. 12-13, and Appendix C (pp. 137-165)，および，これを紹介し論評されている高松教授の論文（高松和男稿「物価変動会計における貨幣項目の購買力損益」『會計』第86巻第5号）を参照されたい。

　また，貨幣価値変動会計に関する最も新しい研究成果たる，AICPAの会計調査研究叢書第6号については，ほかにつぎのような諸論文で論じられているので，併せて参照されたい。
高松和男稿「物価水準の変動と明瞭表示」『産業経理』第24巻第11号
同　　　稿「物価変動と財務諸表の修正」『企業会計』第16巻第12号
塩原一郎稿「米国における貨幣価値変動会計論の現状」『早稲田商学』第174・175合併号

(2) 前進法か，あるいは遡及法か。

すでに記録されている歴史的原価数値を同一の貨幣価値水準に修正計算するのに，期末現在の貨幣価値に統一する場合と過去のある時点の貨幣価値に統一する場合とがあり，このうちのいずれかの方法を選択しなければならない。前者は，前進法と呼ばれ，後者は，遡及法と呼ばれる。

前進法は，財務諸表に対する経営判断が，期末現在の貨幣価値の水準との関連において行われることが多いため，投資者をはじめとする外部の利害関係者の要請に最もよく応じうるものである。すなわち，財務会計本来の目的からみれば，前進法が妥当な修正方法といえるわけである。これに対して，遡及法は，修正基点を過去の一定時点に求め，以後の各期間末の計算を基点の貨幣価値に修正統一してゆくものであるため，数値の時間比較を必要とする，経営管理を

目的とする会計計算，例えば，原価比較，財務分析，あるいは期間比較などにおいて，役立てられる。もちろん，これらの方法は，ともにそれぞれの特徴をもっているから，修正計算を行うにあたっては，その修正計算の目的や効果を十分に認識した上で，それを選択しなければならない。

なお，計算手続の便宜性のために，まず最初に，遡及法を用いて，全ての数値をいったん修正基点の貨幣価値に修正統一しておき，必要に応じて，これを前進法によってその時の現在貨幣価値に修正しなおすという方法も行われることがある。

(注) 前進法と遡及法については，故岩田教授のつぎのような優れた研究があるので，併せて参照されたい。

　　岩田巌稿「ドイツに於ける貨幣価値変動会計」(太田哲三，岩田巌，片野一郎共著『貨幣価値変動会計』所収，118～157頁)

(3)　**会計資料の面で行うか，財務諸表上で行うか，あるいは元帳記録において行うか。**

会計資料の面における修正計算は，正式の会計帳簿や報告書以外で行われるものである。例えば，補助財務諸表やグラフあるいは図表などの形で行われるのがこれである。これは，財務諸表を解釈する際の捕捉的資料の提供を目的としている。つぎに，財務諸表上で行う修正計算は，期末に伝統的な会計方法の下に作成された財務諸表についてのみ価値修正を行う簡便法である。したがって，この方法においては，期末の財務諸表を作成するにいたるまでの期中の会計記録は，全く修正されないことになる。最後に，元帳記録において行われる修正計算は，総勘定元帳に存在する損益計算書勘定および貸借対照表勘定の全ての項目にわたって，そこに記録されている全ての数値について修正する方法である。この方法においては，理論的には毎日数値を修正するのが，その本来の姿である。

これら3つの修正計算方法のうちでは，第一の方法が，財務会計の目的に最もよく適合したものといえる。すなわち，計算の正確性と精密性という点からみれば，第三の方法が最も適当と考えられようが，修正計算の尺度たる，日ご

との，あるいは週ごとの，さらには月ごとの貨幣価値を求めることは，計算技術上困難であること，および，外部報告目的会計たる財務会計における会計計算の必須要件である，計算の客観性，いいかえれば計算についての恣意性の排除ということからみると，この第三の方法は，除外されることになり，また，第二の方法は，すでに述べたような，会計責任 (accountability) の設定と解除の過程を明らかにするのに必要な取得原価を明示しえない点において，財務会計の目的にそぐわないからである。

（注） 勘定記録における修正計算方法については，片野一郎著，前掲書，849～858頁を参照されたい。

以上において論じてきた3つの問題点は，貨幣価値の変動についての修正方法に関するものであった。つづいて，表示方法について述べよう。

（注） なお，以上述べてきたような，財務会計の目的に適合した貨幣価値変動会計における修正方法の具体的な計算例については後述する。

（4） 表示方法 ── 補助財務諸表で行うか，正規の財務諸表の特別欄で行うか，あるいは，グラフ，図表，文章，または脚注で行うか。

これらの方法のうちいずれを採るかは，貨幣価値変動の内容，当該企業の業種業態，およびその会計慣行などに応じて決定せられる。そこには，全ての企業に共通的に妥当する唯一の方法などというものはありえない。ただここでいいうることは，財務会計の情報提供という目的にかんがみて，表示の明瞭性という条件を充たしうる方法が選ばれなければならないということである。そして，いずれの方法が採用されるにせよ，比較可能性の観点から，取得原価数値と貨幣価値の変動について修正された数値との乖離の程度を示す尺度として，取得原価も同時に表示しておくべきであるという点は，留意されねばならない。

そして，これらの方法のいずれが採られるにせよ，貨幣価値の変動から生ずる影響を，十分に明示するために必要な最小限度の条件を，AICPAの会計調査研究叢書第6号にしたがって示せば，つぎの如くである[40]。

（1） 売上高，またはその他の主要な収益の源泉　未修正額と修正額とが，現在の貨幣価値で，あるいは，基準年度に対する比率として，年度間の比較が

可能なように示されなければならない。
（2） 純利益　未修正（伝統的な）額と，構成諸項目（収益および費用）を物価水準の変動によって修正した結果としての純利益額とが，年度間の比較が可能なように示されなければならない。
（3） 普通株主持分　純利益の数値が示されている年度について，修正収益率の算定が可能なように，十分な情報が提示されなければならない。
（4） 貨幣的諸項目の購買力損益　これらの購買力損益の金額を表示するとともに，それが，純利益の計算と普通株主持分の計算において，どのように処理されたかについても表示されなければならない。

　その他にも，未修正減価償却費と修正減価償却費の比較，修正純利益に対する法人税の割合，修正純利益と配当金の関係，未修正売上原価と修正売上原価の比較，ならびに，修正総資本利益率の算定に十分な資料などについての情報が，示されていなければならない。

　かくして，少なくとも，これらの最少限度の条件が充たされている限り，表示の明瞭性は確保せられており，したがって，情報提供という財務会計の目的は，達成されたことになる。

　（注）　なお，貨幣価値の変動によって生ずる影響の報告方法については，the Staff of the Accounting Research Division of the AICPAs *op. cit.,* Appendix D（pp. 169–218）において，個々の会社ごとの具体的事例が示されているので参照されたい。

6　修正方法の計算例

　本節では，前節で述べてきたような，財務会計目的の遂行に適合しうる貨幣価値の変動についての修正方法が，示されている。すなわち，ここでは，前進法によって全面的修正を行う場合が取り扱われ，会計資料の面においては補助財務諸表のみが用いられている。かかる修正方法については，AICPAの会計調査研究叢書第6号において，適切な計算例があげられているので，これにしたがって明らかにしてみる[41]。

6 修正方法の計算例

仮設例

(a) 指数はつぎの通りとする。

開 業 時	150	
第 1 年 度 末	175	第 1 年度平均 160
第 2 年 度 末	200	第 2 年度平均 190

(b) 棚卸資産の評価は先入先出法によったものとする。また，仕入高は，第1年度，52万ドル，第2年度50万ドルであったものとする。
(c) 減価償却費および期首棚卸高を除く一切の収益と費用は，各年度の平均物価水準で測定されたものとする。
(d) 配当金は，各年度末に宣言され，かつ支払われたものとする。
(e) 第2年度の期首に，固定負債5万ドルを現金で支払い，かつ30万ドルを資本金に振り替えた（株式転換した）ものとする。
(f) 固定資産は，開業時および第1年度末に取得したものとする。土地は借地のため，固定資産の全てについて減価償却を行うものとする。償却率は，定額法により年10％とする。
(g) 取得原価主義による比較損益計算書は，第1表の通りとする。
(h) 取得原価主義による比較利益剰余金計算書は，第2表の通りとする。

第1表

	第 1 年 度		第 2 年 度	
売 上 高		800,000		1,000,000
営 業 費				
売 上 原 価	470,000		600,000	
減 価 償 却 費	30,000		40,000	
その他の費用 ※	280,000		300,000	
計		780,000		940,000
営 業 利 益		20,000		60,000

※ 所得税を含む。

第2表

	第 1 年 度	第 2 年 度
期 首 残 高	0	15,000
営 業 利 益	20,000	60,000
計	20,000	75,000
配 当 金	5,000	10,000
期 末 残 高	15,000	65,000

第3表

	開 業 時	第1年度末	第2年度末
資 産 の 部			
現金その他の貨幣資産	200,000	195,000	235,000
棚 卸 資 産	250,000	300,000	200,000
固 定 資 産	300,000	400,000	400,000
－) 減価償却累計額	0	(30,000)	(70,000)
資 産 合 計	750,000	865,000	765,000
負 債 の 部			
流 動 負 債	100,000	200,000	100,000
固 定 負 債	350,000	350,000	0
負 債 合 計	450,000	550,000	100,000
資 本 の 部			
資 本 金	300,000	300,000	600,000
留 保 利 益	0	15,000	65,000
資 本 合 計	300,000	315,000	665,000
負 債 資 本 合 計	750,000	865,000	765,00

(i) 取得原価主義による比較貸借対照表は，第3表の通りとする。

　以上のような仮定に基づいて，財務諸表が，第2年度末の貨幣価値（すなわち，指数200の場合の貨幣価値）に修正される。

6　修正方法の計算例

修正方法

(A) 損益計算書および利益剰余金計算書項目の修正

(a) 売上高

（第1年度）	$800{,}000 \times 200/160$	$= 1{,}000{,}000$
（第2年度）	$1{,}000{,}000 \times 200/190$	$= 1{,}052{,}632$

(b) 売上原価

（第1年度）
期首棚卸高	$250{,}000 \times 200/150 = 333{,}333$
仕　入　高	$520{,}000 \times 200/160 = \underline{650{,}000}$
	770,000　　　　　983,333
期末棚卸高	$300{,}000 \times 200/160 = \underline{375{,}000}$
売　上　原　価	$\underline{470{,}000}$　　　　　$\underline{608{,}333}$

（第2年度）
期首棚卸高	$300{,}000 \times 200/160 = 375{,}000$
仕　入　高	$500{,}000 \times 200/190 = \underline{526{,}315}$
	800,000　　　　　901,315
期末棚卸高	$200{,}000 \times 200/190 = \underline{210{,}526}$
売　上　原　価	$\underline{600{,}000}$　　　　　$\underline{690{,}789}$

(c) 減価償却費

固定資産の開業時取得額	$300{,}000 \times 100/150 = 400{,}000$
〃　　第1年度末　〃	$100{,}000 \times 200/175 = \underline{114{,}286}$
〃　　第2年度保有額	$\underline{514{,}286}$
第1年度の減価償却費	$400{,}000 \times 10\% = 40{,}000$
第2年度の減価償却費	$514{,}286 \times 10\% = 51{,}429$

(d) その他の費用

（第1年度）	$280{,}000 \times 200/160 = 350{,}000$
（第2年度）	$300{,}000 \times 200/190 = 315{,}789$

(e) 配当金

（第1年度）	$5{,}000 \times 200/175 = 5{,}714$

第4表

	修正前	乗数	修正後
期首正味流動貨幣資産額	100,000	175/150	116,667
+) 売　上　高	800,000	175/160	875,000
小　　計 (A)	900,000		991,667
-) 控　除　額			
仕　入　高	520,000	175/160	568,750
その他の費用	280,000	175/160	306,250
配　当　金	5,000	175/175	5,000
固定資産購入額	100,000	175/175	100,000
小　　計 (B)	905,000		980,000
期末正味流動貨幣資産額	(5,000)		11,667
(A) - (B)			
			(5,000)
購買力損失			16,667
購買力損失換算	16,667	200/175	19,047
(第2年度末の水準へ)			

第5表

	修正前	乗数	修正後
期首正味流動貨幣資産額	(5,000)	200/175	(5,714)
+) 売　上　高	1,000,000	200/190	1,052,632
小　　計 (A)	995,000		1,046,918
-) 控　除　額			
期首負債返済額	50,000	200/175	57,144
仕　入　高	500,000	200/190	526,316
その他の費用	300,000	200/190	315,789
配　当　金	10,000	200/200	10,000
小　　計 (B)	860,000		909,249
期末正味流動貨幣資産額	135,000		137,669
(A) - (B)			
			135,000
購買力損失			2,669

6 修正方法の計算例

(第2年度)　　　　　　　　　　10,000×200/200＝10,000

(f)　貨幣項目から生ずるゲインまたはロス

正味流動貨幣項目

	(開業時)	(第1年度末)	(第2年度末)
現金その他の貨幣資産	200,000	195,000	235,000
流動負債	100,000	200,000	100,000
正味流動貨幣資産（または負債）	100,000	(5,000)	135,000

第1年度の正味流動貨幣項目の購買力損益に関する修正計算は，第4表の通りである。

第2年度の正味流動貨幣項目の購買力損益に関する修正計算は，第5表の通りである。

固定負債項目

(第1年度)　　　　　　　　　　350,000×175/150＝408,333

　　　　　　　　　　　　　　　408,333－350,000　＝58,333

　　　　　　　　　　　　　　　58,333×200/175　＝66,667（ゲイン）

(第2年度)　　　　　　　　　　修正なし

貨幣項目から生ずるゲインまたはロス合計

	(第1年度)	(第2年度)
正味流動貨幣資産損失	19,047	2,669
固定負債ゲイン	66,667	0
正味ゲイン（またはロス）	47,620（ゲイン）	2,669（ロス）

(B)　貸借対照表項目の修正

(a)　貨幣項目

現金その他の貨幣資産

(開　業　時)　　　　　　　　　200,000×200/150＝266,667

(第1年度末)　　　　　　　　　195,000×200/175＝222,857

(第2年度末)　　　　　　　　　235,000×200/200＝235,000

流動負債

	(開 業 時)	100,000×200/150=133,333
	(第1年度末)	200,000×200/175=228,570
	(第2年度末)	100,000×200/200=100,000
固定負債		
	(開 業 時)	350,000×200/150=466,667
	(第1年度末)	350,000×200/175=400,000
	(第2年度末)	な　し

(b) 棚卸資産

	(開 業 時)	250,000×200/150=333,333
	(第1年度末)	300,000×100/160=375,000
	(第2年度末)	200,000×200/190=210,526

(c) 固定資産および減価償却累計額

　(A) の (c) 参照

(d) 資本金

	(開 業 時)	300,000×200/150=400,000
	(第2年度期首)	300,000×200/175=<u>342,854</u>
	(第2年度末)	合計　　　742,854

(e) 留保利益

営業活動から稼得した留保利益

	(第1年度)	(第2年度)
前期繰越額	0	(4,047)
正味営業利益	(注) 1,667	(注) (5,375)
	1,667	(9,422)
修正後配当金	5,714	(10,000)
留保利益	(4,047)	(19,422)

　　　(注)　これの計算は，第6表参照

貨幣項目から生ずるゲインまたはロス累計額

　　第1年度のゲイン　　　　47,620

6 修正方法の計算例

第6表

	第 1 年 度	第 2 年 度
売　　上　　高	1,000,000	1,052,632
営　　業　　費		
売　　上　　原　　価	608,333	690,789
減　価　償　却　費	40,000	51,429
そ の 他 の 費 用 ※	350,000	315,789
計	998,333	1,058,007
営　業　利　益	1,667	(5,375)
貨幣価値の変動によるゲインまたはロス		
流 動 貨 幣 項 目 ゲイン（ロス）	(19,047)	(2,669)
固 定 負 債 ゲ イ ン （ロス）	66,667	0
正味ゲイン（ロス）	47,620	(2,669)
正味営業利益およびゲイン（ロス）	49,287	(8,044)

※ 所得税を含む。

第7表

	第 1 年 度	第 2 年 度
期　首　残　高	0	43,573
正味営業利益およびゲイン（ロス）	49,287	(8,044)
計	49,287	35,529
配　　当　　金	5,714	10,000
期　末　残　高	43,573	25,529

(C)　修正後比較損益およびゲイン（またはロス）計算書

　　第6表の通りである。

(D)　修正後比較利益剰余金計算書

　　第7表の通りである。

(E)　修正後比較貸借対照表

　　第8表の通りである。

第8表

	開 業 時	第1年度末	第2年度末
資 産 の 部			
現金その他の貨幣資産	266,667	222,857	235,000
棚 卸 資 産	333,333	375,000	210,526
固 定 資 産	400,000	514,286	514,286
－）減価償却累計額	0	(40,000)	(91,429)
資 産 合 計	1,000,000	1,072,143	868,383
負 債 の 部			
流 動 負 債	133,333	228,570	100,000
固 定 負 債	466,667	400,000	0
負 債 合 計	600,000	628,570	100,000
資 本 の 部			
資 本 金	400,000	400,000	742,854
留 保 利 益			
営 業 利 益	0	(4,047)	(19,422)
貨幣項目から生ずるゲインまたはロス累計額	0	47,620	44,951
資 本 合 計	400,000	443,573	768,383
負 債 資 本 合 計	1,000,000	1,072,143	868,383

（後　　記）

　本章では，従来の貨幣価値変動会計に関する議論で，あまり明らかにされていなかったようにみうけられる，提供された情報の内容である経営成績と財政状態の数値の性質について，経営者のスチュワードシップからの解放との関連でこれを明らかにし，そこで成立すべき貨幣価値変動会計の素描を試みたつもりである。しかしかような貨幣価値変動会計において採られる経営成績と財政状態の内容の徹底的解明は，今後の研究に待ちたいと思う。

注

（1）ちなみに，これまでに述べられてきている主なる見解についてみてみると，例えば，

（イ）アメリカ会計学会の所論にみられるように（AAA, "Price Level Changes and Financial Statements; Supplementary Statement, No.2," *The Accounting Review*, Oct. 1951, pp. 468-474, and "Accounting and Reporting Standards for Corporate Financial Statements—1957 Revision," *The Accounting Review*, Oct. 1957, p. 544），取得原価主義の立場を基本的にはあくまでも遵守し，もしこれに加えて貨幣価値の変動を考慮しようとする場合には，一般物価指数による修正計算を補助的に採用するよう勧告している見解，（ロ）イギリス勅許会計士協会の主張にみられるように（The Institute of Chartered Accountants in England and Wales, *Recommendations on Accounting Principles XV—Accounts in Relation to Changes in the Purchasing Power of Money*, 1952），貨幣価値の変動を考慮すること，およびこれによって実質資本の維持を図ることは，経営政策または財務政策の問題であるとし，企業会計上は取得原価主義を遵守すべきであるとする見解，（ハ）ドイツのハックス等の主張にみられるように（K. Hax, *Die Substanzerhaltung der Betriebs*, 1957, SS. 7-19）経営の実体資本維持のために貨幣価値の変動について修正計算を行うべしとする見解，（ニ）わが国の不破教授等の主張にみられるように（不破貞春著『会計理論の基礎』230～234頁，および同稿「貨幣価値変動会計論批判」『企業会計』第13巻第13号），貨幣価値の変動に対処して，費用のみを個々の資産ごとに個別物価指数を用いて時価で計上すべしとする見解，および，（ホ）片野教授等の主張にみられるように（片野一郎著『貨幣価値変動会計』第9章，および同稿「貨幣価値変動会計の会計発展史上における意義」『一橋論叢』第51巻第1号，個別物価指数による安定価値会計を提唱する見解等がみられる。

(2) 企業会計をこのように財務会計と管理会計の2つの領域に区別することに対しては，反論が向けられるかもしれない。しかし，アメリカ会計学会の1964年度概念・基準調査研究委員会も利用者思考的アプローチを支持すると述べているように（AAA. 1964 Concepts and Standards Research Study Committee-The Business Entity Concept, "The Entity Concept," *The Accounting Review*, Apr. 1965, p. 358），企業会計は，本質的に目的に対する手段という性格を有するものということができる。したがって，一定の目的に対してこれを達成するのに最も効果的な手段が選ばれなければならないのと同じように，企業会計においても，一定の目的意識に対して合目的的な会計あるいは目的指向的な会計が，採られなければならないことはいうまでもないことであろう。なお，財務会計と管理会計の内容，相違点，関連性，ならびに両者の統合問題等について論ずることは，本章の目的ではないので省略するが，これらの諸点については，次の諸論文を参照されたい。

　　佐藤　孝一稿「財務会計の生成と特質」『企業会計』第16巻第12号
　　　番場嘉一郎稿「管理会計と財務会計」（日本会計学会編『近代会計学の展開』所収）
　　　番場嘉一郎稿「公表財務諸表会計と管理会計との融合」『実務会計』第1巻第8号
　　　阪本　安一稿「企業会計の目的と財務会計および管理会計」『會計』第84巻第3号

(3) 貨幣価値の変動をめぐって企業会計上生起する問題は，財務会計上の問題に限定されるとは限らないことはいうまでもない。例えば，企業維持または資本維持の問題，あるいは取替資金の留保の問題などがそれである。これらの問題は，直接的には，財務会計の領域において取り扱われるべきものではない。しかしこれが，経営政策または会計政策，あるいは管理会計の問題として論じられる限り，それに異論を唱えるものではない。それどころか，かかる分野において，これらの問題の究明に努めることはきわめて重要であると考える。

(4) P. Grady, "Inventory of Generally Accepted Accounting Principles for Business Enterprises," *Accounting Research Study,* No. 7, 1965, pp. 56-57.

(5) 投資者目的の会計の立場を強調しているものとしては，アメリカ会計学会の1957年会計原則（AAA. *op. cit.*）を参照されたい。

(6) スチュワードシップなる概念の生成発展および内容については，A. C. Littleton and V. K. Zimmerman, *Accounting Theory : Continuity and Change,* 1962, pp. 83-84を参照されたい。

(7) R. L. Dickens and J. O. Blackburn, "Holding Gains on Fixed Assets : Element of Business Income?, " *The Accounting Review,* Apr. 1964, p. 314.

(8) 三辺金蔵稿「動態論における貸借対照表」『企業会計』第9巻第8号，7〜8頁，および同稿「リトルトン氏の動態的貸借対照表観」『産業経理』第19巻第2号，6〜7頁。

(9) 片野一郎著，前掲書，817〜819頁。

(10) C. H. Stanley, "Cost-Basis Valuations in Transactions between Entities," *The Accounting Review,* Jul. 1964, p. 640.

(11) 貨幣価値一定の公準の意義内容については，佐藤孝一著『新会計学』79〜80頁を参照されたい。

(12) The Staff of the Accounting Research Division of the AICPAs, "Reporting the Financial Effects of Price-Level Changes," *Accounting Research Study,* No. 6, 1963, pp. 8-9.

(13) *Ibid.,* pp. 9-10.

(14) 高松和男稿「物価変動会計の論理と方法」『企業会計』第13巻第13号，50頁。

(15) The Staff of the Accounting Research Division of the AICPAs, *op. cit.,* p. 10.

(16) 物価指数問題については，*ibid.,* Appendix A（pp. 61-115），高松和男稿「修正基準としての物価指数」『會計』第67巻第1号，および同稿「物価指数の信頼性」『會計』第67巻第2号などを参照されたい。

(17) The Staff of the Accounting Research Division of the AICPAs, *op. cit.,* p. 21.

(18) 高松和男稿，前掲論文，『企業会計』第13巻第13号，50頁。

(19) The Staff of the Accounting Research Division of the AICPAs, *op. cit.,* p. 7.

(20) *Ibid.,* pp. 4-8.

(21) P. Mason, *Price-Level Changes and Financial Statements*: *Basic Concepts and Methods*, 1956, p. 11. なお，かような財務会計上の影響も含めて，貨幣価値の変動によって企業会計に及ぼされる影響については，片野教授が詳論されているので，同著，前掲書，822～826頁を参照されたい。
(22) K. Hax, *a. a. O.*, SS. 20-22.
(23) A. C. Littleton and V. K. Zimmerman, *op. cit.*, p. 188.
(24) 片野一郎著，前掲書，831～833頁。
(25) 片野一郎著『インフレーション会計の焦点』6～7頁。
(26) 高松和男稿，前掲論文，『企業会計』第13巻第13号，49頁。
(27) H. W. Sweeney, *Stabilized Accounting* (renewed), 1964, p. 24.
(28) 片野一郎著『貨幣価値変動会計』816～817頁。
(29) 片野一郎稿「貨幣価値変動会計の展望」『産業経理』第23巻第8号，9頁。
(30) 同上，17～18頁。
(31) R. L. Dickens and J. O. Blackburn, *op. cit.*, p. 315.
(32) The Staff of the Accounting Research Division of the AICPAs, *op. cit.*, p. 7.
(33) *Ibid.*, p. 21.
(34) 片野一郎著，前掲書，817～819頁。
(35) 会計責任 (accountability) は，スチュワードシップとは異なるが，その重要な一部を構成している。
(36) The Staff of the Accounting Research Division of the AICPAs, *op. cit.*, pp. 53-54.
(37) *Ibid.*, p. 54.
(38) *Ibid.*, pp. 54-55.
(39) L. E. Morrissey, *op. cit.*, p. 316.
(40) The Staff of the Accounting Research Division of the AICPAs, *op. cit.*, p. 55.
(41) *Ibid.*, Appendix B (pp. 121-133). なお，この第6号における修正方法の計算例については，高松教授が紹介されているので（高松和男稿，前掲論文，『企業会計』第16巻第12号），併せて参照されたい。

第 7 章

ガインサー物価変動会計論の概要と性格

1 はじめに

　近年頓みに顕在化してきているクリーピング・インフレーションに伴なう貨幣価値の非回帰的傾斜的下落の傾向と関連して，いわゆる物価変動会計理論の研究が，最近再び注目せられるようになってきていることは周知の通りである。特に，1963年にアメリカ公認会計士協会より「物価水準変動の財務諸表に与える諸影響の報告」(AICPAs, Reporting the Financial Effects of Price-Level Changes, 1963) なる書物が，会計調査研究叢書第 6 号として公表せられて以来，これを契機としていわゆる貨幣価値一定の前提の上に形成せられている従来の会計理論への反省の気運が高まった感が深い。

　ところで，会計上一般物価や個別物価の変動をめぐって生起する諸問題を研究せんとするとき，そこにはおよそ 2 つの方向が考えられよう。すなわち 1 つは，かかる問題を，企業をとりまく外部の利害関係者の意思決定に必要な情報の提供という企業会計の目的との関連において究明せんとする，いわば財務会計の視点からの接近方向であり，いま 1 つは，これを，企業それ自体の内部における種々なる意思決定に必要な情報の提供という企業会計の目的との関連において究明せんとする，いわば管理会計の視点からの接近方向である。

　本章では，最近の物価変動会計理論研究の潮流にあって，前者の接近方向からの理論展開にあきたらず，後者の方向から理論を展開せんとする，オーストラリアのクィーンズランド大学教授，R. S. ガインサー氏によって執筆せられ，

イギリスの出版社から刊行せられた「物価水準変動会計―理論と手続―」（R. S. Gynther, Accounting for Price-Level Changes—Theory and Procedures, 1966）を取上げ，その概要を紹介し併せて若干の論評を試みようとするものである。

　本書の構成を全体的にみれば，第1章から第6章までは序論的部分である。第7章から第12章までは本論ともいうべき部分であって，本書の物価変動会計に対する基本的研究態度およびそれの具体的問題への適用について論じられている。第13章は結論ともいうべき部分であって，前章までにおいて展開せられた本書の物価変動会計理論が計算例を用いて例証せられている。第14章と第15章は補論的部分である。そして第16章では，あとがき的に本書の全体が要約せられている。

　以下，各章ごとに概観してみよう。

2　物価変動と管理会計的接近の重要性

　まず第1章においては，本書の理論展開にあたって採るべき物価変動会計への接近方向をつぎの如く明らかにしている。すなわち，これまでの物価変動会計理論に関する研究は，ともすれば投資者の意思決定に必要な情報の提供という企業会計の主要目的の1つを，いわゆる貨幣価値一定の前提の妥当しえなくなってきている現在においても充分に達成せしめようとの要請から，従来の取得原価主義に立脚した伝統的な会計理論を合目的的に修正しあるいはこれとは全く異なった新しい会計理論の体系を樹立せんとして，いわば財務会計の視点から行われ，企業それ自体の内部における計画設定および統制などに関する種々の意思決定に必要な情報の提供という企業会計のいま1つの主要目的を，同様の状況の下で合理的に達成せしめうる如き，いわば管理会計的視点からの研究は等閑視せられてきた嫌いが多分にある。そこで本書では，物価変動会計理論の財務会計的視点からの研究の重要性を軽視せんとする意図は毛頭ないが，重点を管理会計的視点からの研究において理論の展開を進めるとなし，その接近方向を明らかにしている。

つづいて第2章においては，本論に入る前段階として物価変動会計理論研究の重要性を立証する1つの手がかりとして，オーストラリアを始めとする世界各国のいくつかの物価指数に関する統計資料を用いて物価変動の事実を実証している。それによれば，各国とも程度の差こそあれいずれもクリーピング・インフレーションの状態にあり，貨幣価値は非回帰的傾斜的下落の傾向にある。したがって，会計上この事実を無視することは現実的ではない。ところがこれまでの会計においては，かような事実を無視していわゆる貨幣価値一定の前提と取得原価主義を固執して理論を構成してきたところに，物価変動をめぐって会計上解決せねばならない多種多様な問題が生起せざるをえなかった主因があるとし，第3章においてかかる問題をつぎの如く指摘している。

すなわち，1930年代の比較的物価の安定していた時代に確立せられた貨幣価値一定の前提および取得原価主義を基調とするこれまでの伝統的な会計理論を，現在の如き物価の変動をみている時においても固執せんとするならば，期間損益計算の面については，同一価格水準による費用収益の対応計算を不可能ならしめ，したがって利益の過大計上，ひいては架空利益の社外流出などによって実体資本の維持もしくは企業維持を困難ならしめるし，また貸借対照表の面については，そこに計上せられている諸項目，特に固定資産および棚卸資産などはそれぞれ異なった価格水準で表示せられているため比較性が損なわれ，したがって種々の意思決定目的にとってその有用性が喪失せられるなど各種の欠陥が露呈するとし，物価変動の下で伝統的な会計理論を固執する結果生ずる問題点を多くの論者の所論を引用しながら指摘している。そしてこの第3章をうけて第4章では，かかる問題点を4つの計算例を用いて具体的に明らかにしている。

それによれば，物価変動をめぐって会計上解決を迫られる問題点は，究極においてつぎの4つに要約できるとせられる。すなわち，（1）減価償却費の問題，（2）売上原価の問題，（3）貨幣資産についての保有利得および損失の問題，ならびに（4）貸借対照表における評価替の問題の4つである。本書の第9章以下の各章では，かような4つの具体的な問題点ごとに理論の展開を進め

るわけであるが，その前に行論の順序として，これまでに述べられてきている物価変動会計理論に関する多くの論者の所論について第5章および第6章で検討を試みている。

まず第5章においては，イングランド・ウェルズ勅許会計士協会（I. C. A. E. W.）を始めとする英米両国の会計諸団体が物価変動をめぐって会計上生起する問題の解決には消極的であるといった一般の誤った理解を排除せんがために，これらの団体の公式見解を取上げ，各団体ともその主張の詳細な内容については差異がみられるけれども，一部を除いていずれもかかる問題に積極的に対処せんとしている事実を一般に認識せしめようと意図している。

つづいて第6章においては，これまでに述べられてきた多くの論者の各見解を詳細に吟味し，これらをつぎの如き4つの範疇に大別している。すなわち，第1は，物価変動によって発生する架空損益に対処せんがため利益処分の時点において適当な積立金（reserve）を設定すべしとする見解であり，第2は，かかる架空損益を排除せんがため損益計算にあたって適当な引当金（reserve）を設定するよう提案している見解であり，第3は，財務諸表の作成にあたって歴史的原価とカレント・ヴァリュウ（current value）の両者によってこれを行うよう主張している見解であり，そして第4は，経営管理からの要請の充足を志向して，管理会計的視点から物価変動に関する修正計算を会計機構自体の内部に組入れ，カレント・ヴァリュウのみによって表示せられた最新の財務諸表の作成を要求する見解である。これら4種の見解の間には多くの相違点がみられるけれども，本書で展開せられる物価変動会計理論は第4の範疇に属しているといえる旨を明示している。その根拠は，これから先の各章で本書の物価変動会計理論を具体的に展開して行く過程において，上述の4種の見解の間における理論上の重要な相違点とともに漸次明らかにせられて行くようである。

以上の如く，第1章から第6章までにおいては，本書の採っている物価変動会計理論に対する接近方向，物価変動をめぐって会計上生起する問題点，および従来の物価変動会計に関する各論者の見解の吟味などが序論的に論じられ，ひきつづいてかような基礎的考察の上に立脚して第7章以下において本書独自

の理論の展開が試みられているのである。

3 管理会計的接近と物価指数の選定および保有利得・損失の処理

まず第7章と第8章においては，物価変動をめぐって会計上生起する個々の具体的問題の論究への布石として，物価変動会計理論の展開にあたってきわめて重要な位置を占める指数の選定および資産の評価替をめぐる問題を取上げ，その解明を通じて本書で一貫して採っている物価変動会計理論の管理会計的視点からの展開という接近方向を明確に打出している。したがって，この2章は，本書で展開せられる物価変動会計理論の特徴を把握する上においても，また第9章以下における個々の具体的問題の究明に基礎を提供しているという点からみても，本書の重要な部分を占めているといえる。

さて，まず第7章では，会計への主たる要請である損益の確定と物価変動との関係が，物価変動の修正計算において用いるべき，指数の選定という問題の究明を通じて論じられるとともに，本書の理論展開の全体にわたって貫かれる管理会計的視点からの接近という態度が明確に強調せられている。

元来，損益の算定にあたって，経済学者は，一定の割引率によって還元した将来の正味貨幣収入の現在価値を用いて，期首と期末の正味財産の差額を求め，これをもって損益と呼んでいる。これに対し，会計学者は，客観性と実務上の困難性のためいわゆる費用収益の対応計算によって損益を決定している。かように費用収益の対応計算によって損益を算定するときには，物価変動によって影響を蒙るため真の損益[注] (real profit) を把握できないことがある。それは，現在の取得原価主義を基調とする会計の下では，対応計算の対象たる費用収益のうち後者の収益は，一般・個別の両物価の変動の趨勢をかなり如実に反映しているカレント・ヴァリュウで表示せられているのに対し，前者の費用は，これらの変動を全く無視した歴史的価値たる取得原価で表示せられているためで

ある。
  (注) 何をもって真の損益と呼ぶかは問題の存するところであるが，本書では個別物価指数を用いて修正すべきことを提唱しているので，実体資本の維持を可能ならしめるような損益をもってそう呼んでいる如くである。

　したがって，費用収益の対応計算による損益の確定を原則とする会計にとっては，物価変動という要素を勘案して真の損益を算定することが急務となる。かかる場合，対応計算の一方の要素たる収益は，前述の如くその性質上カレント・ヴァリュウで表示せられているので，考察の焦点は，専らいま一方の要素たる費用をいかにして物価変動を反映しうるよう修正するかという点に向けられる。しかるとき費用の修正に関しては，これをいかなる指数を用いて行うべきかによって，おおよそ2つの主要な説に分かれる。すなわち1つは，その逆数が貨幣価値を意味する一般物価指数を用いるべきことを主張する説であり，他は，個別物価指数を用いるべきことを主張する説である。かような2つの説のうちいずれに左袒すべきかは，会計をどのように理解するかによって決定せられる。会計とは，投資者のために行われるものであると理解すれば，将来の解散の時点で原初に投下した資本と同じ購買力を有する資本の回収を可能ならしめようとの要請から，企業の購買力資本の維持を目的として前者の一般物価指数を用いて修正すべしとする説を是とするであろうし，また会計とは，企業それ自体のために行われるものであると理解すれば，企業の経営遂行の至上命令である企業維持を可能ならしめようとの要請から，企業の実体資本の維持を目的として後者の個別物価指数を用いて修正すべしとする説を是とするのであろう。しかるに本書では，会計は企業維持を志向して経営管理に有用な情報を提供すべきものと理解しているため，後説を採ることになる。もっとも本書では，資産の評価替は，客観性と実行可能性からみて個々の資産についてカレント・コスト (current cost) を利用できるときには，まず第一にこれを用いて行い，それが不可能のときには，次善の策として各資産の個別物価指数を用いて行い，さらにそれも不可能のときには，第三の手段として類似資産の個別物価指数を用いてこれを行うべきこととする独自の評価原則を提唱しているので，

このように単純に後説を是としているものと断言してしまうわけにはゆかないが，少なくとも本書の理論が後説の亜流に属するものとだけはいっても過言ではないであろう。

ところで，かような後説の接近方法は，会計理論形成の基盤となるいわゆる継続企業の前提（going concern concept）にみられる企業は半永久的に存続して行くものであるという思考にも一致し，この点からもその妥当性が肯定せられるとしている。さらにまた本書によれば，これは，長期的には究極において投資者の要請にも適合するものであるとせられる。というのは，投資者の主たる関心も企業の経営者と同様に企業の存続性もしくは維持発展性に向けられているからである。すなわち，前説で立論の前提としている如き企業が解散を予定して経営を遂行しているという事実は現実にはほとんどありえないので，投資者は単に株式市場を通じてのみ投下資本の回収を実現できるにすぎないため，その関心は当然株価の動向に向けられることになる。しかるに株価というものは，企業の経営者の業績を忠実に反映して変動するため，投資者には企業が維持発展を可能ならしめる如き損益を稼得しているか否かの判定のための資料が必要となる。かかる資料を提供するのが後説である。したがってかかる意味において，この説は投資者の要請にも適合するものといえるわけである。

しかして，かような説にしたがって修正計算を行ってこそ，物価変動の下における真の損益を求めることができるのである。すなわち，費用収益の対応計算を原則とする会計において算定すべき真の損益は，個別物価指数などを用いて修正計算した費用を収益に対応せしめた結果得られるものであり，いいかえれば本書では，実体資本の維持を可能ならしめる如き損益をもって真の損益と呼んでいるわけである。

かように本書では，物価変動会計への管理会計的視点からの接近の妥当性に立脚して，修正計算における個別物価指数の利用を強力に支持し，それと同時に，かかる重要性を有する個別物価指数の客観的な算出がほとんど全ての場合において可能であることを強調している。

ところで，費用を上述の如くカレント・コストで計上するには，その前提条

件として資産——特に棚卸資産および固定資産——をカレント・コストまたは個別物価指数を用いて評価替しておくことが要求せられる。そしてかかる場合，評価替と関連していわゆる保有利得および損失 (holding gains and losses) が発生するので，これを会計上どのように処理すべきかがきわめて重要な問題となる。第8章ではかかる問題の検討が試みられている

　本書によれば，資産の評価替に伴なって生ずる保有利得および損失の会計上の処理については，ある論者は，その全額を損益計算に算入すべきことを主張し，またある論者は，そのうちの個別物価指数による修正に見合う部分は損益計算に算入し，一般物価指数による修正に見合う部分は資本に対する修正として処理すべきことを主張し，さらにまたある論者は，その全額を資本に対する修正として処理すべきことを提唱するなど論者によって各種各様であるとせられる。しかるに本書では，すでにしばしば強調せられている如く，会計をして企業維持を志向して経営管理に奉仕する手段と理解し，かかる管理会計的視点から物価変動会計理論を展開すべきことの重要性を説いているので，保有利得および損失の処理に関してもかような方向でその解決を計らねばならないことは明白である。本書では，かような思考に基づいて，保有利得および損失は資本の一部として処理し，損益の計算に算入すべきではないことを主張している。なんとなれば，もしこれらをそうせずに損益計算に算入するならば，それに見合う資金が配当などとして社外へ流出し，正常な状態での企業の継続が不可能となるため，これらは企業において保持すべき資本の性質をもつものと理解せねばならないからである。

　以上の如く第7章と第8章においては，物価変動をめぐって会計上生起してくる種々なる問題の解決の過程において回避することのできない，指数の選定ならびに資産の評価替に伴なう保有利得および損失の処理という2つの重要な問題の解明を通じて，管理会計的視点からの物価変動会計理論の展開という本書の研究態度を明らかならしめている。したがってこの2章は，本書をみて行く上において特に注意をもって当らねばならない部分といえるが，かような研究態度が，前述の第4章で提起せられた物価変動をめぐって会計上生起する

個々の具体的問題の論究にあたり第9章以下でどのように展開せられて行くのか，この点についてつぎにみて行くことにしよう。

4 管理会計的接近と各資産の処理および財務諸表の作成

まず第9章では，物価変動の下における売上原価の算定および棚卸資産評価額の決定をめぐる問題が論じられている。周知の如く，価格上昇のときに歴史的原価を固執していると，売上原価は過少に表示せられ，それに応じて利益は過大に計上せられ配当などとして社外へ流出するため企業の維持を不可能にする恐れがあるし，また，個々の項目間の比較性が喪失し，経営管理目的のために最新の情報を提供しえないなど種々の欠陥が露呈する。本書によれば，かかる欠陥の露呈を回避し，企業維持と経営管理目的の要請に適合しうる如き会計を行うためには，売上原価をカレント・コストを用いて計上するとともに，棚卸資産を同様のコストによって貸借対照表に表示する必要がある。本書では，かかる場合に必要となる計算手続を，(a) 継続記録法を用いている商業の場合，(b) 同法を用いている工業の場合，(c) 小売棚卸法を用いている商業の場合，および (d) 棚卸計算法を用いている企業の場合の4つに分けて明らかにしている。それによれば，いずれの場合においても棚卸資産に関してはカレント・コストの直接的な把握が比較的容易であるため，これを会計機構のなかに完全に組入れ主要簿，補助簿とも全てこれを用いて記録しているので，各場合において計算手続に難易はあろうけれども，いずれも売上原価は期中の平均カレント・コストで損益計算書に計上せられ，棚卸資産は期末のカレント・コストで貸借対照表に記載せられることになる。そしてかようなカレント・コストで評価した結果生ずる保有利得および損失は，いずれの場合においても全て資本の一部として処理すべきこととしている。ただし，かような4つの計算手続のうち (d) の手続を用いると，売上原価算定の基礎となる期中の平均カレント・コストの算出の過程で困難な手続を必要とするので，原則としてこれを避け，

前三者の計算手続によるべきことを推奨している。

　かように，物価変動の下における売上原価の算定および棚卸資産評価額の決定に関しても，評価基準としてのカレント・コストの採用ならびに保有利得および損失の処理などの点からみて，管理会計的視点からの物価変動会計理論の展開という本書の研究態度が充分に貫かれているようにみうけられる。

　つぎに第10章においては，物価変動の下における減価償却費の算定および固定資産の評価替をめぐる問題に検討が加えられる。周知の如く，物価変動の下において取得原価主義を固執していると，前述の棚卸資産の場合と同様に固定資産に関しても同様の欠陥が露呈する。本書によれば，かかる欠陥を克服し，企業維持と経営管理目的の要請に適合しうる会計を行うためには，やはりカレント・コストを用いて減価償却費を計上し，固定資産を評価替せねばならないとせられる。すなわち，減価償却費は期中の平均カレント・コストを用いて損益計算書に計上せられ，固定資産は期末のカレント・コストで貸借対照表に記載せられ，これに伴なって発生する保有利得および損失は資本の一部として処理せられる。そしてかかる場合に用いられるカレント・コストは，前述の棚卸資産の場合と異なって，本書の第1の評価原則を適用してこれを求めることは実際問題として不可能の場合が大部分であるから，第2，第3の評価原則たる当該資産または類似資産の個別物価指数を用いてカレント・コストの近似値を求めることが一般には推奨せられる。したがって，かかる指数に重要な変動が看取せられたときには，いつでも評価替が要求せられることになる。会計は，これによって初めて企業維持と経営管理目的の要請に応えることができるわけである。また本書では，減価償却の費用配分という本来の機能からは外れるが，特に企業維持のため取替資金の留保を目的として減価償却費に見合う資金をしかるべき資産へ再投資することにより，これを可能ならしめる方法を提案している。

　かように，物価変動の下における減価償却費の算定および固定資産の評価替について論じた第10章においても，管理会計的視点からの物価変動会計理論の展開という本書の研究態度は堅持せられているものといえよう。

つづいて，物価変動会計理論の展開にあたって解決しておかねばならないいま1つの重要な問題が第11章において論じられている。すなわちそれは，物価変動に関する修正計算を行うときには必然的に発現してくる，いわゆる貨幣資産をめぐる保有利得および損失を会計上どのように処理すべきかという問題である。周知の如く，貨幣資産というものは一定の表示価値 (face value) を有し，物価変動によってもその価値に変動を来さないため，物価変動の下においてこれを保有しているときには，そこに利得または損失が発生しうる余地が存在する。したがってかかる状態の下において，真の損益を算定しもって経営者の業績の正当な評価と経営管理目的に資するためには，かかる保有利得および損失を計算しこれを損益計算の過程に組入れる必要がある。本書では，貨幣資産を固定負債，正味貨幣資産──すなわち当座資産と流動負債の差額──，および投資に分けて，それぞれについての保有利得および損失の処理方法を明らかにしている。それによれば，まず固定負債に関しては何らの保有利得および損失も生じないとせられる。それは，かかる負債はその経営における機能および性質の点からみて，株主の払込資本と同一視しうるからである。いいかえれば，かかる負債に関する保有利得および損失を損益の計算に算入するならば，それに見合った資金が配当などとして社外へ流出することにより，企業の実体的資本構造を破壊し，もって企業維持を不可能とするためである。付言すれば，かような固定負債の保有利得および損失の処理も，結局は会計に対する理解の仕方によって左右せられるといえるのである。会計を投資者のための合目的的手段と理解するならば，本書の理解にしたがえば払込資本の購買力の維持のみを計れば足りるわけであるから，かかる保有利得および損失はこれを認識して損益の一部として処理せられるであろう。また本書の如く，会計とは企業維持を志向して経営管理目的の要請に適合すべき手段と理解するならば，当然に上述の如き会計処理となるわけである。

つぎに正味貨幣資産については，物価変動の下でこれを保有するときには，利得または損失が発生し，当該項目の最終的授受に関係なく発生の時点で損益の計算に算入すべきであるとしている。それは，正味貨幣資産というものはそ

の経営における機能と性質の点からみて払込資本とは全く異なり，したがってこれに関して生じた保有利得および損失を恒久的に保持しておかなくても企業の維持を阻害することにはならないからである。ところでかような正味貨幣資産に関する保有利得および損失は，一般物価指数を適用してこれを計算するのが通説的になっているが，本書ではつぎの如き独特の計算方法を用いてこれを算定している。すなわち，正味貨幣資産の内容を構成している具体的な各資産というものは，最終的には何んらかの使途に供する目的をもって保有しているものであるため，その価値は，保有中における最終的使用予定の対象の物価変動によって影響を受けるので，その保有中に生ずる保有利得および損失は，かかる対象の個別物価指数を用いて計算することが真実を表わしていることになる。本書ではかような思考に基づいて，正味貨幣資産についての保有利得および損失は，期首の正味貨幣資産額に最終的使用予定品の個別物価指数の期中変動比率を乗じて得た額と，正味貨幣資産の期中正味変動額に同様の個別物価指数の期中平均変動比率を乗じて得た額との合計額として求められる。なお本書では上記の計算でかかる指数の把握が困難なときには，次善の策として一般物価指数たる卸売物価指数または消費物価指数をもってこれに代えることも認めている。

　最後に投資に関しては，物価変動の下でこれを保有するときには，投資の形態によって保有利得および損失が生ずる場合もあればそうでない場合もあり，各種各様であるとしている。すなわち，まず一時的に余剰金を株式などに投資しているときには，保有利得および損失が発生するとせられている。そしてこの場合には，上述の正味貨幣資産についてと同じ理解に基づいて，保有利得および損失は，当該資金の最終的使用予定品に関して本書の評価原則を適用して求めた個別物価変動額と，株式相場などの適当な資料によって求めた株価などの変動額との差額として算定せられ，当該資金の最終的決裁に関係なく発生の時点で損益の計算に算入せられる。また，余剰金を投機を目的として一時的に商品などに投資しているときにも，これと同様に個別物価変動によって保有利得および損失が発生する。そしてそれは，投機商品の個別物価変動額と当該資

第7章　ガインサー物価変動会計論の概要と性格　111

金の最終的使用予定品について本書の評価原則を適用して求めた個別物価変動額との差額として算定せられ，当該投機商品の販売の有無に関係なく発生の時点で損益の計算に算入せられる。つぎに，会社支配を目的として長期的に投資しているときには，たとえその保有中に利得または損失の発生がみられるような事態が生じても，これを損益の計算に含めてはならないとしている。それは，かかる投資の目的からみて明らかだからである。さらに，投機商品の売買のみを主たる営業内容とする企業の場合には，投機商品の相場は容易に客観的に求めうるので，その保有中における投機商品の売価と取替原価との差額は，保有利得および損失として当該投機商品の販売の有無に関係なくその発生の時点で損益の計算に算入せられるとしている。それは，こうすることが経営管理目的の要請に適合するためである。

　かように，いわゆる貨幣資産をめぐる保有利得および損失の処理についても，会計をして企業維持を志向して経営管理目的の要請に適合すべきものであるという理解に立ってその解明が行われたわけであり，この点において管理会計的視点からの物価変動会計理論の展開という本書の研究態度は貫かれているものといえよう。

　ところで，これまで述べてきた計算手続にしたがって物価変動の下で損益計算書と貸借対照表を作成するならば，前者は期中の平均カレント・コストによって，また後者は期末のカレント・コストによって自動的に表示せられることになる。したがって，両者の間に欠如している首尾一貫性をどのようにして回復するかという問題が惹起する。第12章ではこの問題が論じられている。それによれば，最新の会計情報を必要とする経営管理目的の要請に即応できるよう期中の平均カレント・コストで表示せられている損益計算書を期末のカレント・コストで表示しなおして，貸借対照表との首尾一貫性の保持を計ることが望ましいとせられる。ただし，これが強制せられるのは，物価変動の著しいときでかつ実施可能性と経済性からみて許容せられる場合だけである。それ以外の場合には，期中の平均カレント・コストで表示せられた損益計算書をもって充分とみなすわけである。けだし損益計算書においては，収益はその性格上自動的

に期中の平均カレント・ヴァリュウで表示せられているので，これに対応せしめられる費用も期中の平均カレント・コストで表示せねばならず，したがって損益計算書が期中の平均カレント・ヴァリュウもしくはコストで表示せられるのは当然の帰結だからである。

以上において展開せられた本書の物価変動会計理論について，第13章で具体的計算例を用いて例証しているが，その紹介は割愛する。

5 補足的検討と事例研究

つづいて第14章においては，本書の管理会計的視点からの物価変動会計理論の展開という目的からは外れるが，物価変動会計理論の体系を完全なものとするためには少なくとも解決しておかねばならない，これまでには論じられなかったつぎの如きいくつかの問題が補論的に取上げられている。すなわち，(1) 比較目的のために報告せられる前期以前の会計資料の修正問題，(2) 修正計算で用いられる相手勘定の名称選択の問題，(3) 物価変動の下における配当維持政策の問題，(4) カレント・コストで修正計算した損益を税務上所得として承認できるか否かの問題，(5) カレント・コスト会計の利点は何かという問題，および (6) カレント・コスト会計に対して監査人はいかなる態度を採っているかという問題などである。

まず第1の問題については，物価変動の著しいかぎり，比較目的のために会計報告のなかに含められる前期以前の資料は，その修正計算が報告面だけの問題でもあり，また複雑でもないので，当期と同一のカレント・コストで表示しなおすべきこととしている。第2の問題については，修正計算で用いられる相手勘定の名称は，それが資本の一部として処理せられるかぎり，どのような名称を用いようともその形式に拘泥しないとしている。第3の問題については，会社は将来の資金調達に備えて資本市場に常に良い印象を与えておかねばならないために，物価変動の下ではその変動率を補って余りあるほどの配当上昇率を確保し，普通株主の権利を保証すべきよう努力せねばならないとしている。

第4の問題については，カレント・コストで計算した損益を，将来税務上も課税所得として容認してもらえるよう努力すべきであるとしている。第5の問題については，カレント・コストによる会計の利点として，(a) 真の損益が得られるため計画設定や統制などの経営管理に有用であること，(b) 税務上課税の公平性が保たれること，(c) 企業の公開明示に役立つこと，(d) 経済の安定に役立つこと，(e) 経済資源の適正配分に役立つこと，(f) 企業の財務状態の改善に役立つこと，および (g) 経済統計を正確ならしめ，もって政府の経済政策の決定に役立つことなどをあげている。最後に第6の問題については，各国の会計士団体とも物価変動による修正財務諸表の監査上の処理については公式には何も見解を表明してはいないが，個々の事例をみると，なかにはカレント・コストで修正した財務諸表をもって適正とした監査報告書もみられるので，将来は物価変動会計理論の一層の精緻化とあいまって監査人の間にもかかる財務諸表を適正とする傾向が増大して行くことを予想している。

つづいて第15章においては，物価変動に関する修正計算を長年にわたって実際に会計機構のなかに完全に導入している，世界でも稀なフィリップス電気工業会社（Philips Electrical Industries）について事例研究がなされている。

その紹介は割愛するが，本書で展開せられている理論および計算手続とそれとの主なる異同点を，本書の指摘しているところにしたがってみてみるとつぎの如くである。まず本書と根本的に異なる点は，投資者の観点から購買力資本の維持を目的として物価変動に関する修正計算を行っていることである。したがってこの会社の場合には，物価変動の下では期末資本の購買力が期首資本のそれと同一に維持せられないかぎり，利益は全く存在しないことになる。つぎに，かような修正計算の主たる目的の1つを，経営管理のためのカレント・コストによる最新の情報の提供においている点では本書と同じである。第3に売上原価の算定および棚卸資産の評価額の決定については，そこで用いている計算手続に本書と若干異なる点もみうけられるが，個別物価指数を用いて修正計算を行っている点などからみて本書と大体において同じである。また減価償却費の算定および固定資産の評価替については，個別物価指数を用いて修正計算

を行っており，本書と基本的には同じである。第4に貨幣資産をめぐる保有利得および損失については，購買力資本維持を目的としているため生計費指数を用いてこれを求めている点において，またその計算を期首の在高のみに基づいて行っている点において，さらにまた正味貨幣資産の算定に全ての当座資産および負債を含めている点において本書と異なっているが，固定負債に関する保有利得および損失は，これを損益の計算に算入せずに資本の一部として処理している点においては本書と同じである。第5に，損益計算書を期中の平均カレント・コストで表示し，貸借対照表を期末のカレント・コストで表示している点では本書と同じであるが，両者の調整を全く考慮していない点では異なっている。そして最後に，修正計算にあたって種々の資本に対する修正勘定を用いている点では本書と異なるが，これらを全て資本の一部として処理している点では異なっていない。

かように，本書とフィリップス電気工業会社の場合とでは，それぞれ修正計算を企図する立脚点が全く異なっているが，だからといって両者の間に計算手続の著しい差異はみられないので，計算の結果に重要な差異が生ずるものとは考えられないとしている。そしてこの点で，本書で展開してきた物価変動会計理論は単なる机上の空論ではなくして，ここにみられる如く長年にわたって行われてきた実績の上からもその実務への適用可能性が充分に存在することが立証せられたわけになるとしている。

最後に第16章においては，これまでに論述してきたところを総括的に要約し，今日の如き資本の有機的構成の高度化した企業では，貨幣価値の非回帰的傾斜的下落の傾向にある現状にかんがみて，従来の取得原価主義に立脚した会計理論の体系を通じては経営内部および外部の両目的の要請に即応できる有用な会計情報を得ることが不可能になってきているため，これに対処しうる会計理論の樹立が試みられねばならない情勢にあるが，本書はかかる要請に応えるべく，企業維持を志向して管理会計的視点から物価変動についての修正計算を会計機構のなかに完全に組入れることによってその解決を計らねばならないこと，および本書で展開した物価変動会計理論は決して実務に適用できないなどという

ものではないこと，この点は本書の主張とはほとんど同一の計算方法を完全に会計機構のなかに組入れ，長年にわたって物価変動に関する修正計算を行ってきているフィリップス電気工業株式会社の実例からも立証せられていることを重ねて強調し，実務家の奮起を促して本書を結んでいる。

6 むすびにかえて

　以上，R. S. ガインサー氏の物価変動会計理論についてその著書を手がかりに概略的に紹介してきたが，ここで本書に対する若干の疑問点を提起すればつぎの如くである。すなわち，(1) 修正計算において個別物価指数を利用すべき論拠の妥当性，(2) いわゆる非貨幣資産に関する保有利得および損失の全額を資本の一部として処理することの妥当性，(3) 正味貨幣資産に関する保有利得および損失の計算方法の妥当性ならびにその現実的意義，(4) 投機商品の売買を主目的とする会社における投機商品についての保有利得および損失の処理と一般の企業における保有商品の保有利得および損失の処理との間の矛盾，(5) 損益計算書の期末カレント・コストによる再表示の論拠の妥当性，および (6) 本書の物価変動会計理論の外部報告会計への適用可能性など，細かい点になればまだ疑問点も色々出てこようが，最も大きな疑問点を最後にあげればつぎの点にある。すなわち，本書では一般物価指数によって測定せられる貨幣価値の変動と個別物価指数によって測定せられる価格変動とを混同しているのではないか，あるいは両者を区別せずに物価変動という1つの概念で論じているのではないかということである。ちなみに二三みてみると，第1章から第8章までのいわば一般論に当る部分では貨幣価値の変動に力点をおいて論じているが，これに対し第9章以下のいわば各論に当る部分では考察の対象が価格変動に変ってしまっているような印象を受ける。またかような混同は，特に第11章における貨幣資産に関する保有利得および損失の処理をめぐる論述に至ると一層顕著になっているようにみうけられる。これは，結局本書が保有利得および損失をその発生原因の如何にかかわりなく全て資本の一部として処理

すべしとしているために，貨幣価値の変動と価格変動とを区別すべき重要性がみいだされないためなのか，あるいは本書における会計は企業維持を志向して経営管理目的の要請に即応すべき手段であるという論理からすれば，個々の企業にとって意義を有するのは個々の具体的な資産の価格変動のみであるから，貨幣価値の変動は本書の視野のなかに入りうるはずがないのか，かような混同の原因が奈辺にあるのかはなはだ割切れない感じを懐く次第である。したがって本書に対して要望が許されるならば，特に売上原価および減価償却費の算定，非貨幣資産の評価替およびそれに伴なう保有利得および損失の処理，ならびに貨幣資産に関する保有利得および損失の処理については，貨幣価値の変動と価格変動とを分離してそれぞれに関連して生起する問題ごとに論じて欲しかった。

　本書を概観すると以上の如き疑問も残るけれども，これを補ってなお余りある本書の最も大きな特徴を最後に指摘するならば，それは，本書において最初に設定せられた問題意識に即して管理会計的視点から物価変動会計理論が統一的に体系化せられているという点に求めることができよう。すなわち，会計において物価変動をめぐって生起する問題を研究せんとするとき，在来の多くの研究書が，現在一般に認められている会計理論の枠内でしかるべき積立金や引当金の設定を通じてその解決を計る，いわば財務政策もしくは経営政策の問題の一部として断片的に研究しているなかにあって，また，この問題の研究に一層積極的な態度を示しているものにしても，単に会計報告の面だけでその解決を計らんとして理論を展開している程度にすぎないなかにあって，本書は，それが管理会計的視点からの研究に重点をおいているとはいえ，物価変動に関する修正計算を会計機構のなかに完全に組入れることによって，経営管理のために最新の有用な会計情報を提供できる物価変動会計理論の体系を確立せんとして，管理会計的視点から全理論を展開している点において，他の研究書にはみられないユニークな存在といえよう。

〔追　記〕

　本章も第5章と同様に紹介文にすぎないので，所収を割愛するつもりであったが，1980年代後半以降，投資意思決定への情報提供重視に伴い，会計への時価的思考の導入によって起った，いわゆる資本（純資産）直入法や税効果会計などの問題の解明にあたり，ガインサーの所説は先駆的なものとして示唆を与えると考え，本書へ所収した次第である。

第8章

貨幣価値の変動と資本維持

1 問題の所在

　人文科学であれ，自然科学であれ，はたまた社会科学であれ，およそ科学というものが，社会においてその存在を認められているのは，それがなんらかの必要性にもとづき社会から要請されているからである。このことは，社会科学の1部門である会計学についても同様にいえることである。会計学は，社会において国家，企業，あるいは家庭などの諸々のグループから種々なる目的のために必要とされている。が，一般にいわれる会計学は，かようなグループのうち，特に企業からの要求にもとづいて，その資本価値の増殖過程を統一的，計数的に把握する計算秩序を主たる研究対象としている。この点で，会計学は，通常，企業会計（学）と呼称されているわけである。

　しからば，かかる企業会計は，この社会においていかなる人々からいかなる目的のために必要とされているのであろうか。その理由は多々あろう。たとえば，企業をめぐる利害関係者にしても，投資者，債権者，税務当局，監督官庁，消費者，経営者あるいは従業員などと多種多様であるし，また，それらが会計を必要とする理由も千差万別であろう[1]。それどころか，かような会計を必要とする理由は，最近のごとき企業それ自体の質的量的極大化ならびにそれをとりまく社会的経済的環境の急進的変化とあいまって，ますます多様化し複雑化してきているといえる。

　このように，会計は，今日の社会においては，種々の理由から必要とされているわけであるが，少なくとも，なんらかの形でかような要請に応えなければ，

1 問題の所在

その存在を否定されてしまうことになる。しかるとき，問題の解決の方向としては2つの行き方が考えられよう。1つは，ただ1個の会計によって，社会からのすべての要請に応える，いわば多目的会計の方向を採る行き方であり，いま1つは，異なった要請ごとに異なった会計を樹立する，いわば単一目的会計に解決の方向をみいだす行き方である。かかる2つの行き方のうち，目的に対する手段性という会計の本質的性格[2]からみれば，後者の行き方を採るほうがもっとも望ましいことはいうまでもない。ところで，後者の行き方を選択した場合，具体的な解決方法としては，やはり2つあるように思われる。1つは，異なる各要請ごとにそれぞれ別個の独立の会計を設定する方法であり，いま1つは，種々なる要請のなかでもっとも重要度の高いものについて1個の会計を樹立し，他の相対的に重要度の低いものについては，これになんらかの補正を加えて転用する方法である。これらのうち，理論的には前者の方法が望ましいことはいうまでもないが，実務上は，経済計算の経済性などを顧慮して後者の方法を採る場合が多い[3]。

しかして，この方法を採ったときには，多種多様な諸要請のなかで，現在，どれがもっとも重要視され，かつ支配的であるかを認識する必要がある。なんとなれば，そうしなければ，この方法における立論の出発点がみいだしえないことになるからである[4]。では，今日の社会においてもっとも重要視され，かつ支配的とみられている会計に対する要請は，一体なんであろうか。それは，投資者の投資に関する意思決定目的からの要請である[5]。すなわち，投資者は，現在所有している株式を売却して投下資金の回収を計るべきか，それともさらに保有しつづけるべきか，あるいはさらに買い増して資金を投下すべきかなどについて意思決定を行うために，なんらかの資料を必要とするわけであるが，彼らはこれの主たる源泉を会計に求めるのである。その場合，彼らの最大の関心は企業経営の結果稼得される利益数値に向けられ，それに関する資料を会計に要求することになる。というのは投資者というものは，一般に，利廻りの極大化を願って資金を投下しているはずだからである。

ところで，利益なるものは，カメレオンのごとしという比喩にもみられるよ

うに[6]，きわめて多面的な属性をもっているので，それを把握する視点をどこにおくかによって，どのようにでも捕捉することができる。したがって，その中味はきわめて多義的であるといえる。会計理論の進歩発展は利益概念の発展から始まるといわれている点からみても明らかなように[7]，かように多義的な利益概念の本質を究明することが，会計学における中心的な課題となってきているわけである[8]。

投資者の視角からみれば，かように多義的に捕捉できる利益概念のなかでも，特に，分配可能性と尺度性という２つの属性を具備する利益概念に関心が向けられることになろう[9]。というのは，彼らがその極大化を願っている利廻りは，かかる利益概念によって左右されるからである。すなわち，利廻りというものは，主として，過去および現在の配当額ならびに企業の将来性いかんという２つの要因に依存するものであるが，これらのうち，配当額は，資金面も顧慮されるけれども，通常は，企業が稼得した利益のなかの分配が可能な部分，つまりいわゆる分配可能利益の大きさのいかんによって決定されるし，また，企業の将来性いかんという問題は，経営活動の良否を判定し，将来の趨勢を予測するための，他企業もしくは数期間との比較の尺度となりうる利益，つまりいわゆる経営成果利益を用いることによって解決できるからである。

これまでの会計においては，このような投資者の必要とする利益概念は，取得原価主義を基調とする計算体系のなかで求められたもののみで十二分に満たされていたのである。それは，会計理論構築の前提として，いわゆる「貨幣価値一定の公準」が確立され，これが充分に機能しうる環境が存在していたために，そこで求められた利益概念は分配可能利益にも，また経営成果利益にもほぼ一致していたからである。ところが，近年において顕在化してきている，貨幣価値や物財価格の変動をともないいわゆるクリーピング・インフレーションにより，かかる前提が妥当しなくなってきたために，これまでの取得原価主義会計の機構のもとで求めた利益概念をもってしては，もはや投資者の要求に応えることが困難になってきたわけである。そこに，最近，いわゆる貨幣価値変動会計が再び脚光を浴びるにいたった１つの大きな原因があるのであるが，現

在，かような困難を打開し，投資者の要請に応えるために，解決の方向を求めてあらゆる可能性を探っている状態にあるといえる。

しかして，この場合，解決の方向は，大きくいって，2つあるように思われる。1つは，貨幣価値や物財価格の変動下において経営成果利益を提供できるような損益計算それ自体の構造を追求せんとする方向である。いま1つは，かような状況のもとにおける分配可能利益のあるべき姿を求めて，会計の主要な目標は「資本と利益の区別」にある[10]という点を拠に，分配せずに維持しなければならないもの，つまり資本の維持という側面から接近せんとする方向である。

本章でこれから取り上げようとする問題は，かような2つの方向のうち，後者の資本維持に関するものである[11]。以下では，貨幣価値や物財価格の変動のもとにおいてあるべき資本維持の姿を探る一里塚として，資本維持的思考が，いつ，いかなる原因によって生成してきたか，資本維持にはどのような内容があり，会計学的にみた場合，それはどのような性格をもっているのか，こういった点について検討を加えてみたいと考える。

2　資本維持思考の生成とその背景

いつ，いかなる原因によって資本維持という思考が，企業の経営における計算思考のなかに芽生えてきたのであろうか。確かに，およそ企業を経営してゆくからには，たとえそれが明確に意識されたものであるにせよ，またそうでないにせよ，そこに資本維持という思考が貫かれていることだけは事実であろう[12]。が，資本維持なる思考が明確な形で主張されるようになったのは，ワルプも「世界大戦につづいて発生した著しい貨幣価値の変動にいたるまでの時期には，資本維持，したがってまた費用計算という問題は，一般になんら問題ではなかった」と述べているように[13]，1914年に始まった第一次世界大戦を契機として発生した，激烈なインフレーションの影響を真正面から受けたドイツにおいてであった。

第8章 貨幣価値の変動と資本維持 123

　当時，ドイツにおいては，苛烈なインフレーションによって経済は非常な混乱に陥っていたが，当時の事情について，片野教授は，貨幣減価速度の観点から，第1期——1914年から1921年半ばまでの停滞的インフレーション期，第2期——1921年半ばから1922年半ばごろまでの漸進的インフレーション期，および第3期——1922年半ばから1923年末にいたる加速度的インフレーション期の3つに分け[14]，つぎのように説明しておられる。

　「インフレーションがマルクの計算機能を破壊する事態に達したのは1922年半ば以後1年半の期間であった。前記インフレーションの3期につき通貨価値低落の状況をみれば，大戦の勃発した1914年から1918年の終戦をへて21年上半期に至る第1期においては物価の騰貴はきわめてゆるやかであり，21年6月の物価は戦前1913年基準の13倍強にすぎない。21年下半期から22年上半期末に至るインフレーション第2期においては物価は算術級数的に上進したが，22月6月における物価は基準年次にくらべてなお70倍であった。爾後23年末に至る第3期に入るや，事態は急激に悪化し物価は幾何級数的に奔騰した。すなわち，22年12月には1,475倍，23年6月には19,385倍，12月には実に1,262,000,000,000倍という天文学的数字を示している。なかんずく，最後の半年間における通貨価値の低落振りは急湍落下の超急ピッチを示している。例えば，23年8月の一紙幣マルクの価値は4ヵ月後の一紙幣マルクにくらべて約100万倍に相当している。貨幣の計算機能は完全に破壊されてしまい，まさに貨幣経済崩壊の危機に当面したのであった。」[15]

　このような状況のもとにあって，過去の取引価格を意味する歴史的な取得原価にもとづいて損益の計算を行っていたのでは，当然のことながら，いわゆる名目利益にともなう架空利益がそこに混入されることになり，配当もしくは課税などによるその処分およびそれにともなう資金の流出を通じて資本の実質を喰い込むことになるので，企業の再生産的維持を困難にし，ひいては企業それ自体の存立さえも危くすることになる。この点について，片野教授は「インフレーション下の企業経営上現われる最も顕著な矛盾は，……計算上利益が膨脹するのとは対蹠的に財務上経営資金の欠乏におちいることである。名目計算上

の利益にふくまれる巨大なる架空利益，これがインフレーション下の企業の会計実践のもつ矛盾のメルクマールである。……架空利益の分配は企業の資本実体を蚕食し，経営を縮少再生産へ誘致する。……これが企業の名目会計におよぼすインフレーションの悪戯である」と述べられているが[16]，かようなインフレーションの悪戯を是正せんとして，資本維持的思考が芽生えてきたのは，まさに当然の成り行きであったといえる。

　資本維持思考は，以上のような背景のもとに生成してきたわけであるが，それでは，これまでに問題の解決を志向して一体どのような資本維持が主張されてきているのであろうか。つぎに節を改めて，この点についてみてゆくことにしよう。

3　資本維持の内容

　前述したように，資本維持という思考は，ドイツにおいて，第一次世界大戦中および後のインフレーションを直接的な契機として，資本の実質を維持したいという要求から経営の計算思考体系のなかに持込まれたものであるが，それは，必ずしもかような特殊な経済状態のもとにおいてのみ生起しうる，いわば単なる応急処置的なものではなくして，およそ企業を経営してゆくときには，つねに追いて回るものである。資本維持とは，そういう性格のものであるので，それをめぐってこれまでに多くの論者により種々なる学説が表明されてきているのである[17]。

　これらの学説における主張点をみてみると，そこではきわめて多種多様な資本の維持が主張されていることが知られる。それは，一口に資本維持といっても，維持すべき資本の中味をどのように理解するかによってその内容が異なってくるからである。そこで本章では，スウィーニーの分類に従って[18]，名目資本維持（maintenance of nominal capital）実質資本維持（maintenance of real capital）および実体資本維持（maintenance of physical capital）の3つに分け，以下，それぞれの内容についてみてゆくことにしよう。

(A) 名目資本維持

　名目資本維持とは，過去に投下された貨幣額をもって維持すべき資本と考え，資本として貨幣を支出した後にそのもつ価値に変動が生じても，これを無視して単純に貨幣資本額のみを維持せんとするものである。このような維持思考が，資本維持の一形態として明確に認識されるにいたったのは，他の資本維持思考が主張されるようになって，それらと対比して論じなければならなくなってからである[19]。

　かような維持思考のもとでは，利益は，当該期間に稼得した収益と当初に投下した貨幣額，つまり取得原価を用いて測定した費用とのいわゆる対応計算によって，名目利益という形で把握される。したがって，貨幣の価値や物財価格に変動がみられるときには，当然のことながらそこへ架空利益が算入されることになり，配当もしくは課税などによるその処分とそれにともなう資金の流出により，企業経営の継続を阻害するという忌々しき問題を生ぜしめることになる[20]。これまでに，このような名目資本維持にともなう必然的な欠陥を克服せんとして，いわゆる取得原価主義会計の枠内で，たとえば，売上原価の算定への後入先出法の導入，減価償却費の計上における加速償却法の利用など，いろいろな応急策が試みられてきたけれども，いずれも気休め程度の成果しかえられなかったといえる。そこで，問題の全面的な解決を志向して，後で述べる実質資本維持と実体資本維持の両思考が出現してきたわけである。しかし，問題はそう単純ではなく，いまだにその解決をみていない。解決の糸口を求めて苦悩しているのが，現在の会計学界の実状である。ただし，会計を離れて，その枠外で，たとえば財務政策として企業維持に必要な資本の維持を考えるならば，それは，名目資本維持の立場を採ろうが採るまいが可能であろう。会計の範疇において問題の解決をみいだそうとするところに悩みがあるのである。

　この名目資本維持を主張している論者としては，リーガーが代表的である[21]。明確に主張してはいないが，全体を流れている思考様式からみて，我が国の「企業会計原則」もこの立場を採っているものといえる。そのほか，いわゆる動態的な理論の展開が主流を占めている現状からみて，現在の大部分の

会計学者はこの立場を支持しているとみても過言ではあるまい。

(B) 実質資本維持

実質資本維持[22]とは，購買力資本維持とも呼称されるように，過去に投下された貨幣の購買力をもって維持すべ資本と考え，以後，貨幣の価値，つまり購買力に変動が生じたときには，それについて修正を行い，当初と同一の購買力を維持せんとするものである。この維持思考は，通貨混乱期の経験にもとづいて意識的に考え出されたものであるから，その点で，生成史的には前述の名目資本維持とは大分異なっている。

かような維持思考の目的は，現実に貨幣の価値が変動しているという事実を認識し，その影響を損益計算から排除せんとするところにある。したがってそこでは，利益は，当該期間に稼得した収益と関連費用の両者について一般物価指数[23]を用いて修正し，修正後の両者の比較対応計算によって，実質利益として捕捉される。しかし，このような修正計算を行ってみても，会計数値のもつ比較性の回復にはある程度役立ったが，企業維持に必要な資本の維持という問題の解決とはならなかったようである。もともとこの維持思考には，貨幣価値の変動についての修正計算を通じて，このような資本を損益計算の過程で留保しようとする意図がなかった点からみれば[24]，これは，当然の事であるかもしれない。

修正に用いる指数の把握に若干の困難をともなうので，この維持思考に難色を示す論者もいるが，これまでのところではかなりの支持をえてきているようである。たとえば，ドイツでは，マールベルク[25]やワルプ[26]などによってはやくから主張されているし，我が国では，片野教授の所論[27]にその代表的例をみることができる。そのほか，最近のアメリカの動向をみると，明確に資本維持という形で問題を取り上げてはいないけれども，その主張点からみて，この維持思考の立場を採るものがかなり多くなってきているようにみうけられる[28]。

(C) 実体資本維持

実体資本維持とは[29]，実物資本維持とも呼ばれているように，もっともオ

ーソドックスな形では(30)，当初に取得した物的財をもって維持すべき資本と考え，以後，貨幣価値や物財価格に変動があろうとなかろうと，これと同一の財の再調達を維持せんとするものである。

この維持思考は，生成史的には，前述の実質資本維持思考と同様に，通貨混乱期の経験にもとづいて意識的に考え出されたものである。したがって，その点では，最初に述べた名目資本維持思考とは大幅に異なる。しかし，この思考の根底には，貨幣価値や物財価格の変動のもとにおいて企業それ自体の維持に必要な資本を確保し維持したいという意図が厳然と存在しているので，その点では，名目資本維持思考はいうまでもなく実質資本維持思考とも大きく異なっている。

この維持思考のもとでは，損益の計算にあたって架空利益の混入を避けるために，利益は，当該期間に稼得した収益に，取替原価などのいわゆる現在原価（current cost）を用いて測定した費用を対応させることによって，実体利益として求められる。したがって，当然のことながら，この場合には，費用の測定基準となる現在原価を捕捉することが，重要な中心的問題となる。

ところが，技術の進歩や需要の変化などをはじめとする経済環境の変化により，原初に取得した物財とまったく同一のものが存在しなくなっていることと，いわゆる資本の有機的構成の高度化とあいまって，取替原価を求めるべき市場が存在しなくなっていることなどのために，現在原価の捕捉にあたって，会計の生命たる経済計算の客観性が阻害されるなど，いろいろな難点がでてくるので，少なくとも，外部報告を目的とするいわゆる財務会計の領域においては，この維持思考は，一般に支持されるにいたっていない。

こういった難点がみられるため，近年では，原初にみられたような即物的な実体資本維持思考は後退して，「実体資本という概念を，それを構成する具体的な財の側から直接に規定せずに，その財によって生産される給付の側から間接的に規定しようとする考え方(31)」が採られるようになり，当初に取得した物財の給付能力をもって維持すべき資本と解し，これの維持を図らんとする方向に変ってきている。このような維持思考は，一般に給付的実体維持（1eistungsmäßige Substanzerhaltung) と呼ばれている[32]が，これは，技術の進歩や需要の変化が絶えず起っている，この経済社会に存在している企業の現状に合致しているために，多くの支持をえてきている。

ところで，このように実体資本維持を給付能力維持という形で考えるときには，維持すべき給付能力の内容をどのように理解するかにより，2つの見解に分かれるようである。1つは，企業の存在している現実の経済社会というものは，質的にも量的にも動態的に発展してゆくものであるから，企業の側においても，それに即応して給付能力を発展的に維持してゆかなければ，相対的にみて真の実体維持にはならないとして，損益計算の枠内でそれについての処置をせんとする，いわば発展的給付能力維持とでもいうべき維持思考を主張するものである。いま1つは，損益計算の枠内では，当初と同一の給付能力をもって絶対的に維持すべき資本と考え，経済発展に応じた給付能力の相対的維持は，利益留保その他の適当な方法によって別途考慮せんとする，いわば絶対的給付能力維持とでもいうべき維持思考を主張するものである。前者の見解を採るものには，シュミットの相対的実体維持論[33] (relative Substanzerhaltung) やハーゼナックの等量給付的・発展順応的実体維持論[34] (leistungsäquivalente und entwicklungsadäquate Substanzerhaltung) などがある。また，後者の維持思考は，シュネトラー[35]やエッカート[36]の所論などにもみられる。

実体資本維持思考を採るものには，前述した各論者のほかに，エンドレス[37]やガインサー[38]がおり，また我が国においても，藻利教授[39]や不破教授[40]の所論などにその主張をみることができる。

なお，必ずしもこの資本維持思考の立場を採っているものと断言はできないけれども，ハックスは，基本的には実体資本維持思考によりながらも，貨幣価値の上昇時や物財価格の下落時には，名目的な貨幣資本にもとづいて損益の計算を行ったほうが，企業維持の要請に一層マッチするとの発想から，名目資本維持の思考と実体資本維持のそれとを折衷した，資本・実体結合計算という変形的な実体資本維持思考を主張している[41]。

4　資本維持の会計学的性格

　前述したように，資本維持なる問題が，明確な形で意識され，会計学上の1つの問題として認識されるようになったのは，第一次世界大戦以後のことに属するが，それ以来，この問題を考えるときには，つねに影のように追って回り，いまだに論争の絶えないものに，資本維持の性格をめぐる問題がある。資本維持とは，会計学的にみた場合，はたして損益計算の一思考形態と考えてよいものなのか。それとも会計の枠から離れて，利益処分もしくは財務政策の問題として考えるべきなのか。

　確かに，生成史的にみれば，資本維持という思考は，第一次世界大戦後のインフレーションにより種々なる欠陥の露呈した，従来の名目的な貨幣資本概念にもとづく損益計算に対する反省として，それに代る新しい形の損益計算を求めて生まれたものであるが[42]，だからといって，資本維持は損益計算の過程において取り上げるべき一問題なりと速断してしまえるほど問題はそう単純ではない。というのは，資本維持というものは，もともと，損益計算の問題として考えることも，また，利益処分もしくは財務政策の問題として考えることもできるような性格をもっているからである。

　すなわち，第1には，資本維持思考のもとでは，損益計算において算定する利益は，「資本と利益の区別」[43]ということでも明らかなように，維持すべき資本を超過した部分にして，かつそれを損わずに分離して分配が可能な部分として規定されるため，そこには，利益処分の問題として取り扱われるべき素地があること。

　第2には，第1の点から当然に結果することであるが，分配可能利益をもって損益計算で求めるべき利益と考えるということは，実際に分配することを顧慮して，資金面で財務政策と結びつかざるをえないこと。

　第3には，資本維持的思考を採る究極の目標たる企業の維持は，損益計算とは別個に，会計の枠外で，いわば経営政策の一環として考えることも可能であ

るし，また，そうすることがごく一般的なことであること。

そして第4には，資本維持それ自体がもつ性格とは直接的な関連はないが，計算の客観性を旨とする商法や税法などの法的規制により，名目資本維持はともかくとして，通常，資本維持という場合に暗黙的に意味される実体資本の維持思考にもとづいて損益計算を行っても，制度的に容認されないこと。したがって，実務的には，資本維持という問題は，内部的な損益計算において行うか，あるいは利益処分もしくは財務政策として行うか，それ以外に方法がないという事実認識。

資本維持には，このような側面が存在するので，損益計算としてではなく，財務政策としてこれを位置づける議論も活発である[44]。

私見によれば，資本維持なる思考が経営の計算思考のなかに導入されるにいたった本来の趣旨からみて，できることならば，これを損益計算の問題として位置づけ，制度的な機構のなかで解決してゆくことが望ましいし，またそうあるべきだと思考するが，これを制度的な計算機構のなかに組み入れた場合に生起するであろう種々なる弊害の解決策がえられるまでは，これを，利益処分もしくは財務政策の問題として，あるいは経営内部における損益計算の問題として，取り扱う現状のままでもやむをえまいと考える。

5 む　す　び

以上，貨幣価値もしくは物財価格の変動のもとにおける資本維持のあるべき姿を求めて，その布石として，資本維持なる思考の生成由来，その内容，およびその会計学的性格についてみてきたが，そこでは，つぎのような諸点を明らかにすることができた。

すなわち，(イ) 資本維持なる思考は，第1次世界大戦後のドイツにおいて，激烈なインフレーションを起因としてこれまでの名目的な貨幣資本維持にもとづく損益計算に露顕した，種々なる欠陥を克服し，もって企業の維持を確保せんとの意図のもとに考え出された損益計算思考であること。(ロ) 一口に資本

維持といっても，維持すべき資本の内容によって，名目資本維持，実質資本維持，あるいは実体資本維持などと多種多様な資本維持思考が主張され，それぞれにおいて異なった利益概念が考えられていること。そして（ハ）かような資本維持思考を会計学的にみた場合，これを損益計算の枠内に位置づけるか，あるいは，損益計算とはまったく離れて，財務政策として位置づけるかをめぐって議論が分かれているが，理論的には，前者が望ましいが，実務的には，後者でもやむをえないこと。こういった点を明らかにすることができた。

以上の結論を手がかりとして，貨幣価値もしくは物財価格の変動のもとにおける著者自身の資本維持思考の展開は，今後の研究に待ちたいと思う。

注

（1） どのような理由から会計が必要とされているかという点については，George O. May, *Financial Accounting*, 1943, p. 3（木村重義訳「財務会計」6頁），および Morton Backer, "Accounting Theory and Multiple Reporting Objectives", (in Morton Backer, *Modern Accounting Theory*, 1966, p. 449) などで詳述されているので参照されたい。

（2） Cf. Maurice E. Peloubet, "The Historical Development of Accounting", (in Morton Backer, *op. cit.*, p. 12).

（3） その典型的な例は，我が国の「企業会計原則」にみられる。

（4） Cf. Donald E. Stone, "The Objective of Financial Reporting in the Annual Report", *The Accounting Review*, April 1967, p. 333.

（5） Cf. AAA, Committee on Accounting Concepts and Standards, "Accounting and Reporting Standards for Corporate Financial Statements—1957 Revision—", (in AAA, Accounting and Reporting Standards for Corporate Financial Statements and Preceding Statements and Supplements, p. 7)（中島省吾訳編「増訂 A. A. A. 会計原則」訳文，140～141頁），AAA, Committee on Concepts and Standards—Long-Lived Assets, "Accounting for Land, Buildings, and Equipment", *The Accounting Review*, July 1964, p. 693, and so on.

（6） AIAs, Study Group on Business Income, Changing Concepts of Business Income, 1952, pp. 18-19（渡辺進・上村久雄共訳「企業所得の研究」34～35頁）.

（7） G. Edward Philips, "The Accretion Concept of Income", *The Accounting Review*, Jan. 1963, p. 14.

(8) Cf. A. C. Littleton, *Structure of Accounting Theory,* 1953, pp. 18-35（大塚俊郎訳「会計理論の構造」26～52頁).

(9) 森田教授は，はやくから，利益概念を分配可能性と尺度性という2つの側面から解明した，非常にユニークな理論を展開しておられる（森田哲弥稿「期間利益の分配可能性と尺度性」(一橋学会編・一橋大学研究年報「商学研究4」(中) 所収，227頁以下)，および同稿「損益計算の方法と期間利益概念」『會計』第80巻第5号 111頁以下などの諸論文を参照)。

なお，つぎの論文などでも同様の視点から利益概念に検討を加えているので併せて参照されたい。

Herbert Hax, "Der Bilanzgewinn als Erfolgsmaßstab", *ZfB* 5. Jg., 1964, S. 642ff.

(10) Cf. Thomas Henry Sanders, Henry Rand Hatfield, and Underhill Moore, *A Statement of Accounting Principles,* 1938, p. 1.

(11) なお，前者の貨幣価値の変動のもとにおける損益計算構造の問題については，次章を参照されたい。

(12) Vgl. Ernst Walb, *Die Erfolgsrechnung privater und öffentlicher Betriebe,* 1926, S. 332.

(13) E. Walb. *a. a. O.,* S. 328.

(14) 片野一郎著「貨幣価値変動会計」4頁。

(15) 同上，4～8頁。

(16) 同上，43～44頁。

(17) ちなみに，各種の資本維持説については，森田哲弥稿「資本維持論」(片野一郎・松本雅男両先生還歴記念論文集刊行会編「現代会計学の基礎理論」所収，47頁以下) などを参照されたい。

(18) Cf. Henry W. Sweeney, "Maintenance of Capital", *The Accounting Review,* Dec. 1930, p. 277ff., and ditto, *Stabilized Accounting,* 1936, pp. 47-48.

(19) 森田哲弥稿，前掲論文（片野一郎・松本雅男両先生還歴記念論文集刊行会編，前掲書，所収，48～49頁)。

(20) 貨幣価値や物財価格の変動によりいわゆる取得原価主義会計のもとで露呈するその他の欠陥については，第6章を参照されたい。

(21) Wilhelm Rieger, *Einführung in die Privatwirtschaftslehre,* 1928.

なお，リーガーの所論については，中野教授がつぎの論攷で詳細に紹介されているので参照されたい。

中野　勲稿「リーガー名目資本維持説の吟味 (1), (2)」『會計』第85巻第第6号 132頁以下，および第86巻第1号 117頁以下

(22) 実質資本という場合の「実質」なる言葉の用い方は，実質賃銀とか実質所得という言葉と同じく，「貨幣が実際にもっている経済的支配力もしくは購買力」というほどの意味である。

(23) 一般に，貨幣の価値は，一般物価指数の逆数によって表わされるといわれている

(cf. AICPAs, the Staff of the Accounting Research Division, *Reporting the Financial Effects of Price-Level Changes*, 1963, pp. 8-10)。

(24) 森田哲弥稿,前掲論文(片野一郎・松本雅男両先生還歴記念論文集刊行会編,前掲書,所収,53～54頁)。

(25) Walter Mahlberg, *Bilanztechnik und Bewertung bei schwankender Währung*, 1921, und dito, *Der Tageswert in der Bilanz*, 1925.

なお,マールベルクの所論については,つぎの論攷などで詳論されているので参照されたい。

内出　力稿「中和化の原則について」『神奈川大学　商経法論叢』第11巻第2号99頁以下。

太田折三・岩田　厳共著「インフレーション会計」24～34頁。

中野　勲稿「貨幣資本維持と実体資本維持との位置関係について」『會計』第89巻第1号　149頁以下。

森田哲弥稿「中和化と資本維持説」『一橋論叢』第56巻第2号　15頁以下。

(26) E. Walb, *a. a. O.*, SS. 326-346.

(27) 片野一郎著,前掲書,第9章。

(28) たとえば,その代表的なものとしては,つぎの文献をあげることができよう。

AICPAs, the Staff of the Accounting Research Division, *op. cit.*

AAA, Committee to Prepare a Statement of Basic Accounting Theory, *A Statement of Basic Accounting Theory*, 1966.

(29) 実体資本維持という場合の「実体」なる言葉は,企業を経営してゆくにあたって,物的財,資金,あるいは生産能力などにおいて当初と同一の規模を絶対的にあるいは相対的に維持してゆくというほどの意味で用いられている。

(30) その代表的な例は,再生産的実体資本維持といわれるゲルトマッハーの所論にみられる(Erwin Geldmacher, *Wirtschaftsunruhe und Bilanz*, 1. Teil, Grundlagen und Technik der bilanzmäßigen Erfolgsrechnung, 1923)。

なお,ゲルトマッハーの所論については,つぎの論攷などで詳論されているので参照されたい。

岩田　厳著「利潤計算原理」360～376頁。

内山　力稿「ゲルトマッハーの会計思考」『神奈川大学　商経法論叢』第14巻第2号　167頁以下。

武田隆二稿「時価主義と資本維持論との関連」『企業会計』第19巻第4号　86～87頁。

不破貞春著「新訂　会計理論の基礎」226～229頁。

森田哲弥稿,前掲論文(一橋学会編,前掲書,所収,227頁以下)。

同　稿,前掲論文(片野一郎・松本雅男両先生還歴記念論文集刊行会編,前掲書,所収,55～57頁)。

(31) 森田哲弥稿「実体資本維持説の展開」『産業経理』第26巻第4号　57頁。
(32) Horst Eckardt, *Die Substanzerhaltung indutstrieller Betriebe*, 1963, S. 18.
(33) Fritz Schmidt, *Die organische Tageswertbilanz*, 1921 (Neudruck 1951)（山下勝治訳「シュミット有機観対照表学説」）。

　　なお，シュミットの所論については，つぎの論攻などで詳論されているので参照されたい。

　　武田隆二稿，前掲論文，87～88頁。

　　不破貞春著，前掲書，141～155頁。

　　森田哲弥稿，前掲論文（一橋学会編，前掲書，所収，227頁以下）。

　　同　稿「基本文献解題 Fritz Schmidt, Die organische Tageswertbilanz」『一橋論叢』第45巻第1号　31頁以下。

(34) W. Hasenack, „Die Anlagenabschreibung im Wertumlanf der Betriebe und Sicherung der Wirtschaft", *ZfB* 1938, S. 627ff., und *dito*, „ Betriebsvergleich, Substanzwert-und Betriebserhaltungs-Probleme", *BFuP* 1961, S, 175ff.

　　なお，ハーゼナックの所論については，つぎの論攻などで詳論されているので参照されたい。

　　H. Eckardt, *a. a. O.*, SS. 23–36.

　　森田哲弥稿，前掲論文，『産業経理』第26巻第4号　57頁以下。

(35) Albert Schnettler, *Betriebsanalyse*, 2. Aufl., 1960, S. 17ff.

　　なお，シュネトラーの所論についてはつぎの論攻などを参照されたい。

　　森田哲弥稿，前掲論文，『産業経理』第26巻第4号　57頁以下。

(36) H. Eckardt, *a. a. O.*

　　なお，エッカートの所論についてはつぎの論攻などを参照されたい。

　　森田哲弥稿，前掲論文，『産業経理』第26巻第4号　60頁以下。

(37) Walter Endres, *Der erzielte und der ausschüttbate Gewinn der Betriebe*, 1967.

　　なお，エンドレスの所論についてはつぎの論攻などを参照されたい。

　　森田哲弥稿「財務論的実体資本維持説」『一橋論叢』第60巻第4号　41頁以下。

(38) R. S. Gynther, *Accounting for Price-Level Changes――Theory and Procedures*, 1966.

　　なお，ガインサーの所論については，前章を参照されたい。

(39) 藻利重隆著「経営学の基礎〔改訂版〕」355～381頁。

(40) 不破貞春著，前掲書。

(41) Karl Hax, *Die Substanzerhaltung der Betriebe*, 1957.

　　なお，ハックスの所論についてはつぎの論攻などを参照されたい。

　　馬場克三稿「資本維持論の再吟味」『産業経理』第24巻第9号　6頁以下。

　　不破貞春著，前掲書，230～235頁。

　　森田哲弥稿「(書評) カール・ハックス著『経営実体維持論』」『ビジネスレビュー』第5巻第3号　119頁以下。

(42) 森田哲弥稿「資本維持論の性格」『実務会計』第4巻第2号 74〜75頁。
(43) T. H. Sanders, H. R. Hatfield, and U. Moore, *op. cit.,* p. 1.
(44) たとえば，エンドレスの所論にその代表的な例がみられる（W. Endres, *a. a. O.*）。

第9章

貨幣価値の変動と利益の把握

1 問題の所在

　企業会計は，経済社会における経済的構成単位の1つである企業の資本の増殖過程を，統一的，計数的に把握する計算体系である。一般にいわれる会計学は，かかる計算体系としての企業会計に関する知識を体系的に研究する学問である[1]。かように理解せられる会計学は，社会科学の一分野に属するものであるといわれる[2]。いうまでもなく，ある知識の統一的体系が科学として成立しうるためには，かかる体系自体のなかに所属し，定義することの不可能な固有の中心理念が少なくとも1つ存在していなければならない。たとえば，数学に対しては数，物理学には力，生物学には生命，倫理学には善，美学には美，法律学には正義，および経済学には価値などが存在している如くである[3]。しかして，科学とは，かかる理念を中心として統一的に体系化せられたものである。したがって，企業会計に関する知識を体系的に研究する会計学が，社会科学として存立しうるためには，そこに何らかの中心理念をみいださなければならない。それは何であろうか。リトルトンによれば，それは利益であるとせられる[4]。すなわち，会計学は利益を中心理念として体系化せられ，会計理論はここから展開せられる。この点で，会計理論の進歩発展は，利益概念の発展から出発しなければならないともいわれるのである[5]。したがって，会計学においては，利益概念の研究はきわめて重要な位置を占めるものといえよう。

　ところで，今日の企業会計は，投資者の意思決定に必要な情報の提供を主たる目的として機能している[6]。したがって，企業会計は，本質的に目的に対す

る手段という性格を有するため[7]，そこで計算せられるべき利益の内容も，かかる目的によって規定せられる。しかして，今日の企業会計における利益は，経営者の業績評価の最も有効な尺度たる意味で，いわゆる経営成果利益を内容としているものといえる。今日の会計理論は，かかる経営成果利益を内容とする利益概念を中心として形成せられている。

　会計理論はかような体系として形成せられているわけであるが，その形成にあたっては，そこに一定の前提なり仮定なりを設けてこれを行なわなければならない。けだし，経済学がその理論形成にあたって，人口，自然，国家，および技術などの経済外的諸要因を一応捨象し，純粋な経済現象と経済人とを仮定し，これに基づいてある経済法則を発見，樹立し，また物理学や化学がその理論形成にあたって，温度，湿度，圧力などを一定としてある結論を導出している如く，会計理論の形成にあたっても，何らかの一定の条件または前提を設ける必要があるからである[8]。かかる前提としてはいかなるものを設定しなければならないか。それは論者によって異なり必ずしも意見の一致をみていない[9]。しかし，論者によりかかる前提の内容に差異はみられるけれども，いわゆる「貨幣価値一定の公準」をその1つとして認めなければならないという点については一般に承認を得ているようにみうけられる[10]。周知のように，「貨幣価値一定の公準」とは，企業会計は貨幣によって測定可能な事象のみを計算対象とし，しかもその測定手段たる貨幣の価値の変動は，僅少の場合にはこれを無視するとなすものである[11]。今日の企業会計の理論体系は，かかる前提の上に成立している。かくして，今日の企業会計の理論は，経営成果利益という内容の利益概念を中心理念とし，貨幣価値の変動を無視するとなす前提に立脚して形成せられているといえる。いいかえれば，企業会計の理論体系は，かかる前提に立脚して導出された利益概念を中心理念として形成せられているといえるわけである。

　しかるに，現実に貨幣価値が変動している事実を直視するとき[12]，かかる貨幣価値一定の前提に基づいた利益概念は，企業会計の理論体系のなかでもつその有用性に一定の限界を露呈する。ここに，これまでの貨幣価値一定の前提

に立脚した利益概念は再検討せられねばならない必要が惹起する。では，従来の経営成果利益を内容とする利益概念は，どのように変えられねばならないのか。否，むしろこれとは異なった新しい内容を有する利益概念が求められなければならないものなのか。

かような利益概念の検討にあたっては，2つの側面からこれを行うことができよう。というのは，会計の主たる目的はいわゆる「資本と利益の区別」にあるとされているように[13]，利益概念の究明，いいかえれば利益の決定は，そこから「区別されるべきもの」，すなわち資本を確定することと表裏一体の関係にあるからである[14]。したがって，利益概念の把握は，利益を直接的に算定する方法によってこれを行うこともできようし，また，利益と識別すべき資本を確定することによって間接的にこれを行うこともできよう。これを貨幣価値の変動との関連に即していえば，前者は，貨幣価値の変動の下における期間損益計算構造の再検討の問題であり，後者は，資本維持論の問題である。かくして，貨幣価値の変動の下においてあらねばならない利益概念の姿は，一方において期間損益計算の理論体系との関連において，他方において資本維持論との関連において明らかにせられることになる。

そこで，本章では，かような2つの接近方法のうち前者によって，すなわち期間損益計算構造との関連において，貨幣価値の変動の下における利益概念の存在形態を明らかにしてみたいと考える。

(注) 本章では，貨幣価値の変動と利益概念の関係を論じようとするものであるが，およそ，企業会計において貨幣価値の変動に接近しようと試みる場合，そこには2つの方向が考えられる。1つは，企業会計の主要目的である経営成績と財政状態の測定，表示と関連して，貨幣価値の変動の下におけるこれらの表示の形式，表示手段たる貨幣の同質性，および比較性に関する，いわば貨幣価値の変動について表示形式上から接近しようとする方向である（これは形式的研究といえよう）。もう1つは，かようにして表示されるべき経営成績と財政状態の数値の実質内容に関連する，いわば貨幣価値の変動の下における経営成績と財政状態の測定を明らかにしようとする方向である（これは実質的研究といえよう）。従来，かような2つの方向のうち，前者については，多くの論者により充分に研究が進められてきているようにみうけられるが，後者については，多分に閑却されてきた傾向が強い。本章では，これらのうち後者について，特にそのなかの経営成績の測定だけをとりあげ論じてみようとするものである。

なお，以上の諸点については，第6章でも論じているので併せて参照されたい。

2　期間損益計算構造の変貌と利益概念
── 一般的考察 ──

　周知のように，今日の企業会計の中心課題は，利益の決定，すなわち損益計算にある(15)。それは，収益に関する計算と費用に関する計算から成り立っている。利益は両者の差額概念として把握せられる。企業会計においては，利益概念はかように収益費用両計算の差額概念として理解せられているのである。この点で，今日の企業会計においては，利益概念それ自体が存在していない，いいかえれば，損益計算においていかなる内容をもつ利益が計算されるべきか，計算されるべき利益の存在形態が明確ではないとの批判も当てはまるかもしれない(16)。しかし，今日の企業会計の目的に照してみるとき，必ずしもそのように断定できないといえよう。すなわち，すでに前節で若干ふれたように，今日の企業会計は，投資者の意思決定に必要な情報の提供をその主たる目的としているが，そこで提供せられる情報の重点は，経営者の業績または能力の評価尺度たる経営成果利益を内容とする利益概念にある。このため，今日の期間損益計算の構造は，かような利益概念を把握しうるように志向せられている。したがって，今日の期間損益計算の計算構造それ自体が，すでに利益概念のあるべき姿の反映であるといえるのではあるまいか。詳言すれば，損益計算において，一方で費用の計算を取得原価に基づいた発生主義によって行い，他方で収益の計算を実現主義に従って行うという計算構造自体のなかに，すでに利益概念の内容を規定する要素が内包されているとみなければならない。したがって，もしそうであるならば，期間損益計算において貨幣価値の変動と利益概念の関連を考慮せんとするとき，それは，従前の企業会計で果されていた経営成果利益の算定への要請を貨幣価値の変動の下においても十分に充たすために，これまでの期間損益計算の構造をどのように変えていかなければならないかという問題となろう。

したがって，貨幣価値の変動を無視するとなす前提の妥当しなくなっている現今において，そこで求められなければならない利益概念も，期間損益計算の計算構造を再検討することによって，すなわち，収益の計算構造と費用の計算構造の2つの側面の吟味によって，これを明らかにすることができよう。このことは，リトルトンが「純利益は，それ自体重要性のあるものではあるが，その背後にある構成要素はより一層重要なものであると思われる。なぜならば，純利益は，費用および収益の本体が明確となることによってのみ，その存在がえられるものであるからである」と述べているところからも明らかである[17]。

つぎに，以上の如き理解に基づいて，貨幣価値の変動の下における利益概念を，期間損益計算の構造との関連において検討してみよう。

3 収益の計算と貨幣価値の変動
────実現主義の修正と発生主義の採用────

一般に，今日の企業会計においては，収益の計算は，実現主義に従って行われ[18]，そこでは，収益の計算と実現主義とはあたかも一体の如くとりあつかわれている[19]。したがって，収益の計算構造と貨幣価値の変動との関係を明らかにするには，実現主義との関連でこれを進めなければならない。いうまでもなく，実現主義とは，企業活動の究極目的である価値の増殖の結果たる収益を，価値増殖行為たる生産過程において測定することなく，かかる過程の終局たる販売行為によって把握せんとするものである。その主要目的は，収益の計算において未実現の収益を排除せんとすることにある[20]。かかる意味で，実現主義は多分に便宜的なものである[21]。これは，貨幣による確定計算を原則とする企業会計の特色のためである。したがって，実現主義の適用の規制要件として，獲得される収益の金額的確定と確実なる対価の取得が要求せられている[22]。これは，収益はその発生の時点において貨幣額による把握が一般に困難とみられるためである。この点で，これまでの企業会計においては，実現主義は，企業の主たる活動である販売行為の結果としての収益に特有の概念と理

解されていたといえる⁽²³⁾。かように実現主義の概念を理解しても期間損益計算上特に不合理を生じなかったのは，従前の企業会計においては，貨幣価値の変動を無視するとなす前提が確立され，それが有効に機能しうる経済環境が存在していたため，かかる前提に立脚した実現主義に基づいて，かような収益のみを測定しておりさえすれば，企業会計の投資者の意思決定に必要な情報の提供という目的の遂行を阻害する如き問題は何も惹起してこなかったからとみられる。

しかるに，今日の企業のおかれている現状をみたとき，かかる貨幣価値の変動を無視するとなす前提に疑問を生じた結果，かかる前提に立脚した従前の実現主義に基づいて期間損益計算を行っていては，企業会計の目的の遂行という要請に即応できなくなっている。ここに従前の実現主義の概念を再検討せんとする動きが出てくるのは当然のことである。

しかして，若杉教授も述べられているように，実現主義の概念を再検討するとき，そこには3つの方向がみられる⁽²⁴⁾。すなわち，第1は，従前の実現主義概念自体はそのまま存続せしめ，収益の計算に関連して貨幣価値の変動をめぐって生起してくる問題は，別の方法で処理するものである。第2は，従前の実現主義概念の内容を拡大化し，これを処理せんとするものである。そして第3は，従前の実現主義の概念を否定し，これに替って発生主義の採用を提唱せんとするものである。

かような方向のうち，第1の方向は，アメリカ会計学会の1964年度の概念および基準調査研究委員会――実現概念小委員会などの採る立場である⁽²⁵⁾。しかしてそれによれば，実現主義の概念は，収益取引 (Revenue transaction) と保有利得および損失 (Holding gain and loss) の両者をめぐる測定と表示に関する諸問題の検討を通じて，その明確化が試みられ，収益取引に限定適用せられた従前と同様の概念が主張されている⁽²⁶⁾。ついで第2の方向は，アメリカ会計学会の1957年会計原則やウィンダルなどの主張にみられる⁽²⁷⁾。これらのうちまず前者によれば，「実現の本質的な意味は，ある資産もしくは負債の増減が，それを諸勘定に認識できるほど十分に，確定的かつ客観的になったということ

である」として，従前の実現概念の拡大化が試みられている(28)。つぎにウィンダルは，かかる1957年会計原則の概念を踏襲し，これをさらに深化して，実現概念の基本的要素たる確定性と客観性の内容はそれぞれ不変性（Permanence）と測定可能性（Measurability）であることを明らかにし，かかる基本的要素を具現化した詳細な実現基準を収益，費用，資産，負債，および資本などのあらゆる項目ごとに設定している(29)。最後に第3の方向は，アメリカ公認会計士協会の企業会計原則試案にみられる(30)。そこでは，従前の実現主義の概念は「利益は，単に販売の時点だけではなくて，企業活動の全過程に起因するものである」として(31)，その妥当性に疑問が提起され，貨幣価値の変動時におけるその欠陥が指摘されて(32)，「収益は，財貨および用役の創造ならびに処分に必要な主たる経済活動の成果が客観的に測定可能な限り，その経済活動が達成された期間と結びつけられるべきである」として(33)，発生主義の採用が提唱されている。

　かように，従前の実現主義の概念を再検討せんとするとき，そこには3つの方向がみられる。かかる方向のいずれによるべきか，その当否は別として，いずれの方向が採られるにせよ，従前の実現主義の概念を再検討せんとする意図は，貨幣価値の変動の下における収益の計算にあたって，いわゆる保有利得および損失をどのように処理すべきかという点に向けられているといえよう。そしてまた，この点の究明こそ本章の目的に適うわけでもある。そこで，前掲の各所論について，この点を少し詳細にみてみよう。

　まず，実現概念小委員会の所論についてみよう。そこでは，まず初めに保有利得および損失を「一定期間にわたって保有される資産および負債の価値について，当該期間中に生じた変動額である」と定義し(34)，かかる変動額の把握の前提としてこれを可能ならしめる資料の存在を要求し，そしてこの保有利得および損失を，（1）会計上認識すべきか否か，（2）いかに測定すべきか，および（3）純利益の算定に算入すべきか否か，という3つの問題に重点をおいて検討するとしている(35)。このうちまず第1の点については，委員会は全員一致でこれを肯定し，勧告している。すなわち，保有利得および損失を認識す

れば，（1）費用を現在の原価基準（current cost basis）で表示すること，（2）価格変動による利得及び損失は，資産の販売時ではなく，価値の変動の生じた期間に認識されること，および（3）貸借対照表においては，資産はその現在の経済的価値（current economic significance）を表すような額で評価されること，の3つの目的が達成される。そしてこの結果，（1）営業活動から稼得した利益と保有利得および損失とを分離表示することによって，将来の利益についての有効な予測が容易となり，また（2）貸借対照表に現在の原価による評価額を表示することによって，経営者が管理責任をもつ資源の経済的に適切な数量の測定が可能になるとともに，期間利益率の算定にあたっても有意義な結果が得られることになるとしている[36]。

ついで，第2の保有利得および損失の測定の問題については，棚卸資産には取替原価による評価基準（replacement-cost valuation）を，また長期資産には現在原価による評価基準（current cost valuation）を採用するよう勧告している[37]。

最後に，第3の保有利得および損失の損益計算への算入の問題については，その財務諸表への表示問題と関連して，一部の委員を除いて委員会の大多数は，実現した保有利得だけを報告純利益に算入し，営業上の利益と実現した保有利得および損失を分離表示し，この両者の合計を純利益として示す損益計算書の形式を推奨している。また，ここで表示されている純利益に，未実現の保有利得の増加分または未実現の保有損失の減少分（未実現の保有損失の増加分または未実現の保有利得の減少分が控除される）が加算されて，純利益プラス保有利得および損失と名づけられる額が得られるとする。そしてこの場合，営業上の利益は，収益取引と現在原価基準によって表された費用との差額であり，また実現した保有利得および損失は，保有利得および損失のうち顧客への販売または当期費用への賦課によって決着した，当期またはそれ以前の期に認識された部分であるとしている[38]。

かように，実現概念小委員会の所論においては，保有利得および損失について，これを会計上認識し，その額を測定せんとしている点では，従前の実現主義の概念の拡大化を意図している徴候もみうけられるが，これを損益計算に算

第9章　貨幣価値の変動と利益の把握　145

入すべきか否かという点になると，山桝教授も「収益とカレント・コストとの差額を営業利益，カレント・コストとヒストリカル・コストとの差額を実現保有利得と名づけることによって，年度純利益の分別を図るというだけのことであれば，それ自体としては単なる区分表示上の改善の試みにとどまるものとも言えるわけであり，あながち伝統的な利益概念それ自体の変革を意味するほどに，重大な提案であるとまでは看做しがたい」と述べられ[39]，また若杉教授や加藤教授も指摘されているように[40]，従前の実現主義の概念を固執しており，そこには新しい利益概念の展開も試みられていないようにみうけられる。

つぎに1957年会計原則における主張についてみれば，そこでは，資産の測定について，貨幣的資産は割引原価で，非貨幣的資産は取得原価で表示すべきことを要求しているため[41]，保有利得および損失の計上問題が生ずる余地はなく，またこれを認識しようという意図もまだみられなかったが，それ以後においてかかる問題を認識すべき基礎が作られたとだけはいえよう[42]。したがって，そこではどのような利益概念が考えられていたのか必ずしも明らかではない[43]。この点，ウィンダルも同様である。

最後に，企業会計原則試案で述べられている所論についてみれば，そこでは，「財貨および用役の取得に起因し，かつその利用以前において生じた金額」として[44]，保有利得および損失なる呼称を使用していないけれども，すでに指摘した如く原則として発生主義によるべきことを提唱しているため，これの計上を強力に主張しているものといえよう[45]。そしてこの結果，利益概念は，当然いわゆる経済的利益概念[46]を意味しているものと考えられる。

以上において，貨幣価値の変動を無視するとなす前提に疑問を生ずるとき，従前の利益概念はどのように変化し，いかなる内容の利益が把握せられるべきかについて，期間損益計算構造面から接近する第一段階として，期間損益計算のプラス要素の計算たる収益計算と貨幣価値の変動との関係を，実現主義概念の発展に即して，特にいわゆる保有利得および損失の計上問題を中心としてみてきた。そしてかかる考察の結果，収益の計算においては，収益は，貨幣価値の変動をも考慮せよとの要請に基づいて，実現主義から次第に発生主義に基づ

いて計上されるようになってきている事実を知ることができた。またかかる収益計上基準の変化に応じて，利益概念にも新しい変化がみられつつあることを明らかにした。

そこでつぎに，かような利益概念の変化を，期間損益計算のもう1つの側面であるマイナス要素の計算，すなわち費用計算との関連において明らかにしてみることとする。

4 費用の計算と貨幣価値の変動
―――取得原価主義の修正と時価主義の抬頭―――

今日，企業会計においては，費用を取得原価主義に基づいて計算することが，一般に広く認められた慣行となっている。周知のように，取得原価主義とは，一方において，損益計算にあたって費用の計算を，原初に投下された貨幣額，すなわち歴史的原価たる取得原価に基づいて行うとともに，他方，貸借対照表においては資産をかかる取得原価で表示し，これを次期以降へ繰越さんとするものである。そしてその目的とするところは，前述の実現主義の概念と結合して，評価益やその他の未実現利益の計上を抑制し，時価主義的思考の介入する余地を排除し，企業会計の生命たる経済計算の客観性と検証可能性を保証する点にある。

ところで，かかる取得原価主義が企業会計においてこれまでに重要な地位を与えられてきた根拠は多々あろう[47]。が，そのなかでもつぎの点は，最も強力な根拠とみなされている。すなわち，企業会計においては，原価は価値の指標としてそこにおける計算目的の遂行にきわめて重要な機能を果していたということである。元来企業会計は，企業における価値増殖過程を統一的，計数的に把握する計算体系であるため，そこでは計算を後づけていく手段として価値に関する資料を必要とするが，少なくとも取得時においては価値は原価と一致している結果[48]，原価は価値の信頼しうる客観的な測定尺度として重要であるからである[49]。かように企業会計においては，原価は価値の指標とみなさ

れているが，これによって企業会計上，別段不合理な結果を生ぜしめるにいたっていない。それは，貨幣価値の変動はこれを無視するとなす前提が設定せられているからである。かかる前提の下では，原価はつねに価値の指標として機能しているのである。しかるに，企業のおかれている現状をみたとき，かかる前提が現実から全く遊離してしまっているために，「この状態（原価は価値の指標であるという状態——引用者注）が存在しなくなっても原価は評価の慣習的な尺度として用いられる」ところから[50]，企業会計上2つの重大な問題が生起してきたのである。すなわち，1つは，資産の本質をめぐる問題であり，もう1つは，測定，評価をめぐる基準選択の問題である。かような問題のうち，前者は，「費用性」説から「用役潜在性」説への発展によって一応の解決をみているが，後者は，原価から離脱すべきか否かをめぐっていまだ解決をみていない。

そこで，後者の問題をこれからとりあげるわけであるが，およそ，貨幣価値の変動を無視するとなす前提が失われたとき，かかる前提の上に立脚している取得原価主義の妥当性の吟味を試みる場合，そこには3つの方向がみられる。すなわち第1は，取得原価を一般物価指数で修正する，いわゆる修正原価主義を提唱せんとするものである。第2は，取得原価主義を排除して，時価主義[51]の採用を主張せんとするものである。そして第3は，過去，現在，または将来の交換価格の三者のうちから適宜選択適用すべしとするものである。

これらのうち，第1の方向は，アメリカ公認会計士協会の会計調査研究叢書第6号[52]，片野教授[53]，または高松教授[54]などの所論にみられる。これらの所論においては，取得原価と修正原価とのいわゆる二者協調による測定，表示が共通的に主張せられ，一部の論者を除いて，貨幣価値の変動は単に表示上の問題として考察せられているため，そこではこれまでの取得原価主義に基づいた費用の計算，したがってまたかかる基準に基づいた利益概念が保持される結果となっている。ついで，第2の方向は，アメリカ会計学会の概念および基準委員会の長期資産部会と棚卸資産測定部会による1957年会計原則に対するサプリメタリー・スティトメント第1号[55]と第2号[56]に，その代表的主張がみられる。すなわち，まず第1号においては，投資者の意思決定に必要な経営成績

と財政状態に関する有効な情報を提供せんがためには，長期資産について，可能なかぎり現在原価（current cost）によって測定，表示すべきことを勧告している[57]。また第2号においては，第1号と同じ意図に基づいて，棚卸資産の測定基準としての歴史的原価，取替原価（replacement cost），および正味実現可能価値の三者について吟味し，棚卸資産については取替原価によって測定，表示すべきことを提案している[58]。最後に第3の方向は，アメリカ公認会計士協会の企業会計原則試案の所説にみられる[59]。そこでは，資産の測定基準として，各資産の性質により，過去の交換価格（たとえば取得原価），現在の交換価格（たとえば取替原価），および将来の交換価格（たとえば正味実現可能価値）の三者のうちから，それぞれのもつ将来の効益の測定に最も適したものが採用されるべきであるとしている[60]。

かように，資産の測定基準たる取得原価主義について貨幣価値の変動の下における妥当性を吟味しようと試みるとき，そこには3つの方向がみられるが，これらの各方向の当否は別としても，そこで共通的に中心課題として究明せんとされている点は，期間損益計算の面についてみれば，費用をいかなる基準に基づいて計算すべきかということであり，また貸借対照表の面についてみれば，ここへ計上する資産をいかなる基準で評価すべきかということであり，さらにまた選択した基準によっては保有利得および損失の生ずる事態も起りうるが，その場合これをいかに処理すべきかということである。しかして，これらの諸点についての考察は，今日の企業会計においてきわめて重要であるし，また本章の貨幣価値の変動と利益概念との関係を明らかにせんとする目的のためにも要求せられるところでもある。そこで，つぎに前掲の各所論についてこれらの点を若干詳細にみることにしよう。

まず第1の修正原価主義を主張している各所論については，すでに述べたように貨幣価値の変動から生ずる問題を財務諸表における表示問題として検討せんとしているため，そこでは取得原価と一般物価指数で修正した原価との二本建を原則としており，したがって費用は取得原価主義に基づいて計算し，また資産も同じ基準で評価している。それ故，保有利得および損失の計上問題も生

じないし，また費用時価評価の問題も生じない。そこではこれまでと全く同じ利益概念が採られているわけである。

つぎに第2の各所論についてみてみよう。まずサプリメンタリー・スティトメント第1号では，つぎの如く述べている。

報告されるべき当期の損益（期間純損益総額）は，「期中に株式資本取引が発生しない場合，期首の株主持分額を減少させることなく，企業外に分配しうる最高額」である[61]。それは，（1）通常の営業活動の成果（正常営業損益），（2）災害損失および資産の新発見，ならびに（3）保有利得および損失，の3つに区分される[62]。このうち正常営業損益は，当期収益に現在原価に基づいて算定した減価償却費を含む当期の原価費消額を対応させることによって測定されるが[63]，これは，経営者の能力の評価尺度として，投資者の意思決定目的にきわめて重要な意義をもっている[64]。これに対し，「保有利得および損失は，（1）工業技術や需要条件の変化を反映する特定物価の変動，および（2）一般物価水準の変動から生ずる」ものである[65]。これは，「（1）資産の新取替原価マイナス期首減価償却引当金累計額（両者とも期首における取替条件によって測定される）と（2）資産の新取替原価マイナス期首減価償却引当累計額（両者とも期末における取替条件によって測定される）との差額として測定される」[66]。またこれは，その処分により企業の営業能力に影響を与えるため，正常営業損益の測定には算入されない[67]。しかし，客観的に決定しうる保有利得および損失を認識するときには，「（1）貸借対照表の評価および減価償却費の測定のために現在原価基準（current basis）を提供すること，ならびに（2）価値変動を，それが実際に起る期に適切に認識すること」の2つの目的が達成されるため[68]，将来の損益の予測手段となる当期損益の測定と表示が改善されることになる[69]。第2号は以上の如く述べている。

ついで，サプリメンタリー・スティトメント第2号では棚卸資産の測定問題をめぐってつぎの如く述べている。

1957年会計原則における仮定と定義の1つである，理想的には，売上原価の測定は，（1）当期中に顧客に提供された製品および用役の原価を現在原価で

報告すること, (2) 期末の棚卸資産在高の原価を現在原価で報告すること, ならびに (3) 価格変動から生ずる利得および損失を明示すること, の3つの関連目的を達成しなければならないという点の確認から出発し, かかる目的の達成のためには棚卸資産の測定基準として, 歴史的原価, 取替原価, および正味実現可能価値のうちのいずれを選択すべきかという点をめぐって, これら三者に検討が加えられる[70]。まず歴史的原価については, 在庫品の個々の価格が比較的に安定している場合, その回転が速い場合, 価格変動による利得および損失の総額が僅少の場合, または価格変動による利得および損失を客観的に測定できない場合にのみ, 財政状態および経営成績の測定, 表示にとって有意義であって, これらの場合以外は, 歴史的原価による棚卸資産の測定は大きな欠陥をもつとする[71]。つぎに取替原価については, これを用いれば, 投資者の意思決定目的にとってより良い情報が提供されるとする。すなわち, 取替原価の利用により, 棚卸資産についての計画設計と統制の巧拙から生ずる保有利得および損失と売買取引から生ずる損益とが分離して測定, 表示されるために, 企業の現在の業績と将来の予測が可能になるとする。かかる点で, 棚卸資産測定部会の大多数の委員は, 棚卸資産の測定基準としては, 取替原価が最上の基準であるとしている[72]。そして, 取替原価を用いた結果生ずる保有利得および損失の計上については, 当部会の委員の半数は, 取替原価はこれまでに低価主義の実務において充分に確定的かつ客観的とみなされてきたのであるから, 価格上昇の場合にこれを適用して生ずる保有利得および損失も同様に計上すべきであるとし, もしそうしなければ, 正確な期間的費用, 収益の対応は不可能であると主張する。他方, 残りの半数は, 伝統的な実現主義が一般に収益の計上にあたっての実践的基準であるとして, 保有利得および損失は, 当該財貨が販売されるまでは未実現とみなければならないとする[73]。最後に, 正味実現可能価値については, それが一般的に実践性がなく, またその測定に主観的な要素が多分に介入するために, これを一般的に使用することは望ましくないとする[74]。かくして, 第2号においては, 利用可能な棚卸資産測定基準のなかで, 取替原価が最も好ましく, 歴史的原価は, これを補足するものとして, 取

替原価とともに測定,表示されてこそ初めて意義があると主張する。

ここにみられるように,第1号,第2号ともに,資産の測定基準は取替原価によるべきことを主張し,その適用の結果生ずる保有利得および損失を計上すべきことを推奨している点では,従来の取得原価主義による測定を原則とする会計理論に較べて大きな前進がみられる。しかし,かかる保有利得および損失を実現したものとして処理すべきか否かという点になると,両者ともにかなりの後退を示している。すなわち,第1号についてみれば,保有利得および損失を期間損益の総額に含めて表示すべしとしている点では,従来の利益概念からの進歩がみられるが,これを,従前からの実現主義概念の主たる属性である分配可能性または処分可能性という根拠に基づいて,企業会計の主要な計算目的たる経営成果利益に相当する正常営業損益に含めていない点では,従来の利益概念と全く同じであり,何ら注目すべき点はみあたらない。このことは,かかる保有利得および損失を実現したものとみなすべきか否かについて肯定論と否定論が,相半ばして結論を出してはいないが,第2号についても同様にいえることである。

最後に,第3の方向を示している企業会計原則試案についてみれば,つぎの如くである,すなわち,損益計算は,経営成績に関するより良い情報の提供を目的として,(a) 貨幣価値の変動に起因する額,(b) 保有によって生じた額,および (c) 販売によって生じた額,の3つに分類して測定,表示すべき必要があるが[75],かかる要請を充足するために,各資産の性質により,過去,現在,および将来の交換価格のなかからいずれかが選択されねばならないとする。この場合,過去の交換価格が採られるときには,評価を受ける資産について利得および損失がみとめられるとしても,その資産が処分されるまでは,それは認識されない。また将来の交換価格が採られるときには,利得および損失は,評価を受ける資産についてすでに認識されてしまっているので,例外を除きこれが生ずることはない。これに対し,現在の交換価格を用いるときには,評価を受ける資産についての利得および損失は,取得時から使用その他の処分時までの段階においてその一部が認識され,その処分の際に残りの部分が認識され

る。この場合，前者の部分が保有利得および損失と呼ばれるわけである[76]。したがって，資産の測定基準として現在の交換価格を採ったときには，一方において費用は時価で計上されるとともに，他方資産の評価と関連して保有利得および損失が収益として計上されることになる。この点で，前述した収益の計算における発生主義の全面的な採用と結びついて，新しい利益概念を形成せしめるにいたっているのである。すなわち，企業会計原則試案においては，従来の実現主義の概念は，企業活動の正しい結果を示すものではないとして，これを放棄し，発生主義を収益認識の第一原則とし，これと客観性の要請とを支柱として過去，現在，および将来の交換価格を測定基準とすることによって，取得原価主義からの離脱を積極的に推進し，その結果としての新しい利益概念を提唱しているのである[77]。

　以上において，貨幣価値の変動の下における利益概念を期間損益計算構造の面から究明せんがために，期間損益のマイナス要素の計算たる費用計算について，特に測定基準たる取得原価主義の変化を中心としてみてきた。そしてかかる考察の結果，費用の計算において，測定基準は，取得原価主義から一般物価指数によって修正された修正原価主義を経て時価主義的思考へと発展しつつある傾向を知ることができた。また，かかる測定基準の発展に即応して費用概念にも変化がみられ，同時に利益概念にも進歩がみられ，それが，前述の収益の計上基準の変化とも関連をもっている点を明らかにすることができた。

5　む　す　び

　以上，貨幣価値の変動の下における利益概念を期間損益計算構造の面から明らかにするために，期間損益計算の構成要素たる収益計算と費用計算との2つの側面から接近を試みた。その結果，収益の計算においては，収益の計上基準が実現主義から実現主義の拡大化を経て発生主義の是認へと発展しつつあること，他方費用の計算においては，測定基準が取得原価主義から修正原価主義を経て時価主義的思考へと変化しつつあること，およびかかる両計算の発展と呼

応して，利益概念にも発展がみられつつあることを明らかにしえたのである。

そしてそこで得られた結論は，貨幣価値の変動を無視するとなす前提が失われたとき，従来の期間損益計算の構造を変革して，貨幣価値の変動による影響をも考慮に入れ，新しい利益概念の内容または利益の把握を明らかにせんとする意図は，一方の収益計算において保有利得および損失を（さらには貨幣資産項目についての購買力損益をも）算入すべきか否か，また他方の費用計算において費用を時価で計上すべきか否か，という2つの問題の究明にあるということである。しかして，これらの問題の検討が必要とせられているわけであるが，なかでも特に前者の問題は，後者の問題とも密接に関連を有しているため，すでにみてきたようにこれの解決をめぐってこれまでに多くの研究が進められてきているし，また本章でもこれに重点をおいて論じてきたのである。そこでこの問題について若干の私見を述べておきたい。

端的にいって，保有利得および損失も通常の販売活動による営業上の利益と同様，実現・未実現の区別なく，これを全て，これまでしばしば主張してきた経営成果利益の算定に含めるべきであると考える。いいかえれば，経営成果利益の一要素として，期間損益計算に算入すべきであるということである。その理由をつぎに示そう。

保有利得および損失なるものは，いわゆる貨幣資産項目を除いて（これまでの議論ではそうであった），貨幣価値の変動によって生起するものではなくして，価格変動によって生起してくるものである。いうまでもなく，貨幣価値の変動と価格変動とは全く別個の現象である。したがって，期間損益計算においてもこれらを区別して考慮する必要がある[78]。しかして，価格変動という事実の存在は，市場経済が正常に機能していることを立証するものである[79]。市場経済の将来の変動を予測して収益の稼得のために合目的な行動を選択することは，経営者の経営管理責任の重要な一部であるとともに，かかる行動の決定いかんは経営者の能力または業績の有効な評価尺度の1つを提供するものであるため[80]，また，「一般価格水準が安定している場合の個別的な価格変動は，通常，営業利益決定に当ってその要素をなすものと考えられ」，「事実，か

かる変動を見越して行う投機は一種の企業活動として認められている」ため[81]，さらにまた，かかる価格変動を経営者の統制しえない経営外の要因として期間損益計算の対象外となしえても，結局かかる価格変動の予測の失敗から生じた損失はこれを何人も補償してくれないため，今日の企業会計においては，かかる価格変動は，損益を生ぜしめる一要素と考えられているからである[82]。いいかえれば，いわゆる貨幣資産項目の場合を除いて，貨幣価値の変動からは損益は生じないからである。付言すれば，逆に貨幣価値の変動について修正計算を行ってこそ，かような価格変動が明らかになるといえるのである[83]。

　かくして，期間損益計算の増加要素たる収益の計算において，価格変動から生ずる保有利得および損失を算入することにより，企業会計の目的たる投資者の意思決定に必要な，真の経営成果利益たる利益概念が求められることになる。但し，前掲の実現概念小委員会の主張しているように，財務諸表においてこれを営業上の利益と保有利得および損失とに区分表示すること自体は，これを否定するものではない。むしろ，表示上の問題としては，かように区分表示したほうが，明瞭表示という表示目的の要請を充たしているものといえよう。また，保有利得および損失を，実現部分と未実現部分とに区分することは，表示上においては，明瞭表示目的の要請に即応するものであるから妥当と考えられるが，経営成果利益の算定を目的とする期間損益計算においては，かくの如く区別して，これに含めるか否かを決定する必要はないとみられる。それは，経営成果利益の算定という企業会計の主要目的から外れた，たとえば分配可能性などの如き別の要請から必要とせられるものであるからである。したがって，かかる区分の重要性を無視するわけではないが，これは，別途に考慮すべき問題であると考える。

　当面の重要問題たる保有利得および損失の処理についてかように理解するわけであるが，この問題にかぎらず，貨幣価値の変動をめぐって生起してくる問題を期間損益計算構造との関連において検討を加えようとするときには，つねにつぎの点を忘れてはならない。すなわち，それは，企業会計の主要目的を奈

辺に求め，かかる目的達成のためにはいかなる利益を算定し，またこの算定を可能にするにはいかなる期間損益の計算構造が考えられなければならないかという基本的理解に基づいて議論を進めなければならないということである。

しかして，かかる理解に立脚するならば，つぎのように結論を下すことができよう。すなわち，これまで繰り返し強調してきた如く，企業会計は本質的に目的に対す手段たる性格を有するため，投資者の意思決定に必要な情報の提供という企業会計目的の達成を求めて，かかる目的達成を志向して形成せられている期間損益計算の構造は，企業会計の種々なる外的制約条件の進歩発展に即応してますます進化をとげていくであろうということである。

注

（1） 新井清光著「資本会計論」14頁。
（2） 会計学を社会科学として明確に認識すべきであると主張しているものとしては，新井清光著，前掲書，3～7頁，R. K. Mautz, "Accounting as a Social Science", *The Accounting Review,* Apr. 1963, pp. 317-325, および合崎堅二稿「会計学の社会科学的志向と経済会計」『企業会計』第16巻第3号，17～23頁などを参照されたいが，なかでも，新井教授の前掲書は，会計学を資本会計という一領域を通じて社会科学的立場から究明せんとした意欲的著書として注目される。
（3） A. C. Littleton, *Structure of Accounting Theory,* 1953, p. 18（大塚俊郎訳「会計理論の構造」26頁）。
（4） *Ibid.,* pp. 18-35（同 上，26～52頁）。
（5） G. E. Philips, "The Accretion Concept of Income", *The Accounting Review,* Jan. 1963, p. 14.
（6） たとえば，アメリカ会計学会の1957年会計原則などを参照されたい。
（7） Cf. AAA, 1964 Concepts and Standards Research Study Committee——The Business Entity Concept, "The Entity Concept", *The Accounting Review,* Apr. 1965, p. 358.
（8） 佐藤孝一著「新会計学」65頁。なお，いわゆる会計公準なるものの意義内容については，同書，63～82頁において詳論されているので参照されたい。
（9） たとえば，公準，前提，または基礎概念などについて所論を述べているものとしては，つぎのようなものが代表的である。
　　　S. Gilman, *Accounting Concepts of Profit,* 1939, pp. 25-26.

G. O. May, *Financial Accounting,* 1943, pp. 46-50.

AAA, Accounting and Reporting Standards for Corporate Financial Statements ——1957 Revision—— (in *Accounting and Reporting Standards for Corporate Financial Statements and Preceding Statements and Supplements,* by AAA, pp. 2-3)（丹波康太郎・染谷恭次郎共訳「会社財務諸表に関する会計および報告基準——1957年改訂版——」『産業経理』第17巻第11号，32〜33頁).

M. Moonitz, *The Basic Postulates of Accounting,* 1961, pp. 21-50（佐藤孝一・新井清光共訳「会計公準と会計原則」56〜91頁).

佐藤孝一著，前掲書，72〜82頁。

黒澤清著「近代会計学〈新版〉」10〜63頁。

(10)　Cf. Report of Study Group on Business Income of AICPAs, *Changing Concepts of Business Income,* 1952, p. 20（渡辺進・上村久雄共訳「企業所得の研究」37頁).

(11)　「貨幣価値一定の公準」については，佐藤孝一著，前掲書，79〜80頁を参照されたい。

(12)　寡占における管理価格の下方硬直性と労働供給の独占によるコスト・プッシュ・インフレーションを主要原因とする，クリーピング・インフレーションは，近年，世界の各国に共通的にみられる現象である。したがって，貨幣価値の傾斜的下落の傾向は，絶対に無視することのできない事実である。

(13)　T. H. Sanders, H. R. Hatfield, and U. Moore, *A Statement of Accounting Principles,* 1938, p. 1.

(14)　新井清光著，前掲書，31頁。

(15)　A. C. Littleton, *op. cit.,* pp. 18-35（大塚俊郎訳，前掲書，26〜52頁).

(16)　たとえば，宇南山英夫稿「新しい利益概念の探求（その1）」『実務会計』第1巻第2号，13〜18頁参照。

(17)　A. C. Littleton, *op. cit.,* p. 22（大塚俊郎訳，前掲書，32頁).

(18)　阪本安一稿「収益認識の諸基準とその問題」（山下勝治編「損益計算論」（体系近代会計学第2巻）所収，94頁)。

(19)　Cf. F. W. Windal, *The Accounting Concept of Realization,* 1961, p. 4, and p. 42ff.

(20)　企業会計原則の損益計算書原則，一のA，三のB，および三のF参照。

(21)　Report of Study Group on Business Income of AICPAs, *op. cit.,* pp. 46-47（渡辺進・上村久雄共訳，前掲書，80頁).

(22)　阪本安一稿，前掲論文，94頁。

(23)　同　上，95頁。

(24)　若杉明稿「新しい会計理論の探求」『企業会計』第18巻第5号，85頁。

(25)　AAA, 1964 Concepts and Standards Research Study Committee——The Realization Concept, "The Realization Concept", *The Accounting Review,* Apr. 1965, pp. 312-322.

(26)　*Ibid.,* pp. 314-322.

なお,本章ではこの報告書の検討を目的とするものではないのでこれを行わないが,つぎの論文などでその詳細な紹介と論評が試みられているのでかような点については参照されたい。

宇南山英夫稿「実現概念について」『産業経理』第25巻第 7 号。
中島省吾稿「実現概念の発展」『企業会計』第17巻第 8 号。
加藤盛弘稿「営業取引における収益実現」『企業会計』第17巻第 8 号。
若杉明稿「保有利得および損失について」『企業会計』第17巻第 8 号。
浅羽二郎稿「実現概念の変化とその視点」『企業会計』第17巻第 8 号。
植野郁太稿「AAAの『実現概念』」『実務会計』第 1 巻第 9 号。
山桝忠恕稿「実現概念に関するリポートについて」『実務会計』第 1 巻第 9 号。

(27) AAA, *op.cit.*, p. 3.（丹波康太郎・染谷恭次郎共訳, 前掲稿, 33頁）, and F. W. Windal, *op. cit.*

(28) AAA, *op. cit.*, p. 3.

(29) F. W. Windal, *op. cit.*, ch. 4, ch. 5, and ch. 6.
なお, ウィンダルの所論については, つぎの論文などで詳論されているので参照されたい。
若杉明稿「実現概念の展開」（福島大学経済学会『商業論集』第32巻第 1 号, 56～105頁）。

(30) R. T. Sprouse and M. Moonitz, *A Tentative Set of Broad Accounting Principles for Business Enterprises*, 1962, ch. 2, ch. 4, and ch. 6（佐藤孝一・新井清光共訳, 前掲書,「企業会計原則試案」第 2 章, 第 4 章, および第 6 章）。

(31) *Ibid.*, p. 10（同 上, 123頁）。

(32) *Ibid.*, pp. 15-17（同 上, 129～132頁）。

(33) *Ibid.*, p. 47（同 上, 168頁）。
なお, AICPAの企業会計原則試案における利益の認識・測定については, つぎの論文などで詳論されているので参照されたい。
新井清光稿「AICPA・企業会計原則試案における利益の認識と資産原則」『企業会計』第14巻第10号。
新井清光稿「収益の計上と発生主義及び実現主義」『実務会計』第 1 巻第 1 号。

(34) AAA, 1964 Concepts and Standards Research Study Committee——The Realization Concept, *op. cit.*, p. 318.

(35) *Ibid.*, pp. 318–319.

(36) *Ibid.*, pp. 319–320.

(37) *Ibid.*, pp. 320–321.

(38) *Ibid.*, pp. 321–322.

(39) 山桝忠恕稿, 前掲論文, 88頁。

(40) 若杉明稿, 前掲論文『企業会計』第17巻第 8 号, 77頁。

加藤盛弘稿,前掲論文, 69～70頁。
(41) AAA, *op. cit.*, pp. 4-5（丹波康太郎・染谷恭次郎共訳,前掲稿, 34～35頁）.
(42) 若杉明稿,前掲論文『企業会計』第17巻第8号, 73-74頁, および78頁。
(43) 中島省吾稿,前掲論文, 61～62頁参照。
(44) R. T. Sprouse and M. Moonitz, *op. cit.*, p. 17（佐藤孝一・新井清光共訳,前掲書, 131頁）.
(45) 若杉明稿,前掲論文『企業会計』第17巻第8号, 74頁および78頁。
(46) Cf. E. B. Wilcox, "Fluctuating Price Levels in Relation to Accounts", (in *Handbook of Modern Accounting Theory*, ed. by M. Backer, 1955, pp. 263-264)（染谷恭次郎訳「近代会計Ⅲ」170～172頁）, and G. E. Philips, *op. cit.*, pp. 16-19.
(47) このような根拠については,たとえば,新井清光稿「期間損益計算と貨幣価値の変動」（青木茂男編「近代会計報告論」所収, 33～34頁）,および第6章第3節などを参照されたい。
(48) Cf. W. A. Paton and A. C. Littleton, *An Introduction to Corporate Accounting Standards*, 1940, p. 122ff.（中島省吾訳,「会社会計基準序説〈改訳版〉」204頁）, W. A. Paton,"Cost and Value in Accounting", *The Journal of Accountancy*, Mar. 1946, p. 193, and G. O. May, *op. cit.*, p. 87（木村重義訳「財務会計」101頁）.
(49) Cf. W. A. Paton,"Accounting Procedures and Private Enterprise", (in *Significant Accounting Essays*, ed. by M. Moonitz and A.C. Littleton, 1965, p. 195, and C. H. Stanley, "Cost-Basis Valuations in Transactions Between Entities", *The Accounting Review*, Jul. 1964, p. 640.
(50) G. O. May, *op. cit.*, p. 87（木村重義訳,前掲書, 101頁）.
(51) 時価主義で採られる時価の内容は,論者によって異なる。たとえば,取替原価を主張する者もあれば,また取得原価を個別物価指数で修正したものを主張する者もあるといった如くである。しかし,一般的には,時価といった場合,それは取替原価を意味することが多い。
(52) The Staff of the Accounting Research Division of the AICPAs, *Reporting the Financial Effects of Price-Level Changes*, 1963.
(53) 片野一郎著「貨幣価値変動会計」第9章など。
(54) 高松和男稿「物価変動会計の論理と方法」『企業会計』第13巻第13号など。
(55) AAA, Committee on Concepts and Standards――Long-Lived Assets, "Accounting for Land, Buildings, and Equipment", *The Accounting Review*, Jul. 1964.
(56) AAA, Committee on Concepts and Standards――Inventory Measurement, "A Discussion of Various Approaches to Inventory Measurement", *The Accounting Review*, Jul. 1964.
(57) AAA, Committee on Concepts and Standards――Long-Lived Assets, *op. cit.*, pp. 693-699.

第9章　貨幣価値の変動と利益の把握　159

　　なお，このサプリメンタリー・スティトメント第1号については，つぎの論文などで詳細な紹介と論評が行われているので参照されたい。
　　阪本安一稿「土地・建物・設備の会計についてのAAA補足意見書を評す」『実務会計』第1巻第3号。
　　飯野利夫稿「長期使用資産の会計」『実務会計』第1巻第3号。
(58) AAA, Committee on Concepts and Standards——Inventory Measurement, *op. cit.,* pp. 700-714.
　　なお，このサプリメンタリー・スティトメント第2号については，つぎの論文などで詳細な紹介と論評が行われているので参照されたい。
　　新井清光稿，前掲論文『実務会計』第1巻第1号，61〜62頁。
　　高橋芳蔵稿「棚卸資産に関する取替原価の主張について」『実務会計』第1巻第3号。
　　新井益太郎稿「棚卸資産評価の視点」『実務会計』第1巻第3号。
(59) R. T. Sprouse and M. Moonitz, *op. cit.,* ch. 4 （佐藤孝一・新井清光共訳，前掲書，企業会計原則試案），第4章）．
(60) *Ibid.,* pp. 23-36, and pp. 55-58 （同　上，138〜155頁，および179〜182頁）．
　　なお，これらの点については，つぎの論文などで詳細な紹介と論評が行われているので参照されたい。
　　新井清光稿，前掲論文『企業会計』第14巻第10号。
(61) AAA, Committee on Concepts and Standards——Long-Lived Assets, *op. cit.,* pp. 697.
(62)・(63)　*Ibid.,* p. 693.
(64)　*Ibid.,* p. 696.
(65)・(66)・(67)　*Ibid.,* p. 697.
(68)　*Ibid.,* pp. 697-698.
(69)　*Ibid.,* pp. 693-694.
(70) AAA, Committee on Concepts and Standards——Inventory Measurement, *op. cit.,* pp. 700-702.
(71)　*Ibid.,* pp. 702-703.
(72)　*Ibid.,* pp. 705-706.
(73)　*Ibid.,* pp. 708-710.
(74)　*Ibid.,* pp. 706-708.
(75) R. T. Sprouse and M. Moonitz, *op. cit.,* p. 17 （佐藤孝一・新井清光共訳，前掲書，131頁）．
(76)　*Ibid.,* pp. 23-24. （同　上，138〜139頁）．
(77) 若杉明稿「会計目的の変遷と会計理論」『実務会計』第1巻第1号，69頁。
(78) Cf. S. A. Zeff, "Replacement Cost: Member of the Family, Welcome Gest, or

Intruder?", *The Accounting Review,* Oct. 1962, pp. 611-625, and E. S. Hendriksen, "Purchasing Power and Replacement Cost Concepts——Are They Related?", *The Accounting Review,* Jul. 1963, p. 483.

(79) The Staff of the Accounting Research Division of the AICPAs, *op. cit.,* pp. 4-8.
(80) A. C. Littleton, "What is Profit", *The Accounting Review,* Sep. 1928, p. 286.
(81) Report of Study Group on Business Income of AICPAs, *op. cit.,* p. 57（渡辺進・上村久雄共訳，前掲書，97頁），and cf. E. O. Edwards and P. W. Bell, *The Theory and Measurement of Business Income,* 1961, p. 36（伏見多美雄・藤森三男共訳編「意思決定と利潤計算」，28〜29頁）.
(82) The Staff of the Accounting Research Division of the AICPAs, *op. cit.,* p. 7.
(83) Cf. E. S. Hendriksen, *op. cit.,* p. 483.

第10章

貨幣価値の変動と実現概念の展開

1　問題の所在

　そもそも会計なるものは，社会からの一定の要請に基づき，これを満足させるが故をもって，その社会的存在を容認されているものである。したがって，その理論構築にあたっても，会計のかかる手段的性格から，一定の社会的要請の最も合理的な満足を志向して，それが行われているはずである。

　ところで，今日，社会から会計に対して向けられている要請にはいろいろあろう[1]。が，会計理論の構築にあたっては，そのなかでも特に，投資者達からの要請が最も主要なものとして一般に捕捉されている[2]。投資者は，まず第1には，企業に投下したその資金について，企業の維持運用の状況および運用の成果たる利潤からの分配分に関する情報を入手するために，そして第2には，投資に関する意思決定，つまり現在所有している株式を売却して投下資金の回収を計るべきか否か，それともさらに保有しつづけるべきか否か，あるいはまた，さらに買い増して資金を投下すべきか否か，かような点についての意思決定に必要な情報を入手するために，会計を要請しているのである[3]。かかる投資者からの要請をも含めて，会計に対する社会からの要請を，会計の側からみたとき，一般にこれを会計目的と呼ぶが，ここでは仮りに，前者の理由による要請を受託責任目的，後者のそれを意思決定目的と呼ぶことにしよう。

　会計は，主としてかような2つの目的に少なくともなんらかの形で応えてきたが故に，これまでその社会的存在を容認されてきたわけであるが，これまでの会計においては，社会的経済的環境が許容していたので，かかる2つの目的

1 問題の所在

のうち，制度的にその実施を強制されている前者の受託責任目的のための会計が，後者の意思決定目的のためにも充分な有用性をもっており，いかなる形にせよ，これら2つの目的を厳密に区別して会計を行う必要性はほとんどなかったのである。このため，これまでの会計理論の体系も必然的に，両目的を明確に認識することなく，単に受託責任目的のみの最も合理的な遂行を可能ならしめるような理論体系として構築されてきたわけである[4]。

しかるに，最近頓みに顕著になってきているクリーピング・インフレーションと呼ばれる物財価格の恒常的騰貴を伴う貨幣価値の非回帰的・傾斜的下落という事実に直面し[5]，これまでの受託責任目的会計の理論体系それ自体のなかに種々の不備欠陥が露呈するに従って，当然のことながら，かかる会計理論の体系をもってしては，いま1つの会計に対する重要な要請である意思決定目的にも，もはや充分に応えられなくなってきたのである。そこで，最近，これまでの会計理論の体系に，受託責任目的の視角からはもちろんのこと，意思決定目的の視角からも多くの再検討が加えられてきているわけである[6]。これから本章で取り上げようとする実現概念も，かような最近の会計理論研究の潮流にあって，これまでの受託責任目的会計の理論体系のもとにおける損益計算構造の再検討の一環として，多くの論者によって検討を加えられてきている問題の1つである。

そこで以下，本章では，まず，会計でいう実現なる概念のもつ本来の意義内容を把握する手がかりとして，伝統的実現概念[7]について明らかにし，ついで，貨幣価値の非回帰的・傾斜的下落という事実に直面して，それがどのように展開されていったかを，AAA1957年会計原則[8]，F. W. ウィンダル[9]，およびAAA1964年度概念および基準調査研究委員会・実現概念小委員会[10]におけるそれぞれの所論の検討を通じて明らかにし，最後に，実現という概念についての著者なりの理解を明らかにしてみたいと考える。

2　伝統的実現概念

　実現なる概念は，AAAから1957年会計原則[11]が公表される前までは，収益または利益の認識に特有の概念であるとする考えが，一応，定説的に固まっていたようである[12]。実現に関するかような考え方を，われわれは，すでに述べたように，一応，伝統的実現概念と呼ぶことにしたわけであるが，かかる実現概念を主張しているとみられる所論について二，三簡単にみてみるとつぎの如くである。

　まず，SHM会計原則書では，損益計算書原則のBで，財貨の販売または用役の提供によって実現した利益のみを損益計算書に計上すべきであって，未実現の利益は，直接，間接のいかんを問わずいかなる方法によっても計上すべきではないとしている[13]。また，ペイトン・リトルトンの「会社会計基準序説」では，「第4章　収益」のところで，収益というものは，企業の全営業過程を通じて稼得されるものではあるが，その金額に確実性と客観性が欠けるために，通常は，商製品が売渡され，現金またはその他の確実な資産に転換されたときに実現すると述べ[14]，その場合における実現のテストとして，「法的な販売または同様な過程による転換」と「流動資産の取得による確定」の2つをあげている[15]。また，AAAの1941年会計原則では，「基本的仮定」という節の「B収益」という項で，前述のペイトン・リトルトンの「会社会計基準序説」と同じような実現に関する考え方を述べている[16]。さらにまた，我国の「企業会計原則」では，損益計算書原則の，一のA，三のB，および三のFで，収益は実現主義の原則に従って計上し，未実現の収益は計上すべきでないと規定している。

　伝統的実現概念を述べている所論は，以上のほかにもまだ多数みられ，また，各所論で説いている実現の内容を詳細に検討してみると，異なる点も多々出てこようが，これらに共通的にみられる，いわば伝統的実現概念の特徴を抽出してみれば，つぎの点を指摘できよう。

まず第1には，実現という概念それ自体の定義を直接行わずに，収益または利益の定義の一部に実現という言葉を用いているという欠点はみられるが，いずれの場合においても，実現という概念を，商製品などの販売による収益または利益の認識のみに限定して用いていることである。

第2には，対価として入手すべき資産の内容について，現金もしくは現金等価物，流動資産もしくは流動性資産，または現金もしくはその他の確実な資産などと，若干の差異はみられるが，いずれの場合においても，なんらかの特定資産の取得を実現の要件にしていることである。

第3には，いずれの場合においても，未実現の収益または利益を損益計算から排除せんとしていることである。

そして第4には，前述の第2および第3の点と関連することであるが，いずれの場合においても，会計目的の重点を受託責任目的に置いて理論を展開せんとしているとみられるために，実現という概念は，取得原価主義と結びついて，いわゆる分配可能利益の算定に関係をもっているということである。

伝統的実現概念のもつ特徴点は以上の通りであるが，これまでの考察によってかかる実現概念の輪郭をある程度浮彫りにできたことと思う。ところで，論点はかわるが，実現なる概念は，いつ，いかなる意義内容をもって，会計思考の世界に登場してきたのであろうか。AIA（AICPAの前身）の企業所得研究委員会（Study Group on Business Income）によれば，実現なる概念は，少なくとも第1次世界大戦以前にはまったく認められておらず[17]，1920年のアイスナー対マコンバー事件（Eisner v. Macomber case）の判決[18]において，配当課税の問題と関連して利益の有する属性を明らかにするためにこれを取り上げたのが初めてで，そこでは，実現なる概念の核心的要件として，これを利益の計上に導入したときには，それに資本からの分離可能性，いいかえれば企業外部への分配可能性という属性を付与できるという点を強調していたのである[19]。したがって，実現なる概念の生成当初の意義内容に立ち返ってみれば，この概念のもつ本質として，これの導入による利益への分配可能性なる属性の付与という点を，われわれは決して忘れてはならないであろう。そして，かような実現概

念の当初の意義内容に照らしてみれば，伝統的実現概念が，前述の第2，第3，および第4の特徴点からみて，ほぼ本来の姿を保持しているものといえよう。

3 貨幣価値の変動と実現概念の展開

　伝統的実現概念は，前述したように，実現なる概念の生成当初の意義内容をほぼ全面的に踏襲しているものであるが，しかるに，最近，企業をとりまく社会的経済的諸環境の著しい変化，特にこれまでにはみられなかったクリーピング・インフレーションと呼ばれる，物財価格の恒常的騰貴を伴う貨幣価値の非回帰的・傾斜的下落という事実と関連して，それが，特に意思決定目的の視角からみて充分に機能しなくなってきているとみられるために，これまでの受託責任目的中心の会計理論の体系下における損益計算構造の再検討の一環として，その再検討が試みられつつあるわけである。ＡＡＡ1957年会計原則，F.W．ウィンダル，およびＡＡＡ1964年度概念および基準調査研究委員会・実現概念小委員会などにみられる実現概念に関する研究は，かような会計理論の研究動向にあって試みられた研究の代表的な成果であるが，これらのうち前二者は，再検討の結果，実現なる概念を拡大化せんとするものであり，また，最後のものは，これまで通り伝統的実現概念を墨守せんとするものである。つぎに，それぞれの説いているところを少しく詳細にみてゆくことにしよう。

　まず，ＡＡＡ1957年会計原則で説いているところをみると，そこでは，実現なる概念を基礎概念の1つに掲げ，「実現の本質的な意味は，資産または負債における変動が，会計記録上での認識計上を正当化するに足るだけの確定性と客観性とを備えるに至ったということである」と定義し[20]，その要件として確定性と客観性という2つの要素を重視することにより，実現を，これまでのように収益または利益の認識基準として限定することなく，資産または負債の変動を伴うあらゆる会計事象を認識するための，いわば会計的認識の一般的な基準にまで昇華せしめているといわれている[21]。確かに，この実現の定義部分だけをみれば，実現の内容が質的にも量的にも拡大されているとの印象を受

けるのであるが，しかしなんらかの形で実現なる概念に触れている具体的な個々の規定をみると，必ずしもそうはいえない。というのは，たとえば，「資産」という節の「測定」という項をみると，せっかく資産の本質を用役潜在性 (service potential) に求めながら[22]，従来からの取得原価主義を固執しカレント・コストによる測定を排斥しているし[23]，「利益の算定」という節の「収益」という項をみると，収益の認識は，伝統的実現概念に基づいて，原則としていわゆる販売基準に準拠して行うべきことが示されているし[24]，また，「表示の基準」という節の「表示の程度」という項をみると，投資者の意思決定に必要な会計資料は，それが重要なものである限り，すべて報告すべきであるとの前提に基づいて，資産または負債の変動についても，それが重要なものである限り，実現・未実現のいかんを問わずすべて報告すべきであるとしておりながら，損益計算にあたっては未実現の変動部分は算入してはならないとしている如く[25]，「基礎概念」の節でせっかく実現概念の拡大化を意図しておりながら，具体的な個々の規定になると，それが不徹底に終ってしまい，従前の伝統的実現概念の考え方とまったく同じになってしまっているからである。

かようなAAA1957年会計原則における実現概念に関する考え方の不徹底さは，この原則の不備を補足するという意図のもとに出された，後述するAAA1964年度概念および基準調査研究委員会・実現概念小委員会の追補勧告書にいたって，実現概念をめぐる論旨の混乱とさえなって再現されるのであるが，なぜこの原則の実現概念の考え方にこのような不徹底さがみられるのか，その原因を探ってみると，それはつぎのような点に求められよう。すなわち，この原則では，立論の出発にあたって措定すべき会計目的の重点を意思決定目的に置きながらも[26]，なお従来からの受託責任目的への考慮を捨て切れずに，これら両目的を同等に充足しようとしたところに根本原因があるといえる。というのは，前者の目的のためには，当該企業における経営活動の良否の判定と将来の趨勢の予測を可能ならしめるような，いわゆる経営成果利益の算定が，また，後者の目的のためには，当該企業が稼得した利益のなかから外部へ分配しうる，いわゆる分配可能利益の算定が，それぞれ必要となるが[27]，これら

第10章　貨幣価値の変動と実現概念の展開　167

のうち，前者の利益はいわゆる発生概念により，また，後者の利益は実現概念により，本来，それぞれまったく異なった認識概念によって求められるべきものなのに，唯一個の実現という認識概念によってこれらを求めようとしたからである。この原則でかように2つの会計目的を充たそうと意図している事実は，「利益の算定」という節のまえがき的部分において，利益として企業の純利益と株主の純利益とを明確に区別し，財務報告を行う場合，これらのうちのいずれについて行うのかを明示すべきことを強調している点からみても明らかであるが[28]，W. J. ヴァッターも，この原則に対する反対意見において，かように2つの利益概念を利益算定の対象とすることは混乱を招くと批判しているように[29]，ここにこそこの原則における実現概念をめぐる曖昧さの根源があるといえるのである。

　以上のようなAAA1957年会計原則の実現概念に関する考え方と同じ方向をとって，実現概念の拡大化を試みたいま1人の代表的な論者としてF. W. ウィンダルがいる。ウィンダルは，実現概念についてつぎのように述べている。

　すなわち，まず，ウィンダルは，前述のAAA1957年会計原則の実現概念に関する考え方を全面的に踏襲し，実現の要件としてそこで掲げている客観性と確定性という2つの基本的要素を，それぞれ測定可能性（measurability）と不変性（permanence）という要素に発展させ[30]，つづいて，かかる要素を具現化した詳細な実現基準を収益，費用，損失，資産，負債，および資本などの変動を伴うあらゆる会計事象ごとに設定し，これらの具体的な基準が充たされたときに，いいかえれば測定可能でかつ不変的になったときに，客観性と確定性の要件を備え，会計的認識を受けうるに足る充分な条件を具備するにいたった，つまり実現したと主張するのである[31]。

　かようなウィンダルの主張している実現概念の特徴点を抽出してみれば，つぎのようにいえるかもしれない。すなわち，ウィンダルは，AAA1957年会計原則の実現概念に関する考え方を受け継いではいるが，現行実務を顧慮することなくそれを会計上の一般的認識基準にまで質的にも量的にも矛盾なく昇華せしめているために，そこには，AAA1957年会計原則にみられたような曖昧さ

や混乱はみられないということである。ただ，ウィンダルの所論においては，その主張している実現概念と現在の会計理論との関係についてまったく触れられていないので，そこで考えている実現概念を従来の損益計算の構造のなかにどのように位置づけるのかという点に疑問が残るし，また，ウィンダルは，いかなる会計目的を前提にして理論を展開しているのか明らかではないので，その考えている実現概念がいかなる会計目的と結びつけられそのように展開されたのかという点にも疑問が残るのである。

ところで，このような実現概念を拡大化しようという動きのあるなかで，1964年の4月に，AAAの概念および基準調査研究委員会・実現概念小委員会というところから，前述の内容のあまり明確でなかった，1957年会計原則の実現概念を補足するという意図のもとに，追補勧告書が出された。これは，AAAの正式な承認を得たものではないが，そこでは，実現概念についてつぎのような考えが示されている。すなわち，追補勧告書では，まず1957年会計原則の実現概念に関する考え方を受け継ぎ[32]，これを補足修正するという意図のもとに，収益取引といわゆる保有利得・損失の両者をめぐる測定と表示上のいろいろな問題との関連で，実現概念に検討を加え[33]，その結果，一応，前述したような伝統的実現概念を提唱しているといわれている[34]。

しかしながら，その内容を詳細に吟味してみると，必ずしも伝統的実現概念を主張していると断言してしまってよいものかどうか，はなはだ疑問に思われる。むしろ1957年会計原則における実現概念の曖昧さが，この追補勧告書にいたって一層明らかになったとみたほうが妥当ではないかと思われる。というのは，たとえば，「収益取引と実現」という節で，収益取引の場合の実現の要件として検討を加えている「対価として受入れた資産の性格」，「市場取引の介在」，および「給付の遂行された度合い」という事項をみてみると，第1の「対価として受入れた資産の性格」という点については，流動性よりも測定可能性が実現の要件として重要であるとして，伝統的実現概念からの離脱が試みられているようにもみうけられるが[35]，第2，第3の「市場取引の介在」とか，「給付の遂行された度合い」という点になると，従来と同じように実現の要件として

販売という事実を重視し,伝統的実現概念と同じ考え方を固執しているからである[36]。そして,かような曖昧さの傾向は,この追補勧告書で最も力を入れているとみられる,「保有利得・損失」という節にいたってますます明確になってくるようにみうけられる。すなわち,保有利得・損失を会計上認識し測定しなければならないという点については,小委員会の全員がこれを承認し,そうするよう勧告しているが,これを損益計算に算入し当期の純利益のなかに含めるか否かという点になると,一部の委員を除いて大多数の委員は,実現した保有利得・損失のみを当期の純利益に含め,未実現のそれは含めるべきではないとしているのである[37]。かように,保有利得・損失を認識し測定するという段階では,実現概念を拡大化しようとしている徴候もみうけられるが,いざこれを損益計算に算入するか否かという段階になると,従来からの伝統的実現概念と同じ考え方になってしまい,実現概念を検討せんとしたせっかくの意図も不徹底に終ってしまっているとの感じを受けるのである。

ところで,なぜ,この追補勧告書における実現概念についての考え方が,このようになってしまったかというと,それは結局,この追補勧告書においても,すでに述べた1957年会計原則と同じ方向をとろうとしたからにほかならない。すなわち,この追補勧告書においても,1957年会計原則と同じ会計目的の立場を採るとして,その重点を意思決定目的に置きながらも[38],なおこの目的からのアプローチのみに徹底しきれず,いま1つの受託責任目的への考慮をも捨象しきれなかったためである。

以上,AAA1957年会計原則,F. W. ウィンダル,およびAAA1964年度概念および基準調査研究委員会・実現概念小委員会のそれぞれの所論を通じていいうることは,具体的な内容については多くの差異もみられるが,物財価格の恒常的騰貴を伴う貨幣価値の非回帰的・傾斜的下落という事実に直面して,不備欠陥の露呈している,これまでの受託責任目的中心の会計理論体系における損益計算構造の再検討は,実現概念については,その拡大化という方向で問題の解決を図ろうとしているということである。

4 むすびにかえて

　以上，実現なる概念について，伝統的実現概念の検討から出発して，AAA1957年会計原則における実現概念，F. W. ウィンダルの述べている実現概念，およびAAA1964年度概念および基準調査研究委員会・実現概念小委員会の実現概念という順序で考察を加えてきたが，最後に，著者なりの実現という概念に関する考えを述べてむすびにかえたいと思う。

　結論から先にいうと，もともと実現という概念は，最初に述べた伝統的実現概念という意味でしか存在しえず，これを拡大化しようなどという試みはすべて徒労に終ろうということである。というのは，実現なる概念は，元来，受託責任目的の遂行と結びついて生成してきた概念だからである。すなわち，すでに述べたように，今日，会計は，受託責任目的と意思決定目的という2つの主要な目的から必要とされているのであるが，いずれの場合においても，その目的の遂行は，主として利益という数値の把握と伝達を通じて行われる。そしてその場合，前者の目的のためには，利益数値の具体的な内容は，分配可能利益となるであろうし，また，後者の目的のためには，それは経営成果利益となるであろうが，いずれの場合においても，それぞれの意図する利益を最も合理的に把握できるような損益計算の構造が形成されているはずである。そして，実現なる概念は，すでに触れたように，生成史的にみて，資本からの分離可能性または外部への分配可能性という性格を利益に付与せんがために生まれてきたものであるから，この場合，当然の帰結として，前者の目的のための損益計算の構造のなかに，つまり，受託責任目的の遂行のために必要とされる，分配可能利益を把握する損益計算の構造のなかに位置づけられるわけである。したがって，実現という概念は，かような受託責任目的という会計目的の遂行に特有の概念であると言い切ってしまっても過言ではないかもしれない。いいかえれば，実現なる概念には，本質的に，前述の伝統的実現概念のみしか存在しうるはずがないということである。その証拠に，これまでにみてきたように，実現

という概念を拡大化せんとした試みは、いずれの所論をみてもすべて失敗に終っているのである。結局、実現という概念の性格からみれば、まったく異質と思われる、意思決定目的という会計目的の達成を意図して、この概念を取り上げたこと自体、すでに誤りであったということである。

とすると、意思決定目的という視点から現実に会計が要求されていることは厳然たる事実であるし、また、最近では、会計理論の構築にあたって、むしろこの目的のほうが受託責任目的よりも重要視されてきている傾向さえもみられるから[39]、これを最も合理的に充足しうる如き損益計算の構造を措定し、実現とは異なったなんらかの認識概念を明らかにしなければならないことになろう。この点については、今後の研究に待ちたいと思う。

注

(1) Cf. George O. May, *Financial Accounting,* 1943, p. 3（木村重義訳「財務会計」6頁）, and Morton Backer, "Accounting Theory and Multiple Reporting Objectives", (in Morton Backer, *Modern Accounting Theory,* 1966, p. 449).

(2) Cf. AAA, Committee on Accounting Concepts and Standards, "Accounting and Reporting Standards for Corporate Financial Statements—1957 Revision—", (in AAA, *Accounting and Reporting Standards for Corporate Financial Statements and Preceding Statements and Supplements,* p. 7)（中島省吾訳編「増訂　A. A. A. 会計原則」訳文, 140〜141頁）, AAA, Committee on Concepts and Standards—Long-Lived Assets, "Accounting for Land, Buildings, and Equipment", *The Accounting Review,* July 1964, p. 693, and so on.

(3) 投資者が会計を必要とする理由には、このほかにもいろいろあるかもしれないが、そのなかでも主要なものはこの2つに限られよう。Cf. George O. May, *op. cit.,* pp. 19-22（木村重義訳、前掲書、25〜29頁）, and so on.

(4) このように、これまでの会計においては、その理論構築にあたって、2つの目的を明確に区別して認識せず、むしろ、無意識のうちに受託責任目的のみを前提にしてそれを行っていたといえる。というのは、制度的にその実施を強制されている受託責任目的のための会計を行っておりさえすれば、それがいま1つの意思決定目的のためにも充分に機能しうるような社会的経済的環境が存在していたために、意思決定目的のもつ重要性が受託責任目的の背後に隠れてしまい、会計理論の構築にあたってこの目的を顧慮することの必要性をそれほど痛感しなかったからである。

(5) 最近における貨幣価値の非回帰的・傾斜的下落の事実については，我国を始め各国の各種物価指数の統計を参照されたい。
(6) ちなみに，最近の会計関係の雑誌を繙くと，なんらかの形で物財価格や貨幣価値の変動に関する問題を取り上げている論文が，必ず2, 3編はみられる。
(7) 本章では，AAA1957年会計原則（AAA, Committee on Accounting Concepts and Standards, *op. cit.*, (in AAA, *op. cit.*, p. 1 ff.)) の発表以前において，一応通説的に固まっているとみなされている実現に関する考え方を，伝統的実現概念と呼ぶことにする。
(8) AAA, Committee on Accounting Concepts and Standards, *op. cit.*, (in AAA, *op. cit.*, p. 1 ff.).
(9) Floyd W. Windal, *The Accounting Concept of Realization*, 1961.
(10) AAA, 1964 Concepts and Standards Research Study Committee—The Realization Concept, "The Realization Concept", *The Accounting Review*, April 1965, p. 312ff.
(11) AAA, Committee on Accounting Concepts and Standards, *op. cit.*, (in AAA, *op. cit.*, p. 1 ff.).
(12) Cf. Floyd W. Windal, "The Accounting Concept of Realization", *The Accounting Review*, April 1961, p. 249, AAA, 1964 Concepts and Standards Research Study Committee—The Realization Concept, *op. cit.*, pp. 313-314, Sidney Davidson, "The Realization Concept", (in Morton Backer, *op. cit.*, pp. 100-102), and so on.
(13) Thomas Henry Sanders, Henry Rand Hatfield, and Underhill Moore, *A Statement of Accounting Principles*, 1938, p. 114.
(14) W. A. Paton and A. C. Littleton, *An Introduction to Corporate Accounting Standards*, 1940, pp. 46-49（中島省吾訳「会社会計基準序説（改訳版）」79～85頁）.
(15) *Ibid.*, p. 49（同　上，84頁）.
(16) AAA, Executive Committee, Accounting Principles Underlying Corporate Financial Statements, 1941, (in AAA, *op. cit.*, p. 54)（中島省吾訳編，前掲書，訳文，47頁）.
(17) AIA, Study Group on Business Income, *Changing Concepts of Business Income*, 1952, pp. 23-24（渡辺　進・上村久雄共訳「企業所得の研究」43頁）.
(18) Cf. "Excerpts from Eisner, Internal Revenue Collector v. Macomber 252 U. S. 189 (1920)." (in Sidney Davidson, David Green, Jr., Charles T. Horngren, and George H. Sorter, *An Income Approach to Accounting Theory.*, 1964, p. 477 ff.).
(19) Cf. *Ibid.*, p. 478, AAA, 1964 Concepts and Standards Research Study Committee—The Realization Concept, *op. cit.*, pp. 313-314, and Sidney Davidson, *op. cit.*, (in Morton Backer, *op. cit.*, p. 101).
(20) AAA, Committee on Accounting Concepts and Standards, *op. cit.*, (in AAA, *op.*

(21) たとえば，蔦村剛雄稿「伝統的実現概念への反省」（山桝忠恕編著「現代会計と測定構造」所収，53頁）などを参照。
(22) AAA, Committee on Accounting Concepts and Standards, *op. cit.,* (in AAA, *op. cit.,* p. 3)（中島省吾訳編，前掲書，訳文，132〜133頁）。
(23) *Ibid.,* pp. 4–5（同　上，133〜136頁）。
(24) *Ibid.,* pp. 5–6（同　上，136〜137頁）. And cf. George J. Staubus, "Comments on 'Accounting and Reporting Standards for Corporate Financial Statements—1957 Revision'", *The Accounting Review,* Jan. 1958, pp. 17–19.
(25) AAA, Committee on Accounting Concepts and Standards, *op. cit.,* (in AAA, *op. cit.,* p. 8)（中島省吾訳編，前掲書，訳文，141〜142頁）。
(26) Cf. *ibid.,* p. 7（同　右，140〜141頁）。
(27) これまでの損益計算の体系では，かような2つの利益概念を明確に識別してはいなかった。それは，企業をとりまく社会的経済的諸環境が許容しているので，制度的にその算定を強制されている分配可能利益のみを求めておりさえすれば，それが経営成果利益にもほぼ一致していたために，無意識のうちに2つの会計目的が充足されており，両者を明確に識別する必要性がなかったからである。なお，以上の点については，前述の第8章第1節を参照されたい。
(28) AAA, Committee on Accounting Concepts and Standards, *op. cit.,* (in AAA, *op. cit.,* p. 5)（中島省吾訳編，前掲書，訳文，136頁）. And cf. George J. Staubus, *op. cit.,* p. 22, and Arthur C. Kelley, "Comments on the 1957 Revision of Corporate Accounting and Reporting Standards", *The Accounting Review,* April 1958, p. 214.
(29) AAA, Committee on Accounting Concepts and Standards, *op. cit.,* (in AAA, *op. cit.,* pp. 10–11)（中島省吾訳編，前掲書，訳文，145〜146頁）。
(30) Floyd W. Windal, *op. cit.,* pp. 74–76.
(31) *Ibid.,* pp. 77–78. なお，F. W. ウィンダルの所論については，佐藤教授もつぎの論文などで論じておられるので併せて参照されたい。佐藤孝一稿「会計学上の実現概念」『會計』第85巻第3号　21頁以下，同　稿「実現概念と費用への適用問題」『産業経理』第24巻第4号　14頁以下
(32) AAA, 1964 Concepts and Standards Research Study Committee—The Realization Concept, *op. cit.,* p. 312.
(33) *Ibid.,* pp. 314–322.
(34) たとえば，若杉　明稿「保有利得および損失について」『企業会計』第17巻第8号　77頁などを参照。
(35) AAA, 1964 Concepts and Standards Research Study Committee—The Realization Concept, *op. cit.,* pp. 314–315.
(36) *Ibid.,* pp. 315–318.

(37) *Ibid.,* pp. 319-322.
(38) Cf. *ibid.,* p. 312.
(39) たとえば，新井清光稿「株式投資家の変容と会計情報」『早稲田商学』第204号　33頁以下などを参照。

〔追　記〕

　2000年以降，デフレ傾向の経済状況と種々の金融派生商品の出現を背景に，斯界ではcomprehensive income（包括利益と和訳されているようであるが，古くからある当期業績主義に対立する包括主義に基づいた利益と混同される恐れがあり，不適切な和訳かと思われる。むしろ，高寺教授の示しておられるように，総括利益という訳語のほうが適切かと思われる。）という概念が注目を集めているが，本章で取り上げた内容は，このような概念が生起せざるをえなかった先駆け的な事情を物語るものである。

第11章

物価変動会計の将来

1 は じ め に

　再度にわたる石油ショックによって生じた厳しいインフレーションを背景に，近頃またまた物価変動会計が斯界の関心を呼んでいるようである。たとえば，イギリスとアメリカ合衆国では，これを外部報告制度のなかに組み入れ実施に踏み切ったし，当然のことながら，それは，イギリス連邦に属するオーストラリア，カナダ，およびニュージーランドにも影響を与えることになったし，またわが国でも，企業会計審議会からこれに関する「意見書」が発表された。
　周知のように，物価変動会計は，第一次世界大戦時のドイツにおいて，苛烈なインフレーション下での企業維持を図る手段として考え出されたものである。それ以来，物価変動会計は，第二次世界大戦の時も含め，厳しいインフレーションを伴うような事態が生じた時に，いつも繰り返し関係者の注目を集めてきている。しかし，半世紀以上にも及ぶ歴史があるにもかかわらず，物価変動会計は未だに定着をみていない。厳しいインフレーション時には，確かに関係者の注目を集めはするが，その鎮静化とともに，充分に議論を深めることもなく，いつしか忘れ去られてしまうことがこれまでは多かった。今後もおそらく同じではあろうが……。
　物価変動会計は，元来，ジレンマの会計である。経済は生き物である。時には悪性インフレーションに見舞われ，物価変動会計が必要とされることもあろう。しかし，各国とも，自国経済にマイナス要因となる悪性インフレーションを，好ましいものとは考えておらず，その押え込みに必死である。したがって，

押え込みに成功し、経済が安定状態に戻れば、せっかくの物価変動会計も結局不要になってしまい、インフレーションという砂上に楼閣を築くことにもなりかねない。物価変動会計の精緻化と定着化に努めるべきか。はたまた、座してインフレーションの鎮静化を待つべきか。物価変動会計の置かれているこのような微妙な地位が、従来その発展を多分に阻害してきたといえる。

本章では、現在再び脚光を浴びている物価変動会計が、これまでのように沈滞することなく、このまま定着することになるのか、それとも将来別の方向に進んでゆくことになるのか、これらの点を考察してみたいと思う。

2 再来の物価変動会計の特色

前述のように、再度の石油ショックをきっかけに、イギリスおよびアメリカ合衆国は、外部報告制度の一環として物価変動会計の実施に踏み切った[1]。これは当然、イギリス連邦諸国にも影響を与えたが、また同時に、これに刺激されて、わが国でも物価変動会計に対する関心が再び高まった。これらの国々で現在リヴァイバルが図られている物価変動会計は、一口にいって、およそ次のような3つの特色をもっているとみられる。

まず1つは、この物価変動会計では、投資者の投資意思決定に役立つ情報の提供を、主たる目的にしているという点にある。つまり、取得原価主義と実現主義を基本的な枠組みとしている現行の外部報告会計は、インフレーション時には、企業の各種利害関係者なかでも特に投資者の情報要求を、充分に満たしていないとの認識の下に、その改善策としてリヴァイバルが叫ばれているわけで、これは、主として企業維持という伝統的な立場との関連で、この問題を検討している西ドイツやフランスの行き方とは異なっている[2]。

次に2つは、ここでは、計算経済性と実行可能性への配慮から、主として、個別物価を用いて一部の項目を修正することを意図している、という点にある。つまり、現在の時点では、物価変動に関する情報が投資意思決定にほんとうに役立つのかどうか、まだ多分に疑問の余地が残されているとみられるために、

近い将来これをいま一度検討し直すとの含みで，このような暫定措置に留めたようである。

そして3つは，ここでは，現行の外部報告会計では求められないような情報を，補足的に提供することに主眼が置かれている点にある。つまり，現行の外部報告会計はそれ独自の役割を担っているので，二者択一的に物価変動会計の導入を図るのではなくして，前者の会計で得られる情報はそのまま提供することとし，それと同時に，後者の会計で求められた情報も併せて提供しようというわけである。

今リヴァイバルが叫ばれている物価変動会計は，以上のような特色をもっているが，これが，多少の紆余曲折はあるにしても，やがて定着することになるのか，それとも将来まったく別の方向に進んでゆくことになるのか。次にこの点を考えてみたい。

3 投資者の情報要求と物価変動会計の二分化

今度の物価変動会計は，前にも少し触れたように，投資者に対して，インフレーションの時にも，その投資意思決定に役立つような情報を提供しようとの動機から，リヴァイバルが始まったものである。そこでは，これまでの主として修正手続問題にばかり議論が集中しがちであった物価変動会計とは異なり，「物価変動会計はいったい何のために行われるのか」という，物価変動会計そのものの基本的性格の認識にまで溯って，議論が展開されている。以前の議論では一般に忘れられがちであったこのような研究態度が，今度のリヴァイバルで甦ったことは，物価変動会計の今後の発展のために幸いであったとみるべきであろう。というのは，物価変動会計はもちろんのこと，およそ会計と呼ばれるものはすべて，何らかの社会的要請に基づき，その充足のための手段として必要とされ，この世に存在を容認されているはずで，したがって，議論の展開にあたって，会計のもっているこのような手段的性格への配慮を怠ったのでは，整合性のある理論の構築はとても望みえないからである。

3 投資者の情報要求と物価変動会計の二分化

ところで，今日，社会から会計に対して向けられている要請は多種多様であろう。しかし，わが国を含め自由主義諸国での，一般的な企業形態である株式会社企業を前提にして，会計の問題を俎上に載せるかぎり，それらのなかでも特に，企業への投資者からの要請が，会計にとってもっとも重要なものと，一般に受け取られている。投資者は，投資先の企業に関連して，会計に対して2つの要求をもっている。1つは，投資者の拠出した資金を，企業がどのように維持運営し，その成果たる利益をどのように分配できるのか，が分かるような情報，つまり，企業の受託責任の遂行状態を知ることができるような情報を，会計に対して求めている。そしていま1つは，拠出中の資金について，その回収を行うべきか，そのまま継続するべきか，それとも追加拠出するべきか，さらにはまた，新たな別の企業に投資すべきか，投資者が将来これらの行動を起すにあたって参考になるような情報，つまり，投資意思決定の際の判断の基礎にできるような情報を，会計に対して求めているのである。これまでの外部報告会計においては，投資者のこれら2つの要請のうち，前者の充足を目的とした会計だけが行われてきた。その実施が，企業の側に制度的に強制されていたためである。そして，後者の充足のためには，この会計が転用されていたにすぎなかった。もっとも，投資者が後者のような情報要求をもっていること自体，これまでの会計において明確に認識されていたかどうか，はなはだ疑問に思われるが……。

これまでの外部報告会計では，検証可能性，実行可能性，および財務的安全性に対する配慮から，取得原価主義と実現主義を基本的な枠組みとし，損益計算書と貸借対照表を中心とする会計報告書を通して，投資者が拠出した資金の維持運営の状況を明らかにするとともに，この枠組みを拠り所にして，彼等へ分配しうる利益の額を算出している。従来は，このような会計の提供する情報が，それほどのインフレーションでも起らないかぎり，同時に投資意思決定のためにも充分に役立っていたのである。しかし，厳しいインフレーションに直面し，この会計自体のなかにも，たとえば，分配利益の計算にいわゆる架空利益が混入し，その分配を通じて，拠出資金を中心とする分配不可能な維持すべ

き部分が侵蝕され，ひいては企業維持が困難に陥る恐れが出てくるなど，いろいろと欠陥が目立ってきた。そこで，この会計の枠組みのなかで，棚卸資産の評価に後入先出法を，また減価償却に加速償却法を取り入れたり，あるいは各種積立金の設定を認めたりなどして，これまでにその修復が図られてきたわけである。しかしながらそこでは，投資意思決定への情報提供をも顧慮したような修復は，まったく行われてこなかったといってよい。

　投資者が，会計に対して前述のような2つの要請をもっていることは，厳然たる事実である。したがって，インフレーション時に，その充足が困難になったならば，会計は当然変革を迫られることになる。前述したように，投資者のもつ2つの要請のうち，企業の受託責任の遂行状態を判断するための情報要求は，これまでの外部報告会計によって，ある程度まで満たされていたといってもよい。しかも，この会計は，企業の社会的存続にとって必要不可欠な手段と考えられていることもあって，現在，制度的に強制されているため，これまでの歴史からいって，このような意味での物価変動会計は，今後ますます精緻化し定着してゆくものとみて間違いない。したがって，また逆に，このような会計の外に，この情報要求を満たすための物価変動会計を，新たに設ける必要もないであろう。しかし，他方の，投資意思決定のために役立つような情報に対する要求は，これまでの外部報告会計においては，インフレーション時にほとんど満たされていなかった。だから，すでに述べたように，この要求の充足を目指して，今度のような物価変動会計のリヴァイバルが起るのである。前にも述べた会計のもつ手段的性格からいえば，本来は，社会から向けられる各要請ごとに，そのヨリ良い充足を目指して，それぞれ別個の会計を設けるのが理想であって，今度のリヴァイバルは，たまたまインフレーションという事態に直面し，投資者からの要請の充足をめぐって，このことが現実化した1つの例にすぎない。したがって，インフレーション時において，投資者のもっている2つの要請のヨリ良い充足を目指すかぎり，物価変動問題に対する配慮もある程度まで行ってきたこれまでの外部報告会計の外に，もう1つ物価変動会計が必要になるのは当然の帰結である。理屈の上からいえば，投資者の情報要求を満

たすためには，このように物価変動会計が2つ要ることになる。

4 投資意思決定のための物価変動会計と予測会計情報の外部公開

　投資者が投資意思決定を行う時には，当該企業の将来性について必ず予測が必要になる。したがってこの場合，会計に対しては，当然この予測に役立つような情報の提供が要請されることになる。しかし，これまでの外部報告会計においては，取得原価主義と実現主義をその基本的な枠組みとしていたために，そこで提供される情報は，過去的なものが中心であって，特にインフレーション時には，将来はいうにおよばず現在時点での，企業の実態さえも表わしておらず，予測のために利用するにはまったく不適切なものと受け取られていた。今度の物価変動会計のリヴァイバルは，この点に対する反省から始まったものである。

　今度のような物価変動会計は，企業の将来性の予測に役立つような情報を，ほんとうに提供できるものなのだろうか。これまでに行われたいくつかのアンケート調査の結果によれば，その評判はあまりはかばかしくないようであるし，また，多くの論者も，修正手続の経済性の問題で，この会計から得られる情報そのものの有用性に，疑問を投げ掛けており，概して否定的考えが多いようにみうけられる。投資者にとってあまりプラスにならないこのような物価変動会計であっても，外にしかるべき代替手段が見つからないのであれば，次善の策としてこれをもって我慢をしなければならないことになる。しかしながら，実際には，外にもっと有用な手段があるのである。いわゆる予測会計情報の外部への公開が，これである。投資意思決定に関する投資者の情報要求をヨリ良く満たすという立場からいえば，インフレーションの時であろうとなかろうと，こちらのほうが望ましいことはいうまでもないことであろう。しかも，投資者が，会計に対する要請の1つとして，常にこのような情報要求をもっていることが，厳然たる事実である以上，たまたまインフレーションという事態にぶつ

第11章　物価変動会計の将来　181

かって，その対策にあたふたするよりも，初めから経常的な外部報告会計の一環として，予測会計情報の外部公開を行っていったほうが，理屈に適っている。

このように考えてくると，物価変動会計の今度のせっかくのリヴァイバルも，定着化をみることもなく，やがて，インフレーションの鎮静化とともに，従来と同じように沈滞化してしまうことになろう。ただし，予測会計情報の外部公開が，外部報告会計の一環として広く受け入れられるようになるまでは，今度のような物価変動会計が，過渡期の手段として用いられることもあるかもしれない。

ところで，予測会計情報とは，未だ生起していない未来事象についての会計情報を意味するが，企業の会計に当てはめていえば，企業予算がその典型的な例といえる。したがって，企業の将来の姿そのものを会計数値で表現しているはずのこの情報が，外部へ公開されることになれば，企業の将来性についての予測を必ず伴う投資意思決定にとって，望ましいことはいうまでもないことであろう。しかし従来は，これが外部報告会計の一環に組み入れられておらず，逆に，これが一部の者のみに流れ，投資者間に情報格差を作り出したばかりではなく，これを悪用したいわゆる内部取引さえ生起させてきた。最近のIBM産業スパイ事件でも教えているように，確かに，誰も知らない情報を誰よりも早く入手できれば，情報としての値打は高いであろう。だが，投資者間の公平を欠く形でこれを許したのでは，外部報告会計の存立を危うくするばかりではなく，株式会社制度そのものの崩壊をも導き，社会にいらざる混乱を惹き起すことにもなりかねない。しかし，現実には，一方に，経営計画と管理のために企業の内部で予測会計情報を作っており，しかも一部の企業のなかにはこれを外部へ公表しているものまでいるという事実があり，もう一方には，この同じ情報を得たいと望む投資者が外部に存在しているという事実がある。このような事実を解消しないかぎり，投資者の間に不正が入り込む余地はなくならない。この場合，予測会計情報の全面的公表禁止という解消方法もあるであろう。しかし，このような事実が現に存在する以上，これでは，予測会計情報の入手を地下に潜らせ，かえって不正を誘発する結果にもなるであろう。したがってむ

しろ，予測会計情報の外部への公開を，企業に対して容認するとともに，経常的に行われている外部報告会計の一環にこれを組み入れ，その精緻化と定着化を積極的に推し進めたほうがよいであろう[3]。

投資意思決定に役立つ情報の提供という視点から，企業の外部報告会計のあり方を突き詰めていくと，結局，予測会計情報の外部への公開という方向に，行き着いてしまう。たとえ，そこに，インフレーションという条件が入ろうと入るまいと，この結論に変りはない。

5 む す び

以上，本章では，近頃またリヴァイバルが叫ばれている物価変動会計という問題を取り上げ，その将来の動いて行く方向を探ってみたが，これを通じて次のことを明らかにできた。すなわち，（1）今度の物価変動会計は，インフレーション時において，投資者に対し，その投資意思決定に役立つような会計情報を，提供しようとの動機から，リヴァイバルが始ったことが大きな特色になっていること。（2）会計は社会的要請を充足するための手段である，という会計の基本的性格からすれば，投資者のもっている2つの情報要求をヨリ良く満たすためには，物価変動会計が，建前として2つ成立することになること。（3）その1つは，インフレーション時における企業の受託責任遂行状態に関する情報を提供するためのもので，もう1つは，目下リヴァイバルの対象となっているものであること。（4）これらのうち，将来にわたって定着化してゆくとみられるものは，前者の会計であること。（5）後者の会計は，外に，予測会計情報の外部公開という有用な代替手段があるので，一時的に利用されることはあっても，将来，定着化する見込みはないこと。そして（6）投資意思決定に役立つ情報の提供を目指すならば，インフレーションの如何にかかわりなく，この予測会計情報の公表を，経常的に行われている外部報告会計の一環に組み入れ，定着化を図ってゆくことが望ましいこと。以上である。

なお，最後に一言付け加えておきたい。今度の物価変動会計では，投資意思

決定に関する情報提供の問題を，ただ単にインフレーション時の問題としてしか取り上げていないが，これは，インフレーションの時の一時的な問題などでは決してなく，企業の経営を続けてゆくかぎり，投資者との間に常に存在している問題であり，会計で議論をする時は，このことを踏まえて行うことが肝要なことを，われわれは銘記しておく必要がある。

注

（1） この点の解説については，加古宜士著『物価変動会計論』中央経済社，1981年，が詳しいので参照されたい。

（2） 西ドイツの物価変動会計の内容については，森田哲弥著『価格変動会計論』国元書房，1979年，およびKlaus Macharzina and Adolf G. Coenenberg, "Current-Cost or Current Purchasing-Power Accounting ? An Internationally Based Assessment of FASB Statement No. 33 on Financial Reporting and Changing Prices", *The International Journal of Accounting*, Vol. 16 No. 2, Spring 1981, p. 149ff.を参照されたい。

（3） 予測会計情報の外部公開の問題については，後述の第16章および第17章を参照されたい。

第12章

時価評価と損益計算

1 はじめに

　いわゆるバブル経済の崩壊とともに始まった持続的な低経済成長を背景に，金融機関等における不良債権の処理と開示，あるいは一般事業会社も含め全ての企業における保有有価証券や金融派生商品の処理と開示など，バブル経済の後遺症の処置と関連して，通常ならば専門家や一部好事家の関心事にすぎないはずの，会計や監査上の問題が，最近マスコミ等で取り上げられる機会が増えているように見受けられる[1]。これから本章で俎上に載せようとしている問題も，このような最近の動向に係わるものの1つである。

　マスコミ等によれば，現在の我が国の会計は欠陥だらけで，しかも世界の趨勢から取り残され明日にでも崩壊してしまってもおかしくない状況にあるという[2]。これを打開するには，評価に時価基準を導入し現行会計の再建を図るしか道は残されていないという。曰く，時価基準を用いて不良債権，有価証券，あるいは金融派生商品等を開示させる措置を講ぜよと[3]。あたかも時価評価が会計の救世主ででもあるかのようにいう。マスコミ等の常として，センセーショナルな取り上げ方をするのは，ある程度やむをえないことかもしれないが，総体的にみて，重要な事実を見落し誤解に基づいた一面的な議論が行われているのではないかと危惧される。

　詳細は後節でも述べるが，そもそも会計というものは手段的性格のきわめて強いものである。したがって，筋論からいえば，会計に対する異なった社会的要請ごとに，その最善の充足を目指して異なった会計が行われなければならな

1 はじめに

いはずである。しかし現実には、会計の経済性を顧慮し、ただ1つの会計で全ての要請に応えようといわば混合型の会計が実施されている。我が国の場合についていえば、商法、証取法、および税法の三者の要求を中心とした混合会計が行われているのが実情である。最近のマスコミ等の論調をみていると、実際に行われている会計が混合会計であるというこの事実を忘れ、三者のうちの1つにすぎない証取法の要求、つまり投資意思決定への情報提供という側面さえ充足できれば、会計上の問題は全て決着がつくかのように思い込んでいるようにみえてならない。話はそう単純ではない。

ところで、評価に時価基準を取り入れよといったとき、資産や場合によっては負債について期末時点における時価という最新情報の提供を狙っているのであれば、時価評価は字義通りに貸借対照表へ記載すべき金額決定の問題にすぎなくなるが、いわゆる「含み損」や「含み益」の顕示化をも意図している論調の多いところから判断すると、本来は貸借対照表上の問題であるはずの時価評価を、損益計算に反映させて得られる情報の提供に、主眼が置かれているように見受けられ、混合会計においてこれまでに確立されてきた損益計算の枠組みとどのように整合性の維持を図るのか、困難な問題に直面することになる。本章では、このような問題のうち、時価評価実施の際最も整合性を問われるとみられる実現基準との関連を中心に検討を加えてみたいと思っているが、論旨の展開は、次のような順序で進める。まず初めに、最近叫ばれている時価評価導入論の背景と真意を探ぐり、次に、混合会計で確立されてきた損益計算の枠組みの再確認を行う。その後で、時価評価とこの枠組みのなかの中核を占める実現基準との関連について検討を加える。そして最後に、会計のもつ手段的性格からみて、時価評価に向けられている役割期待に応えるヨリ有用な方法が、もし他に存在するのであれば、従来の枠組みとの整合性の上で難点が懸念される時価評価に固執する必要はないはずで、その可能性を探ぐって結びのかわりとする。

2 時価評価導入論の背景と真意

　企業の会計へ時価評価を取り入れるべきか否かという問題は，実は今度初めて起こったわけではない。古くは，19世紀から今世紀初頭にかけて欧米では専ら時価評価が企業で行われ，その説明のために静態論が主流であったし，また下っては，インフレーションの時期には取得原価評価と対比する形で，必ず時価評価導入の話が持ち上がってきている[4]。このように，時価評価の歴史は古い。

　存在しているものには全て存在理由があるといわれる。時価評価もそれを必要とした理由があるはずであるが，その時代時代により事情は異なり，必ずしも一様ではない。昔は，主に債権者保護に役立てるため担保能力の表示手段として，これが必要とされ，また，インフレーションの時期には，主に紙上利益を排除し企業維持を図るため費用補塡の手段として，これが必要とされたようであるが，最近は事情が少し違うように見受けられる。時価評価についても，米国で1960年代前後から強調され始めた，投資意思決定への情報提供という会計に対する役割期待と関連させて，その必要性と有用性が改めて問い直されているのである。特に我が国の場合には，バブル経済の崩壊に伴う「含み損」について情報不足を解消する一手段として，これがにわかに注目を集めるようになっているし，また昨今は，国際会計基準との関連で，いわゆる金融資産にこれを導入すべきか否かが斯界のトピックになっている。このように，時価評価をめぐる最近の論議は，バブル経済の事後処理をきっかけに始まり，企業諸環境の国際化の下での会計に対する役割期待のうちの一部分の充足と係わらせて展開されているのが特色といえる。

　ところで，たとえ一部の資産についてではあっても，このように投資意思決定への情報提供のため時価評価が必要というのであれば，なにもバブル経済崩壊後に時価評価導入論を叫ぶこともないであろう。いかなる時期においても，たとえばバブル経済の絶頂期であっても，投資意思決定は行われそのための情

報が必要だったはずだからである。投資意思決定への情報提供のためというのは，あくまでも建前上の理由にすぎない。今回の導入論が持ち上がった真の動因は別のところにあるとみられる。確かに，バブル経済の崩壊による「含み損」についての情報不足は，導入論の遠因にはなっているが，直接的な原因は，崩壊後の持続的な低経済成長のため金融資産の低落した時価の回復が見込めないところにある。さらには，逆に今後もこの低落傾向が続くとみられているところにある。そうでなければ，バブル経済の最盛期中に，金融資産も含め多くの資産の時価がいわゆる右肩上がりの状況にあったにもかかわらず，導入論が主張されなかったことの説明がつかない。上昇でも時価に変動が起こったという点では下落と同じはずで，生じた「含み益」について情報不足を解消するため当然，導入論が主張されていてよかったはずだからである。

　今度の導入論では，持続的な低経済成長下にあって時価の回復や上昇の可能性について悲観的な見方が大勢を占める世相を背景に，時価評価を行っても「含み損」が顕在化するだけだと，いいかえれば評価損しか生じないと無意識のうちに思い込んで，逆に評価益が生ずる場合もありうることまで想定していないのではないかと思われる[5]。したがって，時価評価とはいっても，実質は低価基準の選択適用か強制評価減を行うことと同じであって，現行会計の枠組みのなかでその整合性が問われている実現基準との衝突など起こりえないといえる。

3　現行損益計算の特色と実現基準

　前にも触れたように，会計というものはそれ自体，自己目的を持っておらずきわめて手段的性格の強いものである。したがって，この会計の持つ手段的性格から理詰めでいえば，社会的要請として会計に期待されている役割の数だけ別々の会計の実施が必要になるはずである。これが各役割に応える最善の方法だからである。しかし，現実には会計の経済性という面からみてこれは不可能であろう。そこで次善の策が採られることになる。種々の期待されている役割

のなかで，当該企業からみて最も重要度の高いものについてはそれ独自の会計を実施するが，他の相対的に重要度の低いものについてはこれに何らかの補正を加えて転用するという便法である。この場合どのような役割を重要視するかは企業の規模や業種によって異なる。前述のように，我が国においては商法，証取法，および税法の要求に応えることが会計に期待される主な役割とみられるが，概して中小企業では税務会計に，また大企業では商法・証取法会計に重点を置いた混合型の会計が実施されているとみてよいであろう。

ところで，会計は株式会社制度の発達とともに誕生し発展してきたといわれる[6]。したがって，この混合会計の果たしてきた最大公約数的な役割も，株式会社制度を前提に，企業の行った経済活動を複式簿記の計算機構を用いて処理し，事後的に株式投資者を中心とする外部利害関係者へ結果報告するとともにその成果の分配分を計算提示し，いわゆる受託責任遂行の状況を明らかにすることにあったのである。この役割の原型は，会計を領主と執事との間の受託責任の賦課と解除の状況を明らかにする手段として用いた中世の荘園にまで遡ることができようが[7]，現在においても，会計の果たすべき役割の根底を流れる思想として，ほぼそのまま受け継がれてきているとみてよいであろう。そして，これを最も明確に読み取れるのが，株式会社における株式投資者と経営者との間の関係といえる。両者の間にはいわば資金運用の委託・受託のような関係が存在し，当然，それに伴って結果報告と成果たる利益の分配分の算定が必要になる。

株式会社は，周知のように他の企業形態と異なり，有限責任制度を持つことを特色とする。その会計へもこれが必然的に多大な影響を与えている。利益分配分の算定についても同様である。これの基礎となる損益計算に，会社債権者保護のための種々の措置が講じられている。分配分を算定するということは，裏返せば，分配不可能分を算定することと同じであり，特に，会社債権者保護の視点に立つならば，両者の峻別と後者の保持が損益計算にあたっての重要な課題となる[8]。このため，実現基準が損益計算の枠組みの中枢に据えられ，そこで計上される利益は，実現したものに限られる。しかし逆に，損費のほうは

評価損も含め，いわゆる未実現損であっても，その計上が求められる。これを怠ると，控除されるはずのものが分配分に算入されることになり，結果として分配不可能分を侵食する恐れがあるからである。

現行の損益計算にとってこのような意味をもつ実現基準については，その由来とAAA1957年会計原則以降の動向を中心に，前述の第10章[9]ですでに取り上げているので，詳細はそちらへ譲り，ここでは現在これとの整合性が問題になっている時価評価に検討を加える上で必要な，次の点に触れるに留めておきたい。

実現基準は我が国で生成したものではなく，第二次世界大戦後米国から移入されたものであるが，米国においても少なくとも第一次世界大戦以前には一般に認められていなかったといわれる[10]。南北戦争後の財政再建と第一次世界大戦の戦費調達のため，連邦政府に直接税の課税権限を容認した憲法第16条の補則条項が1913年に成立して以降[11]，種々の直接税の課税問題をめぐって訴訟事件が多発したが，そのうちの1つであるアイスナー対マコンバー事件 (Mark Eisner v. Myrtle H. Macomber case) の1920年の連邦最高裁判所の判決で[12]，株式配当への課税と関連して所得の有する属性を明らかにするため，それ以前に時々用いられていた実現という思考が容認され，これを契機に実現基準が確立されていったというのが定説のようである[13]。この判決によれば，実現という思考の核心は，所得に資本からの分離可能性を与えることにあり，株式配当を所得と認定するか否かの決定要素となるという[14]。これを企業の損益計算に当てはめていえば，利益の最も重要な属性は資本からの分離可能性，つまり企業外部への分配可能性にあり，これを決定付けるのが収益算定の際に用いる実現基準で，分配可能分を明らかにすると同時に，二項対照的に不可能分も明らかにしているといえる。このような実現基準の由来と主旨からすれば，これを損費の算定に転用し未実現損などと呼称するのは，いかがなものであろうか。疑問といわざるをえない。

4 分配可能利益の算定と時価評価

　分配可能利益の算定を目標に収益の計上に実現基準を用いるとき，当該収益が算入に値するほどの分配可能性を備えるに至ったか否かを判定する要件，いいかえれば実現・未実現の区分要件が重要になる。生成史的にみれば，当初はこの要件として対価としての現金収受が重視されていたが，信用経済の発展とともに対価としての債権の取得もこのなかに含められるようになり今日に至っている[15]。このように実現の要件として対価が重視されているところから，分配可能利益でいう分配可能性が資金的裏付けの有無ででもあるかのような印象を与えるが，これは本質的な見方ではない。入手した対価は再投資されることもあるであろうし，資金保有の如何は当該企業の財務政策の問題だからである。分配可能性の核心的な内包は，逆説的ではあるが，一口でいえば，資本への不可侵性といってよいであろう。有限責任制度の下では，担保の最低限度の目安となる資本を侵食することなく分離できることが，利益の属性として求められる第一の条件だからである。したがって，収益は，分配可能利益の源泉という意味で，その計上がいったん行われたならば，逆転するようなことがあってはならないことになる。いわば収益が不可逆性を備えるに至ったか否かが，実現・未実現の区分要件になろう。対価の収受はこれを証明する１つの手段にすぎない。それ故，証明する手段が他にあるのならば，実現の認定時期を，現在一般的に行われている売却という時点よりも早めることも可能であろう。時価評価は果たして代わりの手段を用意できるのであろうか。

　現行会計では，周知のように，損益計算で実現基準を採用するとともに，貸借対照表での資産評価に取得原価を用いることにより，収益の不可逆性を確保しひいては利益に分配可能性を付与しているが，これは明らかに，長年にわたる経験からか，無意識のうちに，物価上昇しか想定して来なかったためであろう。物価上昇期に時価評価を行えば，可逆可能性のある評価益が収益として算入され，利益の分配可能性が阻害されたはずだからである。確かに，物価上昇

192　4　分配可能利益の算定と時価評価

しかこの世にありえないのであれば，取得原価を用いると評価益は排除できようが[16]，昨今のような価格下落とその回復不能状況の持続の下では，逆に，「含み損」という形で資産の姿をしてはいるが，評価損の分だけ利益の過大計上となり，分配可能性が阻害されているのと同じことになる。前にも触れたように，ここに時価評価導入の必然性が出てくるわけであるが，この場合，時価評価とはいっても，実質は強制評価減か低価基準による評価を行うのと同じである。問題は，価格が上昇に転じ時価評価をいわば増価基準による評価とでも呼んだほうがよいようになったとき，評価益の不可逆性を証明しうる手段をこれが用意できるかどうかである。

　ところで，一口に時価とはいっても，内容は多種多様であろう。しかし現在，金融資産の評価をめぐって問題にされている時価は，取引コストを除けば購入と売却が同一の市場で成立する決算日の時価である。この資産は，費用性資産に較べれば流動性が高く，収益の不可逆性の証しとなる対価の算定が容易なことは事実であろうが，これは毎日変動するのが常態なので，実際に処分せず保有し続けるかぎり，これを用いて求めた評価益は可逆的であり，分配可能利益に算入する上で難点がある。また，今日のような紙幣本位制による貨幣経済の下で，確定済みの取得原価の代わりに時価を用いるということは，貨幣のもつ諸機能のうち価値尺度，交換手段，および価値貯蔵の3つが貨幣数量で総合的に表現されているとみられる交換価値を，評価にあたって重要視していることにほかならない[17]。したがって，決算日の時価とはいっても，取引当事者間で実際に交換が成立するまでは，計算上求められた交換価値の一例にすぎず，これを用いて把握した評価益を利益に算入しても，いわば架空の利益を算定しているようなもので，それを実際の分配に向けるわけにはゆかないであろう。このようにみてくると，評価で用いる時価そのもののなかに，収益の不可逆性を支える証しを期待するには無理があろう。したがって，分配可能利益の算定には時価評価はなじまないといえよう。

　現在の既存の会計の枠組みからみるとこのように困難を伴うのに，なぜ時価評価が声高に主張されているのだろうか。前述したような「含み損」の顕示化

や評価損の計上，あるいは分配可能利益の算定ではなくて，他に主張の意図があると考えざるをえない。いったい何のために，時価を用いて何を表わし，誰に伝えたいのだろうか。節を改めて次に検討してみたい。

5　むすびにかえて
―― 時価評価への役割期待と代替策 ――

　前にも触れたように，最近は，斯界の中心課題があたかも，株式投資意思決定への情報提供という側面からの従来の会計の再吟味に，移ってしまったかのような感さえ与えているが，時価評価もこのような動向の一環として浮上してきた問題である。このような動向はなにも今回が初めてだったわけではないが[18]，特に最近，資金調達市場の国際化を背景に，国際会計基準との関連性を問う形で，我が国でも再び関心を集めるようになってきたとみられる。今回も以前と同様に，企業の外部利害関係者のうち主に株式投資者が取り上げられ，その意思決定への有用な情報の提供という視点から，既存の会計の枠組みに再検討が加えられているが，その誘因になったのは，以前は貨幣価値や価格の変動であったのに対し，今回はこれらのほかに種々の金融資産の出現が挙げられよう。今回，再検討の1つの方向として時価評価の採用が強調されているのは，ここに理由があるように思われる。費用性資産に較べればこれらの時価は比較的求め易いからであろう。

　意思決定というものは必ず将来への予測を伴う。したがって，会計はこれに応えられるような情報を提供する必要がある。このためかつて，J. R. ヒックスの所得概念[19]を代表とするいわゆる経済的利益概念が，その算定に将来の純収入の現在割引価値を用い，将来への予測性に優れているとみられたところから，企業所有の個々の資産や企業全体の評価にも同様にこの割引価値を用い，いわば財産法的に利益を求めればよいとの主張がなされたことがある[20]。そこでは同時に，この価値の計算に種々の困難を伴うため，その近似値として再調達原価等の時価の使用も提唱されていたが，実施に移されることもなく1つ

5 むすびにかえて

の所説のまま終った。ここで主張された利益のなかには，将来そのものが取り込まれていることが特徴といえよう。これに対し，最近主張されている総括利益（comprehensive income）という概念は[21]，時価評価の採用により，利益の源泉を詳細に区分明示し，株式投資者自身による将来の予測を容易にしようとするもので，その算定に時価を用いてはいても，利益のなかに将来そのものが加味されているわけではない。これはかって，物価変動の影響を考慮に入れて利益の構成要素を分析するよう提唱した，エドワーズおよびベルの所説[22]の再現といってもよいであろう。

このように，時価評価とはいっても，以前と最近では時価で表現しようとしているものは異なっているが，期待されている役割はいずれも，株式投資者の意思決定に役立つ情報の提供にあるものとみられる。それ故，このような役割期待に応えられる手段が他にあるのであれば，前述のように分配可能利益の算定を主眼に確立されてきた従来の会計の枠組みとの整合性の上で難点のみられる，時価評価に固執する必要はないはずである。かって筆者も指摘したことがあるように[23]，この期待にヨリよく応える道を求めてゆくと，実施に困難を伴うが，究極的には企業予算の公表という方向へ行き着くことになろう。しかし当面は，金融資産の決済期限の短期性に鑑み，開示にあたっての適時性の改善のため，会計の枠組みに囚われず開示可能な補足的情報として，全企業への四半期報告書の導入とインターネットによる開示の充実が望まれる。

注

(1) たとえば平成9年8月7日付朝日（朝刊）の「みんなのQ&A」や同月31日付日経（朝刊）「2020年からの警鐘」等を参照。
(2) たとえば平成8年7月31日から6回にわたって連載された日経（朝刊）の特集「きしむ日本的会計」等を参照。
(3) たとえば平成8年9月10日付読売（朝刊）の社説等を参照。
(4) このような動きについては，次章第2節を参照されたい。
(5) このことを裏付けるように評価損を計上する企業が最近増えてきているようである（平成9年10月4日付の読売（朝刊）や日経（朝刊）等の経済欄を参照）。

（6） Cf. A. C. Littleton, *Accounting Evolution to 1900,* 1933, pp. 205-214（片野一郎訳「リトルトン会計発達史」昭和27年，308～318頁）．
（7） Cf. A. C. Littleton & V. K. Zimmerman, *Accounting Theory : Continuity and Change,* 1962, pp. 23-24.
（8） Cf. A. C. Littleton, *op. cit.,* Ch. XV（前掲訳書，第15章）．
（9） 実現基準をめぐる研究動向の状況については，前述の第10章を参照されたい．
（10） AIA, Study Group on Business Income, Changing Concepts of Business Income, 1952, pp. 23-24（渡辺進・上村久雄共訳「企業所得の研究」昭和31年，43頁）．
（11） Cf. H. U. Faulkner, *American Economic History,* 8th ed., 1960, Ch. 24 and Ch. 27（小原敬士訳「アメリカ経済史（下）」1969年，第24章および第27章）．
（12） Lawyer's Ed., *Cases Argued and Decided in The Supreme Court of The United States,* Book 64, 1920, pp. 521-542.
（13） Cf. Michael Chatfield, *A History of Accounting Thought,* 1973, Ch. 18（津田正晃・加藤順介訳「チャットフィールド　会計思想史」昭和53年，第18章）．
（14） Cf. Lawyer's Ed., *op. cit.,* pp. 528-529.
（15） Cf. Stephen Gilman, *Accounting Concepts of Profit,* 1939, pp. 98-100（久野光朗訳「ギルマン会計学（上巻）」昭和40年，127～130頁）．
（16） この場合にも，後入先出法や加速償却法等の生成史にみられるように，企業維持の視点からは紙上利益の排除と資本維持が問題となろうが，有限責任制度との関連でいえば，負債は当初の金額つまり名目額を返済すればよいはずであるから，利益の分配可能性を判断する上では，逆に分配不可能分の算定にあたって名目額つまり取得原価を用いても差し支えないといえよう．なお，分配可能利益の算定と資本維持との関連については，すでに第8章で論じているので，併せて参照されたい．
（17） なお，次章では，貨幣の機能との関連で取得原価の意味に検討を加えているので，併せて参照されたい．
（18） この点については，前述の第6章を参照されたい．
（19） J. R. Hicks, *Value and Capital,* 2nd ed. 1946（reprint 1957), p. 172（安井琢磨・熊谷尚夫訳「価値と資本Ⅰ」1965年，249頁）．
（20） 経済的利益概念からのアプローチについては，後述の第14章を参照されたい．
（21） Cf. L. Todd Johnson, Cheri L. Reither and Robert J. Swieringa, "Toward Reporting Comprehensive Income", *Accounting Horizons,* Vol. 9 No. 4, pp. 128-137, and L. Todd Johnson and Robert J. Swieringa, "Derivatives, Hedging and Comprehensive Income", *Accounting Horizons,* Vol. 10 No. 4, pp. 109-122. なお，訳語は高寺教授の訳語に従った（高寺貞男稿「区分総括利益会計における情報境界管理」『會計』第152巻第4号，118～119頁参照）．
（22） Cf. Edgar O. Edwards and Philip W. Bell, *The Theory and Measurement of Business Income,* 1961, pp. 110-131（伏見多美雄・藤森三男訳編「意思決定と利潤計算」昭和

39年, 91～109頁).
(23) 企業予算の外部への公表については, 後述の第17章を参照されたい。

第13章

取得原価基準における取得原価の意味

1 はじめに

　いわゆる金融派生商品の複雑化と経済界への浸透に伴い，最近我が国においてもその取扱いが社会問題化しつつある。金融機関のなかには金融派生商品の想定元本が総資産の十数倍という膨大な額に達したものもあり[1]，万一，決済不能に陥った場合その社会的影響は計り知れないものがあるであろうし，また現に，一般事業会社のなかにも某酸素や某製油などのように，金融派生商品の運用に失敗し巨額の損失を被り倒産には至らなかったものの，経営組織の見直しや担当者の責任問題にまで発展したものもある[2]。このような状況を背景に，金融派生商品に関する情報開示の一環として時価基準採用の必要性が叫ばれ[3]，従前からみられた投資意思決定への情報提供のためこれを全面的に採用せよとの主張と相いまって，取得原価基準そのものの存亡が問われているといってもよいであろう[4]。これら両基準は択一的にしか存在しえないのか，それとも並立しうるものなのか。この結論を得るには，その前に取得原価基準とはいったいどのようなものなのかを，いま一度振り返ってみる必要があるように思う。

　そこで本章では，まず，取得原価基準というものがどのような事情で生成してきたのかを尋ね，その後で，取得原価と呼称されているものが，何を表現し伝達してきたのか，あるいはしようと意図されてきたのか，そのなかに盛り込まれている意味を探ってみたい。なお，考察にあたっては，会計を一種の言語とみる説に依拠し，言語学，なかでも特に社会言語学の研究成果に応援を求め

ながら検討を試みるつもりである。

2 取得原価基準の生成とその背景

現行の会計は取得原価主義会計[5]の体系になっているとしばしばいわれる。しかし，全ての項目に取得原価基準が適用されているわけではない。いわゆる費用性資産には看板通りこれが適用されているが，いわゆる貨幣性資産には額面額や回収可能額が評価基準として用いられているし，また，両資産の中間にあって双方の性質を兼ね備えているとみられるものには，取得原価基準のほか強制評価減の適用と低価基準の選択適用がなされている。資産の所有目的によっていくつかの評価基準を使い分け，いわば多元評価を行っているのが実状であろう。それなのに，なぜ会計の全体系を表わす用語として，部分的地位を占めるにすぎない取得原価基準が使われているのか。言語学によれば，伝えたい中身つまり指示対象を，我々に最も適確に理解させうる指示表現つまり言語が選択使用されているはずという。しかもこの指示表現のなかには，それぞれの社会の歴史的文化的諸環境の下で，指示対象について得た言語体験のうち最大公約数的なものが，意味として盛り込まれているはずともいう。したがって，この取得原価基準という評価基準のなかに，現行会計の真髄が隠されているとみることもできるし，またここにその意味を探ってみる理由もある。そこでまず，意味の成立に少なからず係わりをもっているはずのこの基準の歴史的背景について，簡単に振り返ってみる。

取得原価基準の起源は，19世紀後半のドイツや英米における法規制と会計慣行に求めることができそうである。ドイツでは，1861年制定の普通商法第31条で用いている価値という文言の解釈をめぐって，多年にわたって評価論争が起り，法と慣行との対立のなか，1884年の改正株式法で株式会社の固定資産については取得原価基準も例外的に許容されるに至った[6]。当時，債権者や出資者の保護のため破産防止策の一環として，低価基準や時価基準などによる評価が，合目的的と考えられ要求されていたようであるが，実際には逆に，解散するつ

もりもない固定資産を沢山もつ大企業，たとえば鉄道や鉱山を営むような企業にあっては，このような基準による評価の技術的困難性もさることながら，物価下落期には計算上債務超過に陥り破産扱いを受けかねないし，また物価上昇期には意図的に評価益を計上しこれを配当に廻す詐欺まがいの行為も続出し，かえってその不合理性のほうが明らさまになってしまった。このような状況を背景に，健全な経営を行っている企業の側からの要請もあって，それまで慣行として固定資産の評価に用いてきた取得原価基準を，前述のようにそのまま容認せざるをえなくなったのである。

英米においても事情はほぼ同様で，初期の段階では，保守的配慮から低価基準が重視されるとともに，物価上昇期には，資産更新の資金準備に都合のよい時価基準も多用されていたが，物価下落期に至って，これらの基準の不合理性が顕在化し，特に，米国では南北戦争後の長期的な物価下落のなかで，鉄道企業の料金決定の基準をめぐって論争が起った[7]。このような状況を背景に，当時，英国の鉄道やその他の公益企業が，複会計制度の下で，修繕維持的支出は取替法的に処理し，固定資産は取得時の金額のまま繰越して行き，物価変動の影響を比較的に受けにくかった点に示唆を得て，主に固定資産の評価には，取得原価基準の使用が広まったが，その後，継続企業としての評価のあり方が模索され続けるなか，会計の重点が貸借対照表から損益計算書へ移るにつれて，減価償却思考や実現主義思考も一般に受け入れられるようになり，さらには税務当局が後入先出法と加速減価償却法を容認するようになったこともあって，取得原価基準はその地位を確立していったのである[8]。

このように取得原価基準は，詐欺や破産も稀れではなかった当時の社会事情を背景に，債権者や出資者の保護という視点に立った，企業維持と分配可能利益算定に資する最終的な評価基準として生成し，今日まで生き残ってきたが，物価変動の時期にはいつも，他の評価基準との比較でその存立が脅かし続けられてきたし[9]，また特に1960年代以降は，投資意思決定への情報提供の面からその使用に疑問が投げかけられてきている[10]。

ところで，この基準の基盤である取得原価と呼ばれているものは，何を意味

しているのか，あるいは意味しようと意図しているのか。それらは，生成当初から現在まで変りはないのか，それとも，その時その時の社会的背景により変化してきているのか。以下ではこれらの点について検討を試みるつもりであるが，まず，会計でいう評価との係わりから考えてみたい。

3 会計でいう評価と貨幣の機能

評価という用語は，静態論的思考の名残りで，今日の会計にふさわしい用語でいえば，測定と同義語とみられるが，一般に，資産，負債，資本，収益，および費用の各項目に付すべき数値を決定することを，そう呼んでいるようである[11]。そして通常は，この決定にあたり，財貨や用役など異質のものを加減算する必要上，共通の計算手段として貨幣が用いられてきている。問題は，その場合，意識されていたか否かは別にして，貨幣の機能からみた貨幣のもつ種々の属性のうち，結果的にいずれに重点が置かれ貨幣が用いられているかである。そのいかんによって，評価基準の選択も影響を受けているはずだからである。

ところで，貨幣の本質をどのように解釈するかについては，貨幣商品説など種々のものがみられるが[12]，貨幣制度が金貨本位制や金地金本位制を典型とする金本位制から紙幣本位制へ移行するにつれて，この本質観も変遷を辿ってきており，またこれと連動する形で貨幣の担う機能も変ってきている[13]。通常，貨幣の機能としては，価値尺度，交換手段，価値貯蔵，計算単位，一般的支払手段，あるいは価値輸送手段などがしばしば挙げられているが，単独でこれら全てを同時に満たせるものは，古来より金貨か金地金とみられてきた。ところが，現在当然のことのように行われている紙幣本位制の下では，これらの機能のうち充足できるものとそうでないものとが出てくる。特に，物価変動の時期には，そのような現象が顕著に表われ，社会に混乱を惹き起す。計算手段として貨幣を用いている会計も必然的にその影響を受ける。

前述の取得原価基準誕生の切掛けとなった評価論争が起った19世紀後半から

20世紀初め頃までの時期は，周知のように金本位制が採られ，紙幣も正貨との兌換が可能であった[14]。このような時代背景から推察すれば，貨幣は金という品物そのものと当時は受け止められていたはずで，したがって，会計でいう評価も，そのような理解に立った貨幣を用いて行っていたとみてよいであろう。当時，意識されていたか否かは別として，結果として貨幣は，前述したように単独で全ての機能を充足できていたわけである。しかし，1914年の第一次世界大戦勃発により，兌換の停止を行う国が多くなるに従い，当然この状況も変ったはずであろう。破産や詐欺から債権者や出資者を保護することを第一に考えるのであれば，評価にあたって必然的に，価値尺度，交換手段，あるいは価値貯蔵の機能を重視して貨幣を用いることは，充分にありうるはずである。財務的安全性を判断する上では，このような機能を満たせる貨幣が重要だからである。

評価にあたって，ある種の機能を重視して貨幣を用いていれば，当然，他方では軽視されているものもあるはずだし，また場合によっては技術的困難性のために，次善の策として後者の軽視されているものをもって前者に代えていることもありえよう。評価にあたって用いる貨幣の性質についての理解がますます混乱する。このことは，後の紙幣本位制の時代になると一層はっきりしてくる。それぞれの時代あるいはそれぞれの社会で，どのような貨幣の機能を念頭に置いて，評価に貨幣が用いられてきたのであろうか。今日まで評価基準をめぐって論争が続いているのは，ここに遠因があるように思われてならない。

4 機能面からみた貨幣と取得原価

取得原価基準においては，取得時点で資産などの各項目に付した貨幣数量を，それ以後も評価にあたって用い続けて行くことに特色がある。そして，ここで用いられている貨幣数量は，単に原価と呼ばれることもあるし，また取得原価，歴史的原価，実際原価，あるいは実費などと呼ばれることもある。このような種々の呼称は，この貨幣数量がもっている多様な属性のうちのいずれかを，強

調して付けられたものとみられるが、本章で用いてきている取得原価という名称は、この貨幣数量が取得時点で決定された数量であって、それ以外の時期の数量、たとえば時価などではない、ということを強調して付けられたもので、暗に、取得時点以外の時価は無視するとの意味が込められているようにみうけられる。本来、意味というもののなかには、指示対象を適確に理解できるようにするために、それがもつ全ゆる属性が凝縮して盛り込まれているはずで、取得原価の意味の場合も同様であろう。したがって、取得原価の意味を明らかにするためには、この貨幣数量がもつ全ての属性と関連付けて考える必要があろう。しかるに、本章では、属性の一面のみを表わしているにすぎない取得原価という名称を用いてきた。それは、名称の上では確かにそのような印象を与えるが、取得の時点において当事者間で交換が成立し、付すべき貨幣数量について合意に達している以上、たとえ彼等自身がこの貨幣数量のなかにどのような属性を期待していようとも、またこれが紙幣本位制の下で行われたものであろうとも、取得時点では、全ての属性が同等に意味のなかに盛り込まれているはずで、これを解明する素材として取得原価が最適と考えたからである。その上、取得時点においては、それ以降に変質するかもしれないものも含め全ゆる属性が、この貨幣数量のなかに原型のまま集約されているはずなので、周辺の幻影に惑わされることなく意味の核心に接近できるものと思う。

　周知のように、会計を一種の言語とみる、いわゆる会計言語説が古くから存在し今日では会計学界の定説になっている[15]。したがって、この説に立ち、取得原価の意味を探究するには、言語について長年にわたって研鑽を積み重ねてきている言語学の意味論に助力を求めざるをえないであろう。意味論は言語と指示対象との関係を取り扱う研究領域であるが、そこでの中心課題は、意味とは何か、すなわち意味の意味を究明することにある。しかしこれは、オグデンとリチャーズによる有名な研究[16]などが早くから存在しているにもかかわらず、言語学の世界では、最も議論の多い未だ決着をみていない問題の一つといわれている[17]。

　ところで、生成史的にみて言語と社会は同時発生といわれているように[18]、

言語がなければ意思の疎通は不可能で人の集合である社会は成立しないし，また逆に，社会が存在しなければ意思の疎通は不要で言語は出現しないはずである。そこで，言語を社会における人間の意思疎通の手段とみた場合，言語の意味を次のように受け取っても異存はないはずである。すなわち，意思疎通にあたって相手に本当に伝えたいものは，言語そのものではなくて，それを用いて表現し伝えたいと思っている中身，つまり指示対象であるが，種々の制約のためこれを相手に直接見せてやることができないので，代りに相手がこれを最も適確に理解できるような内容を盛り込める言語を選択使用せざるをえず，この時盛り込まれる内容が言語の意味と呼ばれるものである。言語の意味は指示対象そのものではないので，実際の意思疎通にあたっては，相手は自分自身の全ゆる言語体験を動員して指示対象の真の姿を捉えようと努めるはずで，したがって，言語で本人が伝えようとした意味と相手が受け取った意味との間にズレが生じる場合も出てくる。一口に意味とはいってもこのように一様ではない。言語学では，この種々存在する可能性のある意味を，2つに大別する。1つは，言語内的意味とか辞書的意味などと呼ばれるもので，同一言語社会の人々が指示対象について得た言語体験のうち，最大公約数的なものをまとめたものがこれに当り，通常はこれが辞書に掲載されている。いま1つは，社会的文化的意味とか語用論的意味などと呼ばれるもので，意思の疎通で相手が感じ取ったもの全てがこれに当るので，辞書には載っていない言語外的意味，つまり個々人の心証も当然この意味のなかに含まれる。社会言語学では，これらのうち主に後者を研究対象にしているが，しかし，一般に言語学では，前者が取り上げられる場合が多い。それは，文法や用語法などと共にこれもいわゆる言語規約のなかに整合的に組み込まれており，その解明が比較的に容易だからである。ただ，そうはいっても，言語規約は本来それぞれの社会における社会的文化的諸環境の影響を受けた言語体験の集積のはずであるから，前者でいう意味のみを俎上に載せる場合であっても，社会言語学の力を借りなければその解明は難しいとみられる[19]。以上のような言語の意味についての概括的な理解を踏まえ，次に取得原価の意味について検討を試みる[20]。

それでは，取得原価は，どのような指示対象を伝えるために，取得時点の貨幣数量を言語として用い，何を意味として盛り込んでいるのであろうか。この問題に接近するには，いろいろな方法が考えられようが[21]，ここでは，前にも少し触れておいたように，貨幣のもつ機能の側面から取り上げてみることとする。というのは，貨幣には多種多様な側面があり，それをめぐってこれまでにいろいろ述べられてきてはいるが[22]，その起源に遡ってみれば，貨幣は，交換経済を円滑に機能させるための手段として，価値尺度と交換手段というその実利的機能に着目し誕生したはずで，したがって機能の側面から考察を加えるのが，筋論からいって合理的とみられるからである。

まず，取得原価と呼ばれる貨幣数量を言語として用いて伝えられる指示対象についてであるが，誤解を恐れずに敢えていえば，資産，負債，資本，費用，あるいは収益の各項目の大きさがこれに当るとみられる。このようにいうと，奇異な感じを与えるかもしれないが，取得原価という名称のもつ固定観念に囚われず，これを取得時点の，つまり交換時点の貨幣数量と解するならばいかがであろうか。この貨幣数量を言語として用い，大きさという指示対象について伝えることになる。この場合，指示対象を適確に理解できるよう，この言語のなかには種々の視点に立って意味が盛り込まれているはずである。それが何であるかを，貨幣のもつ機能と係らせて，次に考えてみる。

前述したように，貨幣は種々の機能を担っている。しかもこれらは，その遂行にあたり貨幣数量で表わされた上で行われる。これらの貨幣数量は本来ならば一致してよいはずであるが，現在のような紙幣本位制の下では，物価変動の影響があるため，取得の時点を除き一致することはない[23]。取得時点では，これらが全て等量にならないと，交換が成立しないので，必ず一致しているはずである。したがって，この時点での取得原価には，いわば言語内的意味として，貨幣のもつ全ての機能から捉えた意味が，同等に盛り込まれているとみて差し支えないであろうが，しかし現実には，このようにはなっていない。取得や交換の目的いかんにより貨幣機能のいずれかが重視され，いわば言語外的意味に相当するものも盛り込まれているからである。しかも，これらは時ととも

に変化する。たとえば，同じ財貨でありながら，取得目的のいかんによっては，一方では流動資産として扱い，他方では固定資産として扱うこともあろう。両者とも，取得時点では，交換価値という価値尺度からみて等価と判定され交換が成立したわけであるから，交換手段という機能の側面から捉えた意味は同じはずで，そのことが理解できるような貨幣数量を言語として用い伝えることになる。ところが，価値尺度という機能の側面からのみみると，両者の間に違いが出てくる。前者の場合には，取得時点以後もその保有期間中は，交換価値が重視され，これが意味として貨幣数量のなかに反映されることになろうが，後者の場合には，使用価値としての価値尺度の側面が重視されるはずである。したがって，取得の時点では，交換価値と使用価値は等しいはずなので，特に問題はないが，その時点以降は，交換価値の側面は無視され，使用価値のみが取得目的に応じて，未費消の費用の塊りという形に姿を変え，これが理解できるよう意味として盛り込まれた貨幣数量で表現され伝えられることになる。特に，この後者の場合，時間の経過や物価変動などにより，この取得原価としての貨幣数量のなかには，当初の価値尺度という色合い，およびそれとの関連で交換手段でもあったという意味合いが，薄れてしまい，最終的には，測定単位という機能からみた意味しか残らないことになろう。

　言語的相対性と社会的相対性は表裏の関係にあるという。サピア・ウォーフの言語相対性仮説にもあるように[24]，言語とは時間的にも空間的にも相対的な存在である。この点，取得原価の意味についても同じであろう。

5　むすびにかえて

　いわゆる金融派生商品の取扱いをめぐって，取得原価基準の見直しと時価基準の二者択一的な採用が，昨今，声高に叫ばれている。そこで，いずれの基準を選択するのか結論を出す前に，長年にわたって使われてきた取得原価基準について，改めて振り返ってみることとし，そのキー・ワードである取得原価の意味を問い直してみた。論を進めるにあたっては，主に社会言語学に応援を求

めながら，貨幣のもつ機能との関連で検討を試みた。紙幣本位制の下では，種々の機能から捉えた意味が，貨幣数量で表現され，取得原価の意味として組み込まれたとき，同一になるのは，取得の時点だけで，それ以外は，時間の経過や物価変動により同じにはならない。当初の価値尺度や交換手段という意味は薄れて，測定単位という意味しか残らない。評価にあたって，どの意味を重視するかは，その目的と社会的文化的諸環境による。

注

（1） 平成7年6月30日付日経（朝刊）などを参照。
（2） 平成7年3月11日付日経（朝刊）および同年9月9日付日経（朝刊）などを参照。
（3） たとえば，金融制度調査会の報告書ではこの採用を提言している（平成7年5月16日および27日付日経（朝刊）などを参照）。
（4） このような危機感からか，最近，取得原価基準に関連するテーマが取り上げられることが多い。たとえば，『企業会計』第47巻第1号の特集などを参照。
（5） これのほかに取得原価主義とか取得原価基準などの用語もあり，それらの区別が必ずしも明確ではないが，本章では森田教授のお考えに倣い，何々主義会計といったときは1つの会計の体系を表わす用語として，また，何々基準といったときは貸借対照表や損益計算書の諸項目の具体的な認識または評価（測定）の基準を表わす用語として使う（森田哲彌稿「原価主義会計の再検討」『企業会計』第47巻第1号，25頁および30頁参照）。
（6） 飯野利夫著「資金的損益貸借対照表への軌跡」昭和54年，渡辺陽一著「貸借対照表論」昭和59年，安藤英義著「商法会計制度論」昭和60年，新田忠誓著「動的貸借対照表原理」昭和62年，および五十嵐邦正著「静的貸借対照表論」平成元年などを参照。
（7） Cf. Stephen Gilman, *Accounting Concepts of Profit*, 1939, pp. 436-462（久野光朗訳「ギルマン会計学（中巻）」昭和42年，529～559頁）and Michael Chatfield, *A History of Accounting Thought*, 1973, Ch. 17～18（津田正晃・加藤順介訳「チャットフィールド会計思想史」第17～18章）．
（8） Cf. A. C. Littleton, *Accounting Evolution to 1900*, 1933, Ch. 14（片野一郎訳「リトルトン　会計発達史」第14章）and George O. May, *Financial Accounting―A Distillation of Experience*, 1943, pp. 8-9 and Ch. 5～8（木村重義訳「G. O. メイ　財務会計」10～12頁および第5～8章）．
（9） 物価変動の時期における取得原価基準と損益計算との関連については，第9章および第10章で考察を加えているので，参照されたい。

第13章 取得原価基準における取得原価の意味　207

(10) このような面からの取得原価基準に対する論究については,次章を参照されたい。
(11) この点については,別の解釈もみられる（吉田威著「経営経済的会計の基礎理論」1991年, 44〜107頁参照)。
(12) 高田保馬著「全訂・経済学原理」昭和34年, 53〜62頁参照。
(13) 小竹豊治監訳「E. ビクター・モーガン著　貨幣金融史」平成元年, 3〜77頁参照。なお, 貨幣機能の生成順序については諸説がみられるが, 価値尺度と交換手段としての機能が初めに同時に生まれ, その後, 本文中に例示したような順序で種々の機能が附加されていったとするのが多数説のようである。
(14) 同　　上, 162〜172頁参照。
(15) Cf. H. R. Hatfield, *Modern Accounting*, 1909, p. 219, and A. C. Littleton, *Structure of Accounting Theory*, 1953, p. 99 (大塚俊郎訳「会計理論の構造」昭和30年, 144頁) etc. および青柳文司著「会計学の原理」昭和43年, 同著「会計学の基礎」平成3年などを参照。
(16) 石橋幸太郎訳「オグデン・リチャーヅ共著　意味の意味」昭和11年, 興文社, 同 (改訳版) 昭和26年, 刀江書院, および同 (復興版) 昭和42年, 新泉社。
(17) 鈴木孝夫著「ことばと文化」1973年, 84頁, および近藤達夫訳「ジョン・ライアンズ著　言語と言語学」1987年, 147頁参照。
(18) 原聖・糟谷啓介・李守訳「ブリギッテ・シュリーベン＝ランゲ著　社会言語学の方法」1990年, 14頁参照。
(19) 松山幹秀・生田少子訳「R. A. ハドソン著　社会言語学」1988年, 17頁および109頁参照。
(20) 会計全般の問題を意味との関連で取り上げたものに, 伊崎義憲著「会計と意味」昭和63年や山本真樹夫著「会計情報の意味と構造」平成4年などがあるので参照。
(21) たとえば, 森田教授は, 資本たる貨幣の自由選択資金性と拘束資金性の点から, 資産評価で用いられている取得原価を解明されている（森田哲彌著「価格変動会計論」昭和54年, 49〜69頁参照)。
(22) 吉沢英成監訳「S. H. フランケル著　貨幣の哲学」昭和59年, 3〜5頁参照。
(23) Cf. W. A. Paton and A. C. Littleton, *An Introduction to Corporate Accounting Standards*, 1940, p. 122 (中島省吾訳「ペイトン・リトルトン共著　会社会計基準序説〔改訳版〕」昭和33年, 204頁)。
(24) 平林幹郎訳「言語・文化・パーソナリティ」1983年, 97〜115頁, および有馬道子訳「言語・思考・実在」1978年, 150〜177頁を参照。

第14章

企業への投資意思決定のための利益

1 はじめに

　会計学であれなんであれ,およそ科学というものがこの社会において存在を容認されているのは,それがなんらかの社会的要請から求められ,その充足のために必要だからである。したがって,社会的要請の内容が変れば,それに応じてその最善の充足を求めて科学も変化するはずである。会計学において,企業の必要性の変化にともない,原始的な管理会計から財務会計が生成し,さらに財務会計から近代的な管理会計が分離独立したことは周知の事実であろう[1]。

　ところで,財務会計というものは,これを行う企業の側からみれば,それをとりまく多種多様な利害関係者のうち,主として投資者のために,その出資についての企業の受託責任関係を明らかにする手段として,すなわち受託責任遂行目的のために必要なのである。ところが逆に,この会計が作り出す数値の受領者である投資者の側からみれば,企業の受託責任の遂行の程度を知るためにこれを利用することはもちろんであるが,それと同時に,つぎのことのためにも必要なのである。すなわち,企業の受託責任の遂行の結果いかんによっては,企業への現在の出資の回収を計るべきか否か,それともそのまま出資しておくべきか否か,あるいはまた,さらに出資の増額を行うべきか否か,についての意思決定を行わなければならないことになるが,その場合,判断の基礎資料の1つとしてこれを利用するわけで,いってみれば,投資に関する意思決定目的のためにもこれが必要なのである。このように,企業と投資者とでは,会計利

用の内容が異なるが，これまでの会計においては，企業は，自分自身の受託責任遂行目的のみを顧慮して会計を行っていただけで，投資者の立場を特に考えて，投資に関する意思決定目的にも資するような会計を行っていたわけではなかったのである。それは，かような会計の実施が制度的に強制されていないというところにその主たる理由はあろうけれども，そのほかに，受託責任遂行目的のための会計から得られた数値を，投資に関する意思決定目的のためにも流用できる社会的経済的環境が存在していたため，ことさら改めて後者の目的のために，別個に独立の会計を行うべき必要性がみられなかったからであろう。

したがって，これまでの会計理論は，受託責任遂行目的のための理論体系として，企業の受託責任遂行の程度を判定する尺度となる，いわゆる分配可能利益の捕捉に適合するよう，取得原価主義と実現主義を中軸に構築されてきていたのである。ところが，最近のようにクリーピング・インフレーション[2]をはじめ企業をとりまく社会的経済的環境の著しい変化のもとでは，かような理論体系のなかで求められた会計数値をもってしては，投資に関する意思決定目的のために必要不可欠である数値の将来についての予測可能性という点で欠ける憾みがある。このため，最近，特に，かかる目的の視点に立って，これまでの会計理論の再検討を求める声が頓みに高まってきているわけである。たとえば，実現概念をめぐる最近の研究動向[3]などはその一例といえるが，本章でこれから取り上げようとする問題もその1つである。

以下，本章では，投資に関する意思決定目的のための会計理論の体系を追究する一環として，かかる目的の達成に有用な利益概念を探ってみたいと考える。

2　制度的利益の性格と限界

さて，そこでこれから投資に関する意思決定目的のために役立つ利益概念を追究してゆくわけであるが，その前に，これまでの受託責任遂行目的のための会計理論の体系のなかで求められてきた利益概念は，一体どのような性格をもっているのか，そしてそれは，なぜ投資に関する意思決定目的の遂行のために

第14章　企業への投資意思決定のための利益

は有用ではないのか、を明らかにしてみることにしよう。というのは、かような作業を行うことにより、目指す利益概念を浮彫りにする助けになると考えるからである。

まず初めの、性格という点についてであるが、結論から先にいうと、これまでの会計理論の体系のなかで求められた利益というものは、原初的には、いろいろ指摘されている利益のもつ性格[4]のうち、分配可能性という性格のみしかもちうるはずがないということである。しかもその場合、資本維持[5]という視点からみれば、分配可能性とはいっても、中味は、いわゆる名目資本維持のみしか念頭においていない分配可能性であるということである。では、なぜかような結論になるのか、つぎにその論拠を明らかにしてみることにしよう。

さて、今日の会計理論は、長年にわたって、企業をとりまく社会的経済的環境の変化に即応して、受託責任遂行目的に合致した思考のほかに、いろいろな要素を加味してきわめて複雑かつ精緻に体系立てられてきていて、生成当初の原形をほとんど留めていないといってもよい。したがって、そこで求められる利益というものも、カメレオンのごとしという比喩にもみられるように[6]、きわめて多面的な性格をもち、これに接するものをしてしばしば惑わせるほどのものがある。

ところで、なにごとによらず物事の真髄を見極めるためには、それをとりまくささいな副次的現象は捨象してかかる必要がある。そうでなければ、本体を見失う恐れがある。このことは、会計学上の問題を考察するにあたっても同様にいえることである。したがって、これまでの会計理論の体系のなかで求められてきている利益概念の本質を見極めるためには、会計というものの生成当初の精神にまで立ち返って、株式会社制度と関連づけて考えてみる必要がある。というのは、今日財務会計と呼ばれている外部報告会計は、生成史的みれば、巨大資本調達の最適企業形態である株式会社制度の発展とともに確立されてきたもので、その理論構築にあたって株式会社制度上の種々なる思考の影響を著しく受けてきているといえるからである[7]。

株式会社というものは、より大なる資本の調達を願って、企業が考え出した

生活の知恵の所産であるから，そこには，資本調達を容易にするためのいろいろな考え方が取り入れられている。なかでも，いわゆる有限責任制という独特の考え方が導入されているところにそのもっとも大きな特色がある。利益の計算をめぐる会計上のさまざまな問題も，結局ここから生起してくるといえる[8]。

すなわち，株式会社においては，有限責任制という考え方が取り入れられているために，利廻りの極大化を願いより大なる利益の分配を望む投資者と，債権の保全をまず第一に望む債権者との相対立する利害関係から，一般に弱者とみられる債権者の保護の重要性が叫ばれ，これに合致した利益計算の実施が会計に対して制度的に要求されることになったのである。というのは，有限責任制のもとでは，債権の担保となりうる唯一のものは，資本に見合う財産のみであるために，利益計算を株式会社企業の自由裁量に任せ，なんら制約を設けなければ，計算結果たる利益の分配を通じて担保の最低限度を示す資本が侵蝕され，債権者の保護が阻害される恐れがあるからである。したがって，そこでは，いわゆる「資本と利益の区別」の重要性が強調され[9]，利益の分配可能性を明らかにすることが利益計算の最大の課題になったわけである。したがってまた，会計理論も，いわゆる保守主義的思考を中心に，実現主義を導入して，分配可能利益の計算のための理論体系として構築されることになったわけである[10]。

以上のような論拠により，前述したように，これまでの受託責任遂行目的のための会計理論の体系のなかで求められた利益は，原初的には，分配可能性という性格のみしかもちうるはずがないという結論になったわけである。しかもその場合，分配可能性とはいっても，資本維持という視点からみれば，その中味は，名目資本維持のみしか顧慮していない分配可能性である。というのは，通常の場合，債務というものは，当初に受け入れた債務額と同じ額，つまり名目額を返済しさえすれば，それ以上の返済を要求されず，したがって債権者保護のための担保の最低限度を示す資本も，これと表裏の関係にあることから逆に，その名目額を維持すれば足りることになるからである。

少なくとも，会計理論の生成当初においては，利益の性格は以上のようなものであったはずであるが，それ以後の会計理論には，社会からの要請に基づき

受託責任遂行目的のほかに，たとえば企業維持目的などその他のいろいろな目的の達成を意図して，種々なる会計思考が導入されてきているため，利益というものは，純粋に前述した性格のみしかもっていないとは必ずしも断言しにくくなってきている。しかし，会計理論が受託責任遂行目的に重点をおいて構築されているかぎり，今日でも，利益のもっている微細な第二義的属性を捨象してみれば，その本質は，生成当初とまったく変わっていないといってもよいと思う。

ところで，かような性格を有している利益は，その母体たる理論体系が基盤としている目的とは異なった，投資に関する意思決定目的のための利用にも充分に耐えうるものなのであろうか。つぎに，この点についてみてゆくことにしよう。

これまでの受託責任遂行目的のために構築されてきた会計理論の体系に対しては，投資に関する意思決定目的の達成のためにはこれをいかに再構築しなおしたらよいかという点からはもちろんのこと，その他のいろいろな視点から，その全般にわたって種々の検討が加えられてきているが[11]，ここでは，前述の問題のみに限って，結論から先に述べれば，これまでの利益は，投資に関する意思決定目的の達成のためにはほとんど有用ではないということである。というのは，利益というものは，もともと目的概念であるため[12]，目的が異なれば，異なった利益が採られるはずだからである[13]。すなわち，投資者というものは，企業への投資意思決定にあたって，一般に，投資より得られるであろう将来における利廻りの極大化の可能性いかんということに重点をおいてこれを行う。したがって，将来における利廻りの予測に役立つような利益が必要となる。ところで，利廻りの極大化に貢献する主たる要素は利益の分配額であるから，その源泉となる当該企業の将来の収益力を，できるだけ正確に予測することが重要になる[14]。一般に，かかる予測は，利益の趨勢判断によって行われるので，それの期間比較[15]が可能でなければならない。そのためには，期間比較の対象となりうる，尺度性[16]をもった利益が必要になる。このように，投資に関する意思決定目的の達成のためには，利益のもついろいろな性格

のうち，特に尺度性に，いいかえれば，これと密接に関連のある将来への予測可能性ということに重点がおかれることになる。しかるに，これまでの会計理論は，受託責任遂行目的のための理論体系として，分配可能利益の算定に適合するよう，実現主義と取得原価主義を中軸に構築されてきているので，そこで求められた利益は，比較可能性に欠け[17]，このため将来への予測可能性という点で劣る嫌いがある[18]。したがって，それは，将来への予測可能性ということに特に重点をおく投資意思決定目的のためには役立たない。これも結局，分配可能性を有する利益を求めることと，予測可能性を有するそれを求めることとは，それぞれまったく異なった別個の目的を前提にしているからである[19]。

かようなわけで，これまでの受託責任遂行目的のための会計理論の体系のなかで求められた利益，すなわち分配可能利益を，投資に関する意思決定目的の達成のためにも転用するには限界がある。そこで，その解決策を探る必要性が生ずる。これがつぎに取り上げる問題である。

3 企業への投資意思決定に適した利益概念の模索

これまでの会計理論の体系のなかで求められてきた利益は，前述したように，投資に関する意思決定のために利用するには限界がある。したがって，これに対してなんらかの方策を講じ，これを克服しなければならない。そうでなければ，会計学は，社会的要請の充足になんら貢献しない社会的寄生虫として，その存在を否定されてしまうことになる。ところで，投資者というものは，企業への投資意思決定を行うにあたっては，経済的に合理的な行動を取る投資者を考えるかぎり，投資を通じて稼得できる利廻りが極大になるようこれを行うはずである。それ故，かような限界は，投資を行うことによりこれから先得られる，利廻りの予測を可能にするような方向で，その解決が図られることになる。

ところで周知のように，投資についての利廻りは，当該投資から投資者が受ける利益を，当該投資に要したコストで除することによって求められる。し

がって，これを極大化するには，前者の利益を極大にするか，後者のコストを極小にするか，あるいは両者を同時に行うか，のいずれかによることになる。ところが，後者のコストは，通常，一定不変であるから，これを極大化するには，前者の利益を極大にする以外に方法はない。しかも一般に，かかる利益のもっとも大きな部分を占めるものは，投資者が投資先から受け取る利益分配分，すなわち配当であるから，これを極大にしなければ，利廻りは極大にならないことになる。ここに，投資者が企業への投資意思決定を行うにあたっては，その利廻りの予測のために，将来における配当可能性の予測を行うことがもっとも重要なことになる。

配当というものは，当該企業の資金事情によって制約を受けることはいうまでもないが[20]，稼得利益を源泉に行われるのが普通である。したがって，その将来の可能性を予測するためには，当該企業の将来における収益獲得能力を予測することが必要になる。これは，異常項目を除いた過去の長期にわたる利益数値，すなわち尺度性のある利益数値を用いて行う趨勢判断によっても可能であろうが[21]，将来が過去と同じになるという保証が得られないかぎり，将来に係る投資意思決定にあたって，単に過去の延長上にあるにすぎない数値のみを用いてこれを行うわけにはゆかない。したがって，将来の諸要素を充分に考慮に入れているような，予測可能性をもつなんらかの数値を探す必要がある。最近，その解決策として特に注目を浴びるようになってきているのは，経済学者ヒックスの主張している所得についての考え方を，会計学の領域に導入して，その解決を図ろうとする動きである。

周知のように，ヒックスは，その著「価値と資本」において「ある人の所得とは，……彼が一週間のうちに消費し得て，しかもなお週末における彼の経済状態が週初におけると同一であることを期待しうるような最大額，これである」と所得の定義を述べている[22]。ここにみられるように，彼の国では，一般に週給制が採られているので，所得の定義を行うにあたって，個人の週間所得を前提にしてこれを行っているわけであり，しかもまた，ヒックスは動学的経済学[23]の立場からこれを行おうとしているため，いってみれば，所得をフロー

概念としてではなくストック概念として把握しているようである。

　ヒックスの述べているこのような所得についての考え方を，6ケ月もしくは1年という期間について所得すなわち損益の計算を行う企業の会計に当てはめてみれば，損益とは，当該期間に処分でき，しかもなお期末の純財産額に変動を与えずに期首のそれと同一に保持できるような最大額とでもいうことができようか。したがって，そこでは，期首と期末の純財産額の比較によって損益を求める，いわゆる財産法を用いて損益を把握することになる[24]。この場合，損益を正確に把握するには，その前提として，期首と期末の純財産額をどのように算定するかが問題となる。その方法にはいろいろあろう。が，ヒックスの所得についての考え方の趣旨に従えば，当該企業の将来の純収入の現在割引価値の合計を用いて，期首と期末の純財産額を求める以外に方法はありえない。なぜならば，ヒックスが所得の定義にあたって依拠している動学的経済学の立場からすれば，期首と期末の純財産額の算定にあたっても，時間的要素を考慮しなければならないことになるはずであり，これにもっとも適するとみられる方法は，まさにこの方法だからである。

　この方法を用いて具体的に損益を計算する場合，種々のやり方がみられるが[25]，もっとも普通のやり方に従えば，損益はつぎのようにして求められる。すなわち，ある期間について損益を計算しようとするとき，まず，当該期間末に，その時点から将来までの各期間について，それぞれの収入と支出の差額，すなわち純収入を求め，これを一定の率で割引いてその現在割引価値を計算する。この場合，各期間の純収入の現在割引価値は，当該企業が所有している個々の資産ごとに算定することもできようが，企業というものは，本来，個々の資産の単なる集合体としてではなく，企業全体が一個の有機的統一体として機能したときにこそ，はじめて存在意義をもつものであるから，この場合にも，当該企業全体としてのそれを計算することになる。つぎに，かようにして求めた各期間の純収入の現在割引価値を合計し[26]——これが期末の純財産の評価額となる——，これから，同様にしてすでに求められている前期間末のそれを，いいかえれば当該期間初めのそれ——これが期首の純財産の評価額にあたる

——を差引く。もし，その差額がプラスのときには，純利益が，また逆にマイナスのときには，純損失が生じていることになる。なお，当該期間中に増減資および配当の支払があったときには，財産法による損益計算の場合に増減資について通常行っているのと同様に，当該期間末における純収入の現在割引価値の合計を求めるにあたって，増資の額は減算し，減資および配当支払の額は加算する。これは，増減資および配当の支払にともなう収入支出は，収益の稼得を目的とする本来の収入支出とは考えられないためである。

　ところで，この方法において，損益計算を正確に行うためには，その前提として，比較すべき期首と期末のそれぞれの純収入の現在割引価値の合計額をできるだけ正確に求める必要がある。ところが，これは，何分にも将来の予測をともなう問題であるので，その算定にあたって多くの不確定要素と取り組まなければならず，経済学者自身も認めているように[27]，その正確な計算が困難な場合が多い。これでは，会計の生命たる計算の確実性を維持できない恐れがある。そこで，その解決策として，期首と期末の純財産額の算定にあたって，将来の純収入の現在割引価値の合計額を用いる代りに，その近似値として，かなりの客観性をもって比較的容易に求められるカレント・コスト[28]を用いて企業所有の各資産の評価を行う方法が提唱されている[29]。この方法によって損益計算を行う場合，具体的な計算手続は，資産の評価にカレント・コストを用いる点が異なるだけで，その他の点ではすべて，通常行われている財産法による損益計算のそれとまったく同じである。しかし，この方法にも解決せねばならない問題がある。それは，この方法がもともと近似値計算であるという根本的性格に帰因することではあるが，カレント・コストによって評価した個々の資産価値の合計と，企業全体を一個の有機的統一体として評価したときの全体価値とは必ずしも一致しないという点である[30]。これは，企業というものは，それが所有している個々の資産の単なる集合体ではないからである。この問題をどう解決するかが，この方法の今後の課題であろう[31]。

　以上のように，最近，会計学の研究領域への経済学的ものの考え方の導入により，主として投資意思決定へのインフォメーション提供という側面における

現在の会計理論研究の行詰りを打開し，もって会計学の起死回生を図らんとする動きが特に顕著にみられるのは，経済学上の所得概念がそれに応えうる能力をもっていると考えられているからである。すなわち，経済学上の，特に，時間的要素を考慮に入れる動学的経済学上の，所得概念というものは，個人所得を考えるかぎり，主観的概念である。したがって，これは，その性格上必ず将来にわたる予測をともなう[32]。この点にこそ，たとえ計算の面で難点はみられても，経済学上の所得概念が，将来についての予測をともなう投資意思決定の問題を取り上げるとき，会計学の研究領域に導入されうる素地があるといえるのである。

なお，会計理論の研究にあたって，経済学的ものの考え方を取り入れ，問題の解決を図ろうと意図している論者は，最近，かなり多くみられるが[33]，各論者の説いているところをみると，たとえば計算手続など細い点では，それらの間に多くの差異点があるように見受けられる。しかし，各説とも，その中味は必ずしも同じではないにしても，なんらかの意思決定と関連してかような接近方法を導入し，局面の打開を試みようとしている点では，それらの間に共通点が見い出せるようである。

4　む　す　び

以上，投資者が企業への投資意思決定を行うにあたって利用できる有用な利益概念を索めて，これまでの受託責任遂行目的のための会計理論の体系のなかで求められてきている利益数値の性格，投資意思決定目的へのそれの利用の限界，およびその打開策としての経済学上の所得概念の導入をめぐる最近の会計理論研究の動向について考察を加えてきた。その結果，つぎの点を明らかにすることができた。すなわち，まず，利益の目的概念としての宿命から，これまでの会計理論の体系のなかで求められた利益というものは，受託責任の遂行を目的としているために，利益がもっている各種の性格のうち，特に分配可能性という色彩を強く有し，したがって将来への予測可能性という性格をもつ利益

数値を必要とする投資意思決定目的のための利用には一定の限界があること。そして第2に，その打開策として導入されている経済学上の所得概念は，その主観的概念としての性格から，将来への予測可能性に対する配慮という点では，これまでの会計理論の体系のなかで求められた利益よりも優れているようにもみえるが，その算定にあたって，不確定要素をどう取り扱うかで，やはりこれにも一定の限界がみられること。これである。

この後者における問題点である不確定要素は，経済学上の所得概念を借り，具体的に，損益を計算する段階になって，将来の純収入の現在割引価値の合計を求める場合に，将来の純収入の予測見積，割引率の決定，あるいは考慮すべき将来の期間の決定などのときに介入するが，この計算上の制約の解決いかんによっては，経済学上の所得概念の導入によりせっかく見い出した打開策も，これまでの会計理論の体系のなかで求められた利益を，過去の数期間にわたって利用して行う趨勢判断と大差のない資料しか提供できないことになってしまうのではなかろうか。となると，これに代るなんらかの方策を探す必要が生ずる。これまでに，このための解決策がいろいろと示されてきてはいるが，いずれもやはり欠陥がみられるようである。したがって，最善の解決策を探して，さらに研究を続けてゆくことが必要であろう。これは今後の研究に待ちたいと思う。

注

(1) 財務会計と管理会計の関係については，佐藤孝一稿「財務会計の生成と特質」(企業会計　第16巻第12号　7頁以下)，および番場嘉一郎稿「管理会計と財務会計」(日本会計学会編「近代会計学の展開」所収，339頁以下) などを参照されたい。

(2) 最近，クリーピング・インフレーションに代って，スタグフレーションということがいわれているが，これは，これまでにみられなかった景気停滞 (スタグネーション) 下におけるインフレーションに対してつけられた名称で，スタグネーションとインフレーションの合成語である。ただ，スタグフレーションとはいっても，その場合のインフレーションの内容は，やはりクリーピング・インフレーションなので，ここでは，スタグフレーションという用語を使わずに，クリーピング・インフレーションとして

おいた。
(3) この点については，前述の第10章を参照されたい。
(4) たとえば，森田哲弥稿「期間利益の分配可能性と尺度性」(一橋学会編，一橋大学研究年報「商学研究 4 」(中) 所収，227頁以下) などを参照されたい。
(5) 資本維持そのものの意義内容については，前述の第 8 章を参照されたい。
(6) AIAs, Study Group on Business Income, Changing Concepts of Business Income, 1952, pp. 18-19 (渡辺 進・上村久雄共訳「企業所得の研究」34～35頁)。
(7) Cf. A. C. Littleton, *Accounting Evolution to 1900*, 1933 (reissued, 1966), pp. 205-222 (片野一郎訳「リトルトン会計発達史」308～326頁), and AIAs, Study Group on Business Income, *op. cit.*, pp. 21-22 (渡辺 進・上村久雄共訳，前掲書，40頁)。
(8) Cf. A. C. Littleton, *op. cit.*, pp. 242-257 (片野一郎訳，前掲書，350～370頁)。
(9) Cf. *ibid.*, p. 242 and pp. 255-257 (同 上, 350頁および368～370頁)。
(10) Vgl. Herbert Hax, „Der Bilanzgewinn als Erfolgsmaßstab", *ZfB*, 34. Jg. (1964), S. 643-644.
(11) たとえば，新井清光稿「現行財務会計理論の再検討」(『早稲田商学』 第218号15頁以下) などを参照されたい。
(12) 森田哲弥稿，前掲論文，302頁参照。
(13) Cf. John T. Wheeler, "Economics and Accounting", (in Morton Backer, *Handbook of Modern Accounting Theory*, 1955, p. 66) (染谷恭次郎訳「近代会計Ⅰ」49頁)。
(14) Vgl. Herbert Hax, *a. a. O.*, S. 646.
(15) 投資者が企業への投資意思決定を行うにあたっては，当該企業それ自体の将来の収益力を予測するばかりではなく，他企業のそれとも比較検討した上でこれを行うのが普通である。したがって，趨勢判断のために，過去の一定期間にわたる当該企業のみの利益の比較，すなわち期間比較を行うばかりではなく，同時に他企業との比較，すなわち企業比較をも行う必要があるわけであるが，これを取り上げると，統一会計制度の問題など，本章でこれから論じようとする内容とは直接関係のない，まったく性格の異なった問題にも触れなければならないことになるので，ここでは一応これを考慮外においた。
(16) 尺度性という言葉は，森田教授の用語を借用した。その意義内容については，森田哲弥稿，前掲論文 (227頁以下)，および同 稿「損益計算の方法と期間利益概念」(『會計』 第80巻第 5 号 111頁以下) などを参照されたい。
(17) Cf. Perry Mason, *Price-Level Changes and Financial Statements*, 1956, p. 11.
(18) Cf. AAA, Committee to Prepare a Statement of Basic Accounting Theory, *A Statement of Basic Accounting Theory*, 1966, p. 19 (飯野利夫訳「基礎的会計理論」29頁)。
(19) Vgl. Herbert Hax, *a. a. O.*, S. 646.
(20) Cf. George J. Staubus, *A Theory of Accounting to Investors*, 1961, pp. 15-16.

(21) Cf. Frederick D. Whitehurst, "The Predictability of Investor Cash Return from Historical Income Trends of Common Stocks", *The Accounting Review*, July 1970, p. 553ff.
(22) J. R. Hicks, *Value and Capital*, second edition 1946（reprint 1957), p. 172（安井琢磨・熊谷尚夫訳「価値と資本Ⅰ」249頁).
(23) 動学的経済学の意義内容については，J. R. Hicks, *op. cit.*, Ch. IX（安井琢磨・熊谷尚夫訳，前掲書，第9章）を参照されたい。
(24) 最近の会計理論研究において，財産法的思考が重要視される傾向にあるのは，このような事情によるものであろう。
(25) Cf. Edgar O. Edwards and Philip W. Bell, *The Theory and Measurement of Business Income*, 1961, Part One（伏見多美雄・藤森三男訳編「意思決定と利潤計算」第1部), Herbert Hax, *a. a. O.*, S. 646ff., Harold Bierman, Jr. and Sidney Davidson, "The Income Concept—Value Increment or Earnings Predictor", *The Accounting Review*, April 1969, pp. 239-241, and so on.
(26) ここまでの計算手続それ自体は，年金計算の場合の年金現価のそれと同じといえる。
(27) Cf. Edgar O. Edwards and Philip W. Bell, *op. cit.*, p. 25（伏見多美雄・藤森三男訳編，前掲書，19頁).
(28) ここで用いられるカレント・コストの内容は，論者により，リプレースメント・コストを指すこともあれば，あるいは売却時価を指すこともあり，さらにはまた，評価されるべき資産の種類によって各種のカレント・コストを使いわけるものもあるなど各種各様である。
(29) Cf. Edgar O. Edwards and Philip W. Bell, *op. cit.*, p. 25（伏見多美雄・藤森三男訳編，前掲書，19頁), Lawrence Revsine, "On the Correspondence Between Replacement Cost Income and Economic Income", *The Accounting Review*, July 1970, p. 513ff., and so on.
(30) Herbert Hax, *a. a. O.*, S. 650.
(31) この問題の解決には，いろいろな可能性が考えられよう。たとえば，企業を全体として評価し，その全体価値を求めることは，企業の精算のときにも行われるので，ここで用いられている各種の計算思考を借りてその解決を図ることも一策であろう。がしかし，これまでみてきたカレント・コストを用いて資産の評価を行う方法は，もともと継続企業への投資意思決定に役立てようとの発想から考え出されたものであるから，企業の継続を前提とした場合の解決策を探す必要がある。この場合に利用できる全体価値を求める既存の計算思考といえば，合併のときに用いられる企業評価額の決定についてのそれであろう。したがって，あるいは今後，これを活かして問題解決の方策が見い出せることになるかもしれない。
(32) J. R. Hicks, *op. cit.*, pp. 177-178（安井琢磨・熊谷尚夫訳，前掲書，257頁).
(33) たとえば，E. O. エドワーズ，P. W. ベル (Edgar O. Edwards and Philip W. Bell,

op. cit.（伏見多美雄・藤森三男訳編，前掲書），H. ハックス（Herbert Hax, *a. a. O.,* S. 642ff.），あるいはH. ビィアマン2世・S. ダヴィドソン（Harold Bierman, Jr. and Sidney Davidson, *op. cit.,* p. 239ff.）などはその一例である。

〔追　記〕

　本章で考察を加えている論点は，FASB，IASC（B），あるいは我が国の企業会計基準委員会などが，その概念フレームワークの作成にあたって採用し，2000年以降に斯界で特に注目を集めている，いわゆる資産負債アプローチの出現と展開に繋がるものである。

第15章

総括利益とエドワーズおよびベルの利益概念

1 はじめに

　最近，いわゆる金融派生商品の複雑化と巨額化に伴いその会計上の取扱いをめぐって，会計それ自体の存立が問われることが多い。周知のように，現行の会計は，株式投資者に対する企業の受託責任遂行状況についての結果報告とその成果たる分配可能利益の算定を可能にするため，取得原価基準と実現基準を中軸にその理論的な枠組みが組み立てられている。したがって，たとえどのように重要な社会からの会計に対する役割期待ではあっても，この枠組みで捕捉が不可能なものは，会計の対象にはならずいわゆるオフ・バランスシート化してしまうことになる。この点で現在緊急に解決を迫られているものの1つが金融派生商品の会計における取扱いである。金融派生商品は，成功すれば企業に多額の利益をもたらす反面，失敗すれば企業を倒産に導きかねない巨額の損失を生じさせるともいわれる[1]。このように企業の利害関係者に対して大きな影響を与える可能性があるにもかかわらず，現在の枠組みの下ではその完全な捕捉が困難で彼等の会計への役割期待に充分に応えているとはいえない。特に，株式投資者が会計に対してもつ投資意思決定への情報提供というもう1つの役割期待との関連で，金融派生商品をめぐる情報不足が顕在化し，これまでの枠組みがもつ限界が問い直されているとみられる。このような最近の動向を背景に，情報不足解消の一手段として我が国においても関心を集めているのが，米国の財務会計基準審議会（FASB）から提案された総括利益（comprehensive income）という概念である[2]。この概念そのものは今回初めて登場したものでは

ないが[3]，今回は会計実践への具体的な適用を前提にしてその提案が行われ，関係各界からの意見聴取と討議の期間を経て会計基準化され1997年12月15日以降に始まる会計年度から実際に適用されることになっており[4]，我が国における改革の1つの方向として参考になるものとみられる。

そこで本章では，この総括利益概念を適確に理解する一助として，その概念形成にあたって中枢部分に影響を与えているとみられるエドワーズおよびベルの利益概念を改めて取り上げ[5]，現在問われている情報不足解消という視点からこの旧知の説を再吟味してみたいと思う。

2 総括利益と含み益（損）

総括利益という概念は，包括主義に基づく利益の内容を拡充するような形で，FASBが1980年に概念ステートメント第3号[6]で提唱したもので，その後，同第5号[7]および同第6号[8]へと受け継がれ，米国経済の停滞時期には一時それに対する関心が薄れていたが，景気回復とともに金融派生商品が企業へ普及し，かつ複雑化し巨額化するにつれて，再びそれの実務への導入の声が高まり[9]，前述のように1996年の公開草案による提案と討議を経て翌97年に会計基準化され実施に移されることになったものである。これら一連の文献によれば，総括利益とは，増減資および配当支払い以外の要因によって生ずる純財産増加分のことをいい[10]，包括主義に基づく利益とそれ以外の利益の2つの部分から成り立っているが[11]，後者のなかには金融派生商品から生ずる未実現損益も含まれるとされる[12]。そしてその会計報告書への表示にあたっては，それだけのために特定の計算書を別個に作成せよとまでは必ずしも要求してはいないが[13]，包括主義に基づく利益とそれ以外の利益の2つに大別し，さらにそれぞれの詳細も明示するよう求めている[14]。詳細を明示する過程では当然いわゆる当期業績主義に基づいた利益も明らかになるはずであろう。

米国会計学会（AAA）の財務会計基準委員会によれば，1996年のFASB公開草案にはいくつかの問題点もあるが[15]，総括利益の会計それ自体は有用であ

るとし，次のような4つの長所が挙げられている(16)。1つは，これを実施すれば，純財産増加分の内容，なかでも特に収益源泉の詳細が明らかとなり，いわゆる株主拠出資本関連による増減分との混同が避けられることである。2つは，株価算定や企業業績評価にいわゆるキャッシュ・フローを用いる場合，その予測値と実績値の計算が容易になることである。3つは，会計報告書の作成者と利用者の双方に，これの導入に伴う新たな知識修得の機会を与えることになることである。そして4つは，その算定には当然，将来の純収入の現在割引価値あるいはその近似値としての時価などが用いられることになるので，損益計算書，貸借対照表およびキャッシュ・フロー計算書の三者の関係が数値的にヨリ明確になることである。金融派生商品の乱用を背景に今回の公開草案が出され会計基準化がはかられた事情からみれば，総括利益概念の導入にこのような長所が期待されているのも当然のことかもしれない。その算定に時価などを用い実現未実現のいかんを問わず収益源泉の明細を示すことにすれば，金融派生商品にかかわる含み益（損）も当然その源泉の1つとして明らかにされるはずだからである。株式投資者を初め企業の各利害関係者は，この明示された源泉のなかからそれぞれの情報要求に応じて必要なものを取り出し利用することになる。今回の基準化の狙いもこの点にあるとみられる(17)。

　ところで，利益の算定に時価などを導入し収益源泉の内容を明らかにしようとの発想は，エドワーズおよびベルの利益概念にまで遡ることができようが，今回提案され基準化された総括利益概念にもこれが大きく影響を与えているとみられるので(18)，次に節を改めて取り上げてみたい。

3　収益源泉の明示化とエドワーズおよびベルの利益概念

　経営者は企業利潤の最大化を目指して諸々の経営意思決定を行っているはずである。その良否を事後的に分析し評価するための情報提供が会計の役割として期待されるが，同時にこの事後的な業績評価から得られる情報は将来の経営

意思決定にも役立つはずで，会計のもついま1つの役割として期待が向けられている。ところが，貨幣価値の下落と価格上昇のために会計はこれらの役割に答えることが困難になってきているという。このような認識の上に立ってエドワーズおよびベルは，経営意思決定の良否判断の一指標としてその実行の結果たる利益に着目し，立論の基礎をJ.R.ヒックスの所得概念に求めつつ，利益創出要因として収益源泉を詳細に分析する必要性とその分析手法を提唱する[19]。

J.R.ヒックスによれば，「ある人の所得とは，………彼が1週間のうちで消費し得て，しかもなお週末における彼の経済状態が週初におけると同一であることを期待しうるような最大額」であるという[20]。この経済学上の概念をエドワーズおよびベルは企業の損益計算に当てはめ，企業の所得すなわち利益とは，当該会計期間に処分したとしても期末に期首と同じ純財産額を保持できるような期中の最大純財産増加額とする[21]。したがって，これを求めるには，期首と期末の純財産額の比較によって損益を把握するいわゆる財産法が用いられることになるが，その場合，損益を正確に把握するには，その前提として期首と期末の純財産額をどのように算定するかが問題となる。当然のことながら彼等は，理論構築にあたって時間的要素も考慮に入れる動学的経済学の視点に立つヒックスと同じように[22]，その算定にあたって時間的要素を考慮に入れる。例えば，ある会計期間の損益計算を行う場合，まず，当該期末に，その時点から将来までの全ての会計期間について各期間の収入と支出の差額すなわち純収入を求め，これを一定の率で割引いてその現在割引価値を計算する。次に，このようにして計算した各期間の現在割引価値を合計し当該期末の純財産額とする。そして，同様にしてすでに算出されている前期末の純財産額をこれから差引けば，プラスのときには純利益が，また逆にマイナスのときには純損失が，生じていることになる。なお，各期間の純収入を求めるにあたっては，増減資および配当支払いに伴う収入支出は収益稼得を目的とする収入支出ではないので，通常の財産法と同じように除かれることになる[23]。彼等自身も認めているように，必ずしも正確な測定まで想定していない主観的概念に属する経済学上の所得概念を基礎にしているため，この損益計算にはいくつかの困難を伴う

が[24]，大きな障害は次の2つとみられる。1つは，純財産額の算定に将来への予測を伴うので，会計なかでも特に外部報告会計の生命である客観性と確実性が阻害されることである。このため，将来の純収入の現在割引価値の近似値として時価などを代わりに用いる方法も考慮されている[25]。いま1つは，たとえ代わりに時価などをもって企業所有の各資産が生み出す純収入の現在割引価値の近似値としたとしても，それらの合計と企業全体を一個の有機的統一体として求めた全体価値とは必ずしも一致しないことである[26]。企業というものは本来，所有している個々の資産の単なる集合体ではないからである。そのため彼等は，組織価値すなわち暖簾の問題についても併せて検討を加えている[27]。なお，これらの障害に対する彼等の検討を跡付けてゆくことは，本章の目的ではないので別の機会に譲る。

彼等は，このような経済学上の所得概念についての考察を踏まえた上で，会計に対する前述のような事前的・事後的な役割期待と関連させ，短期的視点からみれば実現可能利益 (realizable profit) が，また長期的視点からみれば経営利益 (business profit) が，有用であるとし，これら2つの利益概念を提唱する[28]。そして論旨展開にあたっては，恐らく，企業利潤を形態，場所，および時間の3つの変化と関連づけて分析したF.シュミット[29]の影響を受けているものと思われるが[30]，彼等も，企業の行う経営活動の内容と関連づけて収益源泉をいくつかの利益創出要因に分解し，その組合せによってこれらの利益概念を解明しようと試みている。その概要はおおよそ次の通りである[31]。

企業の主な経営活動は，操業活動と保有活動の2つである。前者は形態および場所の変化にかかわりをもち，そこから生ずる利益は操業利益 (operating profit) と呼ばれ，また後者は時間の変化にかかわりをもち，そこから生ずる利益は資本利得 (capital gain) と呼ばれる。これらは各々まったく異なった意思決定を実行に移した結果表出したものであるが，前述の実現可能利益と経営利益を明らかにするには，短期的にはこれらの活動にかかわる常規的意思決定のみを念頭においた利益創出要因の検討を行うとともに，長期的には設備投資などの構造的意思決定をも考慮に入れた検討が必要になる。このため彼等は，利

益をさらに次のような4つの基本的な構成要素に分解する。すなわち，当期操業利益（current operating profit），実現可能原価節約（realizable cost saving），実現原価節約（realized cost saving），および実現資本利得（realized capital gain）の4つである。これらのうち最初のものは操業活動にかかわるものであり，後の三者は保有活動にかかわるものである。そして彼等は，これらを解明するのに，資産の所有目的，取得原価および購入・販売市場の時価，ならびに実現基準および実現可能基準と呼称されている発生基準を，それぞれ適宜組合わせ用いることにより行っている。それによれば，当期操業利益とは，期中に販売され実現基準で処理された各棚卸資産の売価から，その販売時点でのそれぞれの再調達原価を控除した差額の総合計である。次に，実現可能原価節約とは，期末時点で保有中の各資産の，期首または期中取得時点から期末までの間のそれぞれの再調達原価の上昇分の総合計であり，実現可能基準を用いて求められるが，これらの資産を期末に購入したとすれば支出を余儀なくされたであろう上昇分相当額が節約されたことを意味する。後でも触れるが，商品や製品のようにそのまま直接売ることを前提に所有している資産には，再調達原価のほかに販売市場での時価が存在するのが常態なので，期末時点で保有中のこれらの資産に起こる同様の売価上昇分の総合計は，どのように取り扱われるのか，この実現可能原価節約のなかに含められるのか否か，彼等の論述をみた限りでは必ずしも明らかではない。3つ目の実現原価節約とは，期中に販売され実現基準で処理された各棚卸資産の販売時点での再調達原価から，それぞれの取得原価を控除した差額の総合計であり，前述の実現可能原価節約のなかの棚卸資産に関する部分が販売によって実現し決着したことを意味する。そして4つ目の実現資本利得とは，期中に売却された固定資産の処分価額からその取得原価または簿価を控除した差額であり，そのなかには，固定資産に関する実現可能原価節約のうちの一部も，実現し決着したものとして含まれているはずであるが，通常は，このような実現可能原価節約は，減価償却を通して製品などの棚卸資産の取得原価に算入され，棚卸資産にかかわる実現可能原価節約や実現原価節約として取り扱われる。

種々の利益概念は，このように分解された基本的な構成要素を組合わせることにより求められる。会計上で利益として取り扱われているのは当期操業利益，実現原価節約，および実現資本利得の3つで，前二者を合わせれば当期業績主義に基づく利益となり，また三者全てを合わせれば包括主義に基づく利益となる。この会計上の利益のなかの当期操業利益に実現可能原価節約を加えたものが経営利益であり，これにさらに，前で疑問を述べた保有中の棚卸資産の売価上昇分を加えたものが，実現可能利益になるとみられる。なお，これらの利益を求めるにあたっては，貨幣価値の下落は企業の統制不可能な要因と考え，それに伴う利益は架空利益として除外される。

彼等の考えている収益源泉の内容とその組合せによる利益概念は以上の如くである。測定に技術的困難性と計算コストを伴うが，彼等の提唱しているように時価などの導入により収益源泉の明示化が可能ならば，企業内外の利害関係者の意思決定にとっては有用であろう。

4　むすびにかえて

最近における金融派生商品の複雑化と巨額化を背景に米国のFASBが会計基準化をはかった総括利益は，以上みてきたようなエドワーズおよびベルの利益に対する考え方の影響を色濃く受けているといってもよいであろう。彼等は，J.R.ヒックスを中心とする経済学上の所得概念を基礎におきつつ，客観的な測定を命とする会計へのその適合性を模索し前述のような収益源泉の分析内容と利益概念に行き着いた。これらを，現在，情報不足の解消が求められている金融派生商品の会計に当てはめると，次のような示唆が得られるのではないかと思う。金融派生商品は，物的形態は取っていないが，棚卸資産の一種と仮定すれば，彼等の提唱している棚卸資産についての収益源泉の分析内容と利益概念を援用して解決方向が見い出せるはずであろう。ただ，特に株式投資者も含め企業外部の利害関係者の意思決定に資するという視点からすれば，このような収益源泉の内容や利益概念の明示化も必要かもしれないが，決算日後3ヶ月以

230 4 むすびにかえて

内に会計報告書を提出すればよい現状の下では,金融派生商品の決済期限の短さからみて,四半期報告書の実施やインターネットの利用による情報開示の迅速化と充実化こそ急務といえよう[32]。

注

(1) たとえば,乳酸菌飲料最大手の某社が金融派生商品を用いた資金運用に失敗し,約1,000億円の巨額損失を出して経営再建に追い込まれた事例は,記憶に新しいところであろう(平成10年3月20日付日経(夕刊)等参照)。

(2) Cf. FASB, Exposure Draft, Proposed Statement of Financial Accounting Standards, *Reporting Comprehensive Income*, Norwalk, CT, June 20, 1996. なお,この訳語については包括利益などという表現も用いられているが,comprehensive incomeのなかには未実現利益も含まれており,いわゆる包括主義に基づく利益とは内容が異なるので,誤解を避けるためにここでは高寺教授の訳語に従っている(高寺貞男稿「区分総括利益会計における情報境界管理」『會計』第152巻第4号,118~119頁参照)。

(3) Cf. FASB, Concepts Statement No.3, *Elements of Financial Statements of Business Enterprises*, Stamford, CT, 1980, pars. 56-62, and so on.

(4) Cf. FASB, Statement of Financial Accounting Standards No.130, *Reporting Comprehensive Income*, Norwalk, CT, 1997, par.34.

(5) E. O. Edwards & P. W. Bell, *The Theory and Measurement of Business Income*, University of California Press, 1961 (中西寅雄監修・伏見多美雄/藤森三男訳編「意思決定と利潤計算」日本生産性本部,昭和39年).

(6) FASB, Concepts Statement No.3, *op. cit.*, pars. 56-62.

(7) FASB, Concepts Statement No.5, *Recognition and Measurement in Financial Statements of Business Enterprises*, Stamford, CT, 1984, pars. 39-44.

(8) FASB, Concepts Statement No. 6, *Elements of Financial Statements*, Stamford, CT, 1985, pars. 70-77.

(9) Cf. L. E. Robinson, "The Time Has Come to Report Comprehensive Income", *Accounting Horizons*, Vol. 5 No. 2, pp. 107-112.

(10) Cf. FASB, Statement of Financial Accounting Standards No. 130, *op. cit.*, par. 8, and so on.

(11) Cf. *ibid.*, pars. 14-16, and so on.

(12) Cf. *ibid.*, par. 17, and so on.

(13) Cf. *ibid.*, par. 22, and so on.

(14) Cf. *ibid.*, pars. 23-25, and so on.
(15) Cf. AAA's Financial Accounting Standards Committee, "Response to FASB Exposure Draft, Proposed Statement of Financial Accounting Standards-Reporting Comprehensive Income", *Accounting Horizons*, Vol. 11 No. 2, pp. 118-119, and *do.*, "An Issues Paper on Comprehensive Income", *do.*, pp. 123-126.
(16) Cf. *ibid.*, pp. 121-123.
(17) Cf. FASB, Statement of Financial Accounting Standards No. 130, *op. cit.*, pars. 11-13.
(18) Cf. AAA's Financial Accounting Standards Committee, *op. cit.*, pp. 121-122.
(19) Cf. E. O. Edwards & P. W. Bell, *op. cit.*, ch.1 （同訳書，第 1 章）．
(20) J. R. Hicks, *Value and Capital*, 2nd ed., Oxford, 1946 (reprint, Maruzen Co., 1957) p. 172 （安井琢磨・熊谷尚夫訳「価値と資本Ⅰ」岩波書店，1965年改版，249頁）．
(21) Cf. E. O. Edwards & P. W. Bell, *op. cit.*, pp. 24-25 （同訳書18頁）．
(22) Cf. J. R. Hicks, *op. cit.*, pp. 115-127 （同訳書161～180頁）．
(23) Cf. E. O. Edwards & P. W. Bell, *op. cit.*, pp. 24-25 and pp. 38-51 （同訳書18～19頁および30～41頁）．
(24) Cf. *ibid.*, pp. 24-28 and pp. 281-289 （同訳書18～21頁および238～243頁）．
(25) Cf. *ibid.*, p. 25 and pp. 60-66 （同訳書19頁および48～54頁）．
(26) Vgl. H. Hax, „Der Bilanzgewinn als Erfolgsmaßstab", *ZfB*, 34. Jg. (1964), S. 650.
(27) Cf. E. O. Edwards & P. W. Bell, *op. cit.*, pp. 38-54 and pp. 66-69 （同訳書30～43頁および54～56頁）．
(28) Cf. *ibid.*, pp. 26-27 （同訳書19～20頁）．
(29) Vgl. F. Schmidt, *Die organische Tageswertbilanz*, 3. Aufl., Verlag Dr. Th. Gabler, 1928, SS. 56-62 （山下勝治訳「シュミット有機観對照表學説」同文館，1934年，106～116頁）．
(30) Cf. E. O. Edwards & P. W. Bell, *op. cit.*, pp. 26-27 （同訳書21頁）．
(31) Cf. *ibid.*, pp. 70-131, ch. 5, and ch. 6 （同訳書57～109頁，第 5 章，および第 6 章）．
(32) この点については，前述の第12章も併せて参照されたい．

第16章

外部報告制度と予測会計情報

1 はじめに

　そもそも，会計というものがこの社会において存在を容認されているのは，それがなんらかの社会的要請から求められ，その充足のために必要だからである。したがって，種々の原因によりこの要請に充分応えられなくなったとき，会計は当然変革を迫られることになる。でなければ，会計は，無用の長物としてその社会的存在を否定されてしまうからである。

　周知のように，これまでの会計は，取得原価主義と実現主義を基本的な枠組みとして体系立てられているが，最近のような，企業を取り巻く社会的経済的諸環境が目まぐるしく変化する時期にあっては，かような会計をもってしては，特に，企業内容のディスクロージャーという面で各種利害関係者の要望に充分応えられなくなってきている。そこで，たとえば米国などでは，このように欠陥の目立ってきている従来の会計に，四半期報告書，セグメント別報告書，リース会計，あるいはインフレ会計などを取り入れてその修復を図ろうとしてきているわけである。最近のこのような潮流のなかの1つに，企業内部で用いている予測会計情報[1]の外部公開の可能性を探る動きがある。これは，従来の会計の枠組みからみればまったく異質な考え方といえるかもしれないが，企業内容のディスクロージャーという方向を突き詰めた究極の結果として考え出されたものである。もともとこのディスクロージャーは，各種利害関係者のうち特に投資者の意思決定にとって不可欠の，将来への予測に役立つ情報の提供に，その主眼を置いているのであるから，このような動きが，最初は投資者の間に

みられる入手情報の格差を是正しようとの意図から出たものであったとしても、ディスクロージャー問題の最善の解決策を追究する限り、これは行き着くべくして行き着いた当然の帰結であったといえよう。これから本章で取り上げようとする問題もこの動きに関連するものである。

　予測会計情報というものの外部公開を推進する場合、投資者の間でその入手に不公平が生ずるのを防止するため、これは必ず制度として実施されることになるはずである。そこで本章では、予測会計情報の外部公開が制度として確立できるか否かその可能性について追究してみるつもりであるが、そのために、まず、外部報告制度とは一体何なのかその意味を明らかにし、つぎに、それとの係りにおいて予測会計情報外部公開の制度化の方向を探り、そして最後に、その制度化にあたっての問題点を取り上げて検討する、という順序で論を進めてみたいと思う。

2　外部報告制度の意味

　企業の内部で利用している予測会計情報を、外部へ公表させようとする動きを生じさせたもっとも大きな理由は、この情報が一部の者だけに流れ投資者間に入手情報の不公平が生じたため、これを是正しすべての投資者へ情報が平等に行き渡るようにするところにある[2]。したがって、予測会計情報の外部公開を実施に移す場合、これまでの外部報告制度と同じように制度としてこれを行うのが理に適うことといえよう。今日まで長い経験を積み重ねてきている従来の外部報告制度は、殊にこの場合いろいろと参考になるであろう。

　外部報告とは、企業がその内容を会計数値で表現して広く一般に公表することをいうが、通常は特に、企業の各種利害関係者のうち殊に投資者に対して、経営活動の結果報告を行うことを、そう呼んでいるようである。生成史的には、これは、株式会社制度の発達に伴って増大してきた不在株主の要望に応えるために考え出されたものであるが[3]、初期にはこれが充分行われず、特に制度として実施されるようになるまでにはかなりの年月を要したようである。英国で

は，19世紀中葉に至り，会社破産や詐害行為から株主を保護する規定の一環として，会計報告書の株主への送付という形で，会社法のなかに外部報告に関する規定を設け制度的基礎が与えられた[4]。また，米国では，さらに下って今世紀の30年代になってから，かの有名なKreuger事件を契機として株主保護のために制定された証券法により，強制監査とともに外部報告も制度化への道を歩み始めたが，それ以前は外部報告はほとんど行われていなかった[5]。しかも，その実施しなかった理由が，これを行うと競争企業を利することになるというのであるから[6]，現在問題になっている予測会計情報の外部公開に対しても，反対の理由として同じようなことがいわれているのをみると[7]，これは非常に興味あることといえる。

　この外部報告は，種々の社会的要請を充たすために行われている。なかでも，従前より外部報告が担ってきているもっとも重要な役割は，経営者が，投資者から委託されている企業経営という受託責任を，どのように果たしたのか，その遂行状況を会計数値によって結果報告することである[8]。しかしながら，外部報告の役割についてこういえるのは，それを行っている企業の側からみた場合だけである。その受手である投資者の側からみたときはかなり事情が異なる。投資者は，外部報告に対して，同じように，受託責任の遂行状況に関する結果報告という役割を求めるのはもちろんであるが，それと同時に，つぎのような役割も期待しているのが実情である。すなわち，投資者が，企業への現在の出資の回収を図るべきか否か，それともそのまま出資しておくべきか否か，あるいはまた，さらに出資の増額をなすべきか否か，について意思決定を行うにあたり，その判断に基礎資料の1つを提供するという役割である。このように，投資者の側にとっては，外部報告は2つの意味をもっているのである[9]。

　したがって，投資者の視点に立っていえば，外部報告というものは，一方では，受託責任の遂行状態を明らかにするために，そのなかに企業の維持運営の状況と運営の成果たる利益の分配分に関する情報を，盛り込む必要があるし，また他方では，投資意思決定に役立てるため，将来への予測が可能なようなディスクロージャーを行う必要がある。しかるに，これまでの外部報告において

は，これら2つの要件を充分に考慮して報告が行われていたとはいえない。稀には，自発的に行った自社PRが結果的に後者の要件にも適っていたというような企業もあるが，大多数の企業は，自分自身の報告責務にも関連のある前者の要件のみを念頭に置いて外部報告を行っていただけで，投資者の立場を特に考えて，後者の要件をも充たすような報告を行うなどといったようなことはなかったのである。それは，このような報告の実施が制度的に強制されていなかったという事実にその主たる理由はあろうけれども，そのほかに，これまでは，前者の要件の充足を考えて報告を行っておれば，同時に後者の要件にも適うことになるような社会的経済的環境が存在していたため，ことさら改めて後者の要件の充足だけを考えて別個に外部報告を行う必要がなかったからであろう。したがって，現在まで連綿と実施されてきている外部報告は，前者の要件に適合できるよう，取得原価主義と実現主義を基本的な枠組みとした会計に，その基礎を置いており，また同時に，そこで求められた利益のなかに，分配可能性と尺度制[10]という2つの属性を共に見い出すこともできたわけである。しかしながら，最近，企業環境の急激な変化に伴い，このような外部報告をもってしては後者の要件を充たせなくなってきているのである。そこで，これを改善するため，一方では，投資者間の入手情報の格差是正から始まった予測会計情報の外部公開の推進により解決を図るとともに，他方では，従来の外部報告が基礎を置いている会計理論の再検討によってその解決を図ろうとしているわけである[11]。

　ところで，外部報告は，そのいかんによって各種利害関係者が甚大な影響を受けることにもなるので，内部報告とは異なり各企業の自由に任せられてはいない。その社会性の故になんらかの拘束が必要なため，通常，外部報告は，制度という形式を取って実施されている。一般に，制度とは，ある社会における支配的かつ標準的な思考習慣や行動様式のことをいい[12]，これを必要とするもっとも大きな理由は，社会の安定性の確保にある。これなくしては社会に不安や争いが生じ，その存続を危うくする。このため，社会の各構成員が制度から逸脱することのないようその抑止的効果を狙って，制度には必ず規制と制裁

という2つの要素が加味されている。ここに制度の特色がある。だからこそ，企業と各種利害関係者の間にあってその安定性の確保に必要な外部報告も，制度という形式を取り，会計原則の制定と強制監査の実施という2本の柱をそのなかに組み込んで，これを行ってきたわけである。いま，この制度を，社会の各構成員に対する規制と制裁の強弱という視点から分類してみると，法や規則などの法律制度と，流行，風習，あるいは慣習などの非法律制度に分けられる[13]。制度としてこれら2つのうちいずれを採るかは，各社会の事情に依る。このことは，外部報告についても当てはまる。我国のように主に法律制度に依存するところもあれば，英米のように逆のところもある。それぞれ，その国情にもっとも適した行き方が採られているはずで，そのどちらが良いとか悪いとかいってみても無意味である。

　今日まで長きに渡り実施されてきている外部報告制度は，以上のとおりであるが，当面の問題である予測会計情報は，その外部公開を実施することとした場合，これと同じように外部報告制度というものになじむものなのだろうか。つぎに，その制度化の方向を探ってみることにする。

3　予測会計情報の外部報告と制度化の方向

　投資者は，その意思決定のあたって企業の将来を見通すため種々の情報を利用する。会計情報もその1つで，たとえ従来の外部報告制度の枠内で提供された過去的な結果報告であっても，意思決定との関連でこれを利用するときは，なんらかの将来への予測に役立つという意味でこれを用いているのである[14]。しかし，過去的な会計情報だけでは，前にも触れたように充分ではない。このため，企業内容のディスクロージャーの改善が試みられ，その一環として，予測会計情報の外部公開の動きも出てきたわけである。

　予測会計情報は，企業の将来の姿そのものを会計数値で表現したものである。したがって，これが外部へ公表されることになれば，将来への予測を必ず伴う投資意思決定にとって望ましいことはいうまでもない。しかし従来は，これが

238   3 予測会計情報の外部報告と制度化の方向

一部の者のみに流れ，投資者間に情報格差を作り出したばかりではなく，これを用いた不正な内部取引さえ生起させた(15)。確かに，誰も知らない情報を誰よりも早く入手できれば，情報としての値打ちは高いのであろう。だが，投資者間の公平を欠く形でこれを許したのでは，株式会社制度そのものの崩壊に繋がり，ひいては社会一般の安定性を欠くことにもなりかねない。しかし，現実には，一方に，経営計画と管理のために企業の内部で予測会計情報を作っており，しかも一部の企業のなかにはこれを外部へ公表しているものまでいるという事実があり(16)，いま一方には，この同じ情報を得たいと望む人達が外部に存在しているという事実がある。このような事実を解消しない限り不正の余地はなくならない。この場合，予測会計情報の公表禁止という解消方法もあろう。しかし，この事実が現に存在する以上，これでは予測会計情報の入手を地下に潜らせかえって不正を誘発する結果にもなろう。したがってむしろ，予測会計情報の外部への公表を企業に認めるとともに，それに伴って生起が予想される混乱や不正を防止するため，全企業を対象にしたこの情報に関する共通の外部報告制度を確立したほうがよいであろう。

ところで，外部報告制度においては，会計情報に対する社会的信頼性を高めるため，企業の恣意性の介入を極力排除し，客観性の強い情報を作成し提供することが必要である。従来は，これがほぼ充たされてきていた。予測会計情報の公表を外部報告制度として実施することとした場合，同様にこれに耐えられるであろうか。これまでの会計情報は，すでに確定した過去の事実に関する結果報告である。これに対し，予測会計情報は，未だ生起していない未来事象に関する見込み報告で，まさに不確定要素の集積物そのものである。このような違いからみる限り，予測会計情報は，確かに外部報告制度にはなじまないようにみえる。しかしながら，従来の会計情報のなかにも，たとえば減価償却費や貸倒れ見込額などのように，見積りがかなり混入している。また，財務諸表は記録的事実と会計的慣習と個人的判断の産物である，ともよくいわれているように，企業の主観的要素が入り込む余地が沢山ある。だが，それでも，今日まで長い間これは外部報告制度として実施されてきている。この経験からいえば，

予測会計情報も外部報告制度として公表できないはずがない。ただ，従来は，会計原則の制定と強制監査の実施により，会計情報の客観性を強化する方策を取ってはきている。したがって，予測会計情報の公表が制度として可能であっても，これを実施に移すには，同じような客観性強化策を別に考えなければならないであろう(17)。このような問題が残る。しかし，その解決も容易であろう。これまでの外部報告制度における経験があるからである。

予測会計情報の公表が外部報告制度として実施可能であるとすると，つぎに制度としてどのような方向が考えられるであろうか。まず，これを，従来の外部報告制度のなかに組み込んで行うのか，それとも他の別個独立の制度として行うのか，が問題になる。この場合は，別個独立の制度として実施したほうが妥当であろう。というのは，1つには，前にも触れたように，予測会計情報を公表させようとの最初の動機は，従来の外部報告制度の枠外で投資者の一部にこれが流れ不公平が生じたため，これを是正することにあったからである。いま1つには，従来の制度は制度でそれ自体，投資者に対する受託責任遂行の結果報告という本来の役割をもち，その充足に適合した理論体系としてすでに出来上がってしまっており，これに手を付けるのは難しいからである。しかし，別個の制度にするとはいっても，従来の外部報告制度を否定したり，あるいは二者択一的にどちらか1つを採るというものではない。両者とも必要である。それは，従来の制度は前述のようなそれ独自の役割を果たすために不可欠であるし，また，予測会計情報の事後的比較とチェックのためにもこれが必要だからである。そしてこの場合，現行の株式会社制度を前提にする限り，従来の外部報告制度を主体とし，その補助制度として予測会計情報の公表を行うという形になろう(18)。

つぎに，法律制度として実施するのか，あるいは非法律制度として行うのか，が問題になる。これらのうちいずれが妥当であるかは一概には決められない。従来の外部報告制度の場合と関連して前にも触れたように，どれを採るかは各国のそれぞれの国情に依るであろう。

なお，予測会計情報は，次期以降のものと前期までのものとの両方を公表す

ることがもっとも望ましい形であるが，前者の公表が，競争企業を利するという企業側のもっとも強い反対理由からみて実施が困難な場合には，過渡的な措置として，後者だけでも公表するよう，本章でも提唱しておきたい[19]。これも，次善の策としてやむをえないことであろう。現在定着している外部報告会計にしても，一挙に現在の状態になったわけではない。少しずつ進展した結果である。

4　制度化にあたっての問題点

　予測会計情報の公表を外部報告制度として実施する場合，従来の外部報告制度とは異なりまだ生起していない未来事象を取り扱うので，解決せねばならない問題がいろいろ生ずる。それらのうち，予測会計情報に関する会計原則の問題については，前にも触れたようにすでに取り上げたことがあるので[20]，以下では，予測会計情報をめぐる企業責任の問題と監査の問題を取り上げて少し検討してみたい。

(1)　予測・実績差異と企業の責任
　公表した予測会計情報が，後日明らかになった実績と異なったとき，その差異をめぐって企業の責任が問題になる。
　予測会計情報は，できうる限り正確なものを公表するのが望ましいことはいうまでもないが，しかし，現実問題として，これが実績と完全に一致するということはほとんどありえない。これまでの実態調査によれば，企業業種と調査項目により若干違いはあるが，予測数値と実績数値との差異が±10％以内に納まるものが，80％から90％強もあり，予測会計情報はかなり正確に作成されていることがわかる[21]。しかし，いずれの場合にも，多少の差異が出ることは避けられない。この差異も僅少のときは然したる問題も起こらないが，そうでないときには，これをめぐって企業の責任を問う問題が出てくる。
　米国では，このような差異と関連して，投資者などから，Monsanto事件を

はじめいくつかの訴訟事件が起こされている[22]。それらによると，企業は虚偽の予測会計情報を流し投資者の意思決定を誤らせたというのである。これに対する裁判所の考えは，虚偽であるか否かの判断基準を，企業が予測会計情報を善良なる管理者の注意をもって合理的に作成し表示しているか否かという点に求め，これを充たしているときは，たとえ予測数値が実績数値と喰い違ったとしても，それは企業の守備範囲外の原因によるものであって，企業にその責任はないとするものであった。このような考え方は，最近のSECの予測会計情報に関する指針のなかにも，免責条項として取り入れられている[23]。神ならぬ人間の作成した予測会計情報なのであるから，差異が出てくるのは至極当然で，要は，それを行う企業の態度いかんということであろう。このことは，なにも予測会計情報についてだけではない。従来の外部報告制度についても当てはまることである。

ところで，予測会計情報が正確であるか否かという意味は，もともと相対的なもので，後日それが現実化したとき，実績と較べてどの位喰い違っているかその程度で判断される正確さである。したがって，この意味を充分に弁えて，予測会計情報の公表を行うならば，それに対する誤解や過剰な期待を少なくでき，その正確性をめぐる責任問題も回避できよう。なお，この場合，つぎのようなことが考慮に入れられよう。1つは，各業種や項目などにより正確性に違いがあるようなので，予測数値を表示するときは，その点も顧慮して±何々と誤差範囲まで示すことである。2つは，予測期間の長短によって正確性は左右されるようなので，この点を顧慮した表示を工夫することである。3つは，予測数値になんらかの変更が必要になったときには，定期的にしろ臨時的にしろ速やかに訂正を行うことである。そして4つは，予測数値の正確性はその達成の難易によって影響を受けるので，その設定水準の高低を充分考慮することである[24]。

(2) 予測会計情報と監査

予測会計情報の外部報告制度化に伴って生ずるいま1つの重要な問題は，監

4 制度化にあたっての問題点

査の問題である。当然のことながら，制度化により予測会計情報が社会性をもてば，従来の外部報告制度の場合と同じように，外部の第三者による監査が必要になってくる。

予測会計情報の監査実施については，賛否両論がある[25]。これに反対するもっとも強い理由は，予測会計情報に対して監査意見を述べると，それがあたかも実現できるかのような誤解を与える恐れがある，というのである。しかし，多くの人達は，この監査を実施したほうが投資者にとって有用である，との賛成の立場を取っているようである。そして，その理由として，これまでの英国の経験を挙げている[26]。いずれにせよ，予測会計情報の公表と監査にあたっては，これに対する過度の期待や信頼を予防するため，予測はあくまでも予測であって実績とは違うことを明確に示す必要があろう。

予測会計情報の監査では，それが将来実現できるか否かその内容的な妥当性についての監査は行わない。監査人は予言者ではないので，それが将来実現化してみなくてはなんともいえないからである。したがって，この監査では，たとえば予測会計情報の計算上や表示上の妥当性，その内部間の首尾一貫性，実績との首尾一貫性，あるいは予測基礎資料の合理性などについて，いわば予測会計情報の形式的な妥当性の監査だけを行うことになる[27]。予測会計情報の性格からみてこれは当然のことであろう。監査人が，その守備範囲を忘れ，予測会計情報の内容的妥当性について監査意見を表明するようなことにでもなると，後述する監査責任の問題にも係ってくるし，また投資者にも前述のようないらざる誤解を与えることにもなりかねない。

予測会計情報の監査は，その専門的能力からいってCPAが適任との意見が強いようである[28]。ただ，CPAのなかには，いままで企業内部でマネジメント・サーヴィスとして，予測会計情報利用の指導をしてきているものもあるので，その外部への公表のための監査にあたっては，監査人としての独立性を特に明確に認識し，これを害うことのないようにする必要があろう。

予測会計情報の監査についても，いわゆる二重責任制の考えが当てはまる[29]。予測会計情報に対しては企業が全面的に責任を負い，監査人はその監

査報告についてのみ責任をもつわけである。

なお，予測会計情報の監査を実施に移す際には，それについての監査基準を制定する必要があるが，この場合，英国の例が参考になるであろう[30]。

5 むすびにかえて

以上，本章では，投資者の意思決定との関連で企業内容のディスクロージャーを押し進めた当然の帰結として出てきた，予測会計情報の外部公開の問題を取り上げ，その制度化の可能性について探ってみたが，これを通じてつぎのことを明らかにした。すなわち，（1）従来の外部報告制度の意味内容からみて，予測会計情報も外部報告制度化が可能であること。（2）従来の制度も予測会計情報公表制度もそれぞれ独自の役割のために必要なので，両者とも行うこと。（3）そしてこの場合，前者を主たる制度とし，後者は補助制度として用いること。（4）また後者については，次期以降の予測会計情報の公表が諸般の事情により不可能なときは，過渡的措置として前期以前のものだけの公表でもやむをえないこと。（5）その制度化にあたって生ずる問題点のうち，予測と実績の差異をめぐる企業責任については，前者の作成と表示にあたっての企業の，いわゆる善良なる管理者としての注意義務と合理的作成表示義務の2つの履行程度によって判断されること。および（6）問題点のうち予測会計情報の監査については，監査基準の制定をはじめいろいろ問題があるが，もっとも重要なものはこの監査の性格をめぐる問題で，監査にあたってはこの点を充分に理解しておく必要があること。以上である。

なお，制度化にあたって生ずる問題点については，上述のほかにも沢山あるので，それらも含め今後さらに検討を加える必要があろう。他日を期したい。

注

（1）予測会計情報という言葉は，論者によりその用い方に若干の違いがみられ，まだ固

まった用語とはなっていないようであるが，未だ最終的結果の出ていない未来事象に係る会計情報を示す言葉として用いているという点では，いずれも共通しているようである（See, SEC, Securities Act of 1933 Rel. No. 5992, Projections of Economic Performance—Adoption of Guides, Nov. 7, 1978)。したがって，本章でも，このような共通的にみられる意味で予測会計情報という言葉を用いることにする。
(2) See, SEC, Statement by William J. Casey, Chairman, Securities and Exchange Commission on Earnings Forecasts and Projections, Feb. 2, 1973.
(3) See, A. C. Littleton, *Accounting Evolution to 1900*, 1933, Ch. XⅢ（片野一郎訳「リトルトン会計発達史」昭和27年，第13章）。
(4) See, *ibid.*, Ch. XVIII and Ch. XXII（同上，第18章および第22章）。
(5) 岩田　巌著「会計原則と監査基準」昭和30年，第 2 章，および青柳文司著「会計士会計学[改訂増補版]」昭和44年，第 2 章，など参照。
(6) 岩田　巌著，前掲書，23頁参照。
(7) この点については，次章第 3 節を参照されたい。
(8) See, AICPAs, Accounting Objectives Study Group, *Objectives of Financial Statements*, 1973, p. 25（川口順一訳「財務諸表の目的」昭和51年，29頁)。
(9) 青柳文司著，前掲書，96～99頁参照。
(10) 利益のもっている分配可能性と尺度性については，森田教授が鋭く解明しておられるので，つぎのものなどを参照されたい。
　　　森田哲弥稿「期間利益の分配可能性と尺度性」(一橋学会編・一橋大学研究年報「商学研究 4 」（中）昭和35年，所収）227頁以下。
　　　同稿「損益計算の方法と期間利益概念」(「會計」，第80巻第 5 号) 111頁以下。
(11) この後のほうの代表的なものとしては，AAA, Committee to Prepare a Statement of Basic Accounting Theory, *A Statement of Basic Accounting Theory*, 1966 (飯野利夫訳「基礎的会計理論」1969年）がある。なお，前述の第 5 章で取り上げたFASB暫定意見書も，このような後者の視点から論旨を展開しているものの一つなので，併せて参照されたい。
(12) 合崎堅二著「経済会計学序説」昭和32年，第 5 章第 2 節，および青柳文司著「会計学の原理」昭和43年，第 2 章第 2 節参照。
(13) 森　好夫稿「社会制度」(樺　俊雄・阿閉吉雄編「社會學」昭和30年，所収）79頁以下参照。
(14) 過去の結果報告である決算発表が，投資者の意思決定に影響を与え，株価にどのように反映されているかについて，つぎのような我国で数少ない優れた実証研究があるので参照されたい。
　　　会計情報研究会（代表：石塚博司）稿「資本市場における会計情報の有効性」（企業会計，第30巻第13号) 5 頁以下。
(15) たとえば，米国では，Texas Gulf Sulphur事件やMerrill Lynch vs. Smith事件など

が起こった（See, David S. Ruder, "Civil Liability for Corporate Financial Forecasts-A View from the Legal Profession",〈in Prem Prakash and Alfred Rappaport ed., *Public Reporting of Corporate Financial Forecasts*, 1974〉p. 129 ff.）。これらは，かつてのKreuger事件にも匹敵するもので，これらが動因となって予測会計情報の外部公開が会計の問題として積極的に取り上げられるようになった。

(16) See, Samuel S. Stewart, "Research Report on Corporate Forecasts", (in The Financial Analysts Federation, *Disclosure of Corporate Forecasts to the Investor*, 1973) p. 101 ff.
(17) このような客観性強化策のうち，予測会計情報原則といったようなものについては，後述の第19章で取り上げているので，併せて参照されたい。
(18) この場合の具体的な公表方法については，後述の第18章で取り上げているので，併せて参照されたい。
(19) この点については，次章第3節および第4節を参照されたい。
(20) 上記の注(17)参照。
(21) See, Samuel S. Stewart, *op. cit.*, p. 112 ff. and p. 143 ff., and Accountants International Study Group, *Published Profit Forecasts*, 1974, Ch. IV and App. 5.
(22) See, John G. Gillis, "Legal Aspects of Corporate Forecasts", (in The Financial Analysts Federation, *op. cit.*) p. 54 ff., David S. Ruder, *op. cit.*, p. 129 ff., and Accountants International Study Group, *op. cit.*, par. 71〜75.
(23) See, SEC, Securities Act of 1933 Rel. No. 5993, Projections——Future Economic Performance——Safe Harbor Proposal, Nov. 7, 1978, and John G. Gillis, "Disclosure of Corporate Projections", *Financial Analysts Journal*, Jan./Fed. 1979, p. 6 ff.
(24) 企業のなかには，この点から達成し易い予測会計情報を公表するものも出てくるかもしれず，なんらかの対策が必要である。これについては後述の第18章第4節を参照されたい。
(25) See, Prem Prakash and Alfred Rappaport ed., *op.cit.*, App. A〜I.
(26) See, ICAEW, Council Statement, "Accountants' Reports on Profit Forecasts", *Accountancy,* June 1969, p. 467 ff., CCAB Statement, Accountants' Reports on Profit Forecasts, Jan. 1979, and Accountants International Study Group, *op. cit.*, par. 37〜47 and App. 3〜4.
(27) See, *ibid.*, and Prem Prakash and Alfred Rappaport ed., *op. cit.*, pp. 107-112 and pp. 196-197.
(28) See, Prem Prakash and Alfred Rappaport ed., *op. cit.*, App. A〜I, and M. S. Cohen, "Publication of Financial Forecasts", (in Australian Society of Accountants, *Disclosure of Forecasts*, 1974) pp. 13-14.
(29) See, Prem Prakash and Alfred Rappaport ed., *op. cit.*, pp. 291-292.
(30) See, above (26).

〔追　記〕
　2003年3月以降,「継続企業の前提」についての開示と監査が,我が国で実施されるようになった。本章で指摘している方向へ少し近付いたようで,今昔の感をもって本章を所収した次第である。

第17章

投資者の意思決定と予算の公開

1 はじめに

　アメリカ会計学会の一連の研究書にもみられるように[1]，1960年以降の会計理論研究の1つの大きな特色は，企業の各種利害関係者のとりわけなかでも投資者の意思決定と関連して，これまでの取得原価主義に基礎をおいた会計に再検討を加えようという動きである。しかもこの動きのなかにほぼ共通的に認められることは，研究の素材としてカレント・コスト[2]をなんらかの形で取り上げ問題の解決を図ろうとしていることである。これは，投資者の行う意思決定が必ず将来への予測を伴うところから[3]，いささか極端な表現かもわからないが，会計で将来への予測について語るときにはカレント・コストは絶対不可欠と神懸り的に信じ込まれているためのようである[4]。
　果してカレント・コストは，これをなんらかの形で用いればそれほどまでに将来への予測を可能にするものなのであろうか。また，もしそうでないときには，これに代る適切な方法が他にないものなのか。本章ではこれらの疑問について探ってみたい。

2 カレント・コストの利用と予測可能性

　投資者の意思決定に必要な予測の問題と関連してカレント・コストを用いるもっとも代表的な方法は，これを用いて利益（または損失）を求め，そのなかに将来への予測性を見い出そうとするものである。この場合多くの論者は，将来

2 カレント・コストの利用と予測可能性

への予測性に優れているとみられる[5]経済的利益概念[6]を議論のなかに持ち込む。そして会計の生命である測定可能性という視角から，代替的測定手段としてカレント・コストを用い経済的利益の近似値[7]を求め[8]，これをもって将来への予測を可能ならしめようとするわけである。

このような経済的利益の近似値としてのカレント・コスト利益は，果して将来への予測性において優れているのであろうか。

Greenball[9]，Frank[10]，およびSimonsとGray[11]はシミュレーションを用いてその検証を行っている。これらによれば，カレント・コスト利益は，これまでの取得原価主義会計のもとで求められる利益をも含め他のいくつかの利益と比較してみたとき，その予測能力において特に勝っているとはいえず，設定条件のいかんによってはむしろ劣っている場合もありうることがわかる[12]。

ところで，たとえシミュレーションでこのような結果が出たとしても，それはあくまでもシミュレーションの上でのことであって，それがそのまま実際に当てはまるとはかぎらない。実際に意思決定を行っている投資者が，カレント・コスト利益は予測にとって有用と考えその提供を望んでいるのであれば話しは違うわけである。この点実態調査をしてみる必要がある。Estes[13]およびBrenner[14]はアンケートを用いてこれを行っている[15]。それらによれば，いずれも回答率が30数パーセントとかなり低いので一概には断定できないが，投資者はカレント・コスト利益が提供されればこれを参考にするという程度で，積極的にこれを要求しているようにはみうけられない[16]。

このように，カレント・コスト利益が投資者の意思決定にとって必要な将来への予測性において必ずしも優れているとはいえないとすると，これに代るなんらかの適切な方法を探さねばならないことになる。この代替手段として最近注目を集めるようになってきているのが，企業の次期以降の予算の公開を求める主張である。

3 代替策としての予算の公開

投資者のために企業の予算を公開せよとの主張は Rice により早くから行われていたが[17]，このような主張が注目を引くようになったのは1960年代に入ってからのことで，特に最近少数の人達によりその必要性が積極的に叫ばれている。最近におけるこのような動きは，最近のカレント・コストをめぐる研究の隆盛と一脈相通ずるものがあるといえる。

企業予算の公開を提唱している論者達の主張点は，予算というものは，企業が次期以降において行おうとしている経営活動を表わしたものであるから，意思決定にあたって予測を必要とする投資者の要求にまさに合致するものであるというところにある。確かに，予算は予測の集積物であるから，この主張点は理解できるが，予算はこれまで企業の内部で経営管理のために作成され外部には公表されたことがなかったものであるから，これを公開するとなると，なにかと問題が生じてこよう。

Skousen, Sharp および Tolman の3人は，共同して企業予算の公開の可否，利点，あるいは問題点などについてアンケート調査を行っている[18]。それによれば，調査は会社の経理担当重役，証券アナリスト，および公認会計士に対して行われ，まず企業予算の公開の可否については，会社の経理担当重役はその立場上当然のことながらこれに強く反対しているが，他の人達は賛意を示している。つぎに予算公開の利点，特に投資者にとってのそれについては，後述の問題点のうちの（ロ）の点について懸念する声もあるが，予算が公開されれば投資者の意思決定にとって非常に有用とするのが大方の意見のようである。ところがこのような利点がみられる反面，予算の公開にはつぎのようないろいろな問題点が伴うことを多くの人達が指摘している。

（イ）　予算の公開に伴って漏れる企業機密を国内外の競争企業に利用される恐れがあること。

（ロ）　会計知識の乏しい投資者には予算を公開されても宝の持腐れで，場合に

3 代替策としての予算の公開

よってはその意思決定にあたってかえって誤解を与える恐れがあること。

(ハ) 事後に予算と実績が異なったときに，その原因がたとえ経営者の管理不可能なものであっても，予算というものの性格を知らない者達から経営者が不当な非難を受ける恐れがあること。

(ニ) 前記 (ハ) と関連することであるが，非難を恐れた経営者は，達成し易い予算を編成するため積極的な経営方針を採らなくなる恐れがあること。

(ホ) 予算には必然的に将来の不確定要素が含まれているはずであるから，かような予算に対して監査を行い，監査意見を述べ，そして監査責任を負うことができるかどうかということ。

アンケート調査にみられる企業予算の公開に伴って生ずる恐れのある問題点は以上のとおりであるが，これらは果して解決できないものなのであろうか。

まず (イ) については，これは会社の経理担当重役が予算の公開に反対する理由としてもっとも強く指摘している点でもあるが，その解決はなかなか容易ではない。しかし，これも公開にあたって，予算内容の精粗などを工夫すればなんとか解決できるのではあるまいか。ただこの場合には，予算利用者の情報要求と予算のもつ情報能力との調整が問題となろう。つぎに (ロ) については，これは現在公表されている財務諸表についても同じことがいえるわけで，これを見る能力のある者が予算を理解できないはずがない。(ハ) については，これまでに予測数値をある程度公表してきているイギリスの実務経験にもみられるように[19]，予算というものが一体いかなる性格をもつものかを広くPRすれば解決できるのではあるまいか。(ニ) については，これは前記 (ハ) が解決すれば自ずから解消することであるが，予算の編成に拘束性をもたせるために予算基準を設定することも1つの解決方法であろう[20]。最後に (ホ) については，これも解決のなかなか難しいものであるが，予算も含めて予測数値の監査について，現在アメリカ公認会計士協会の研究調査部で検討中のようであるから[21]，早晩その具体案が示されるのではなかろうか。それに期待したいと思う。

以上のごとく企業の次期以降の予算を公開するにはなにかと問題が多く，特

に前述の（イ）の点で企業を説得するのはかなり難しそうである。そこで，これは卑見であるが，一歩譲ってつぎのような妥協案をもっているのであるが，いかがなものであろうか。

それは，すでに経過した前期以前の数期間から10期間ぐらいまで[22]の予算を公開してはどうかということである。もちろんこの場合，予算は実績との比較対照の形で，しかも予算の達成度も併記して示すのが望ましいことはいうまでもなかろう。

ところで，なぜこのような妥協案を提唱するのかというと，それはつぎのような理由による。まず第1には，公開するのが過去の予算であれば，企業機密の漏洩を恐れている経営者もある程度納得するのではなかろうかということである。第2には，経営者は過去の予算編成にあたって，よほどの例外中の例外的な突発事項を除いて[23]，前述のカレント・コストをめぐる研究でもその処遇に苦しんでいる，将来の不確定要素を織り込んでこれを行っているはずであるから，過去の予算が公開されれば，経営者の将来への総合的な予測能力を判断する指標が得られるということである。そして第3には，過去の予算の達成度をみることにより，経営者の将来の予算達成能力を判断する指標が得られるということである。

このような理由から前述の提案をしたわけであるが，もちろん次期以降の予算の公開が可能であれば，それが望ましいことはいうまでもない。ただこの場合にも，提案に示したような過去の予算の公開は不要とはならない。むしろ，過去と次期以降の両予算の公開により，後者の予算のチェックが可能となろう。したがって，企業の予算のもっとも望ましい公開の形は，過去と次期以降の両予算の公開ということになる。

なおこの提案は，これまでの制度的な財務諸表を否定し，あるいはこれとの二者択一的選択を要求するものではなく，これに付け加えて公開することを建前とする[24]。これまでの財務諸表がそれ本来の目的で作成されている[25]ことからみて，これは当然のことであろう。

4　むすびにかえて

以上，まだ試論の域を出ていないが，投資者の意思決定に必要な予測の手段として，企業の過去および次期以降の両予算の公開を提案するものである。そしてこれが不可能なときには，前述のように少なくとも過去の予算だけでも公開してみてはどうかと思う。なお，予算の具体的な作成と表示の方法，予算基準の設定，あるいは予算監査などの問題については今後の研究に待ちたい。

注

（1）　See AAA Committee on Concepts and Standards——Long-Lived Assets, "Accounting for Land, Buildings, and Equipment", *The Accounting Review,* July 1964, p. 693 ff., AAA Committee on Concepts and Standards ——Inventory Measurement, "A Discussion of Various Approaches to Inventory Measurement", *The Accounting Review,* July 1964, p. 700 ff., 1964 Concepts and Standards Research Study Committee——The Realization Concept, "The Realization Concept", *The Accounting Review,* April 1965, p. 312 ff., 1964 Concepts and Standards Research Study Committee ——The Matching Concept, "The Matching Concept", *The Accounting Review,* April 1965, p. 368 ff., AAA Committee to Prepare A Statement of Basic Accounting Theory, *A Statement of Basic Accounting Theory,* 1966（飯野利夫訳「基礎的会計理論」），Committee on External Reporting, "An Evaluation of External Reporting Practices ——A Report of the 1966-68 Committee on External Reporting", *The Accounting Review,* Supplement to 1969, p. 78 ff., Committee on Corporate Financial Reporting, "Report of the Committee on Corporate Reporting", *The Accounting Review,* Supplement to 1972, p. 522 ff., and so on.

（2）　カレント・コストといってもその内容は論者により多種多様で，これらを同列に扱うのはいささか問題であるが，本章では一応これらをすべて含む意味でカレント・コストという言葉を用いることにする。

（3）　William H. Beaver, John W. Kennelly, and William M. Voss, "Predictive Ability as a Criterion for the Evaluation of Accounting Data", *The Accounting Review,* October 1968, pp. 679-680.

（4）　See Lawrence Revsine, "Predictive, Ability, Market Prices, and Operating Flows",

第17章　投資者の意思決定と予算の公開　253

The Accounting Peview, July 1971, p. 480.
(5) なぜ経済的利益概念が将来への予測性に優れているのか，多くの論者は必ずしもその論拠を明らかにしていないが，その算定にあたって将来の純収入の現在割引価値を用いるところにあるようである。
(6) 一口に経済的利益概念とはいってもその内容は経済学者によって異なるが，会計でこれを用いる場合には，J. R. ヒックスの所得概念（J. R. Hicks, Value and Capital, second edition 1946 (reprint 1957), p. 172 （安井琢磨・熊谷尚夫訳「価値と資本Ｉ」249頁））を指しているようである（Vgl. Günter Jaensch, "Ökonomischer Gewinn oder einkommenstheoretisches Modell?«, *ZfbF,* 24. Jg. (1972), S. 540)。
(7) Revsineによれば，経済的利益の近似値としてカレント・コスト利益を用いることにはいささか問題があるようである（See Lawrence Revsine, "On the Correspondence Between Replacement Cost Income and Economic Income", *The Accounting Review,* July 1970, p. 513 ff.）。
(8) 会計における経済的利益の計算方法や問題点などの詳細については，前述の第14章を参照されたい。
(9) Melvin N. Greenball, "Evaluation of the Usefulness to Investors of Different Accounting Estimators of Earnings : A Simulation Approach", Empirical Research in Accounting : Selected Studies, 1968 (Supplement to Vol. 6, *Journal of Accounting Research*), p. 27 ff.
(10) Werner Frank, "A Study of the Predictive Significance of Two Income Measures", *Journal of Accounting Research,* Spring 1969, p. 123 ff.
(11) John K. Simmons and Jack Gray, "An Investigation of the Effect of Differing Accounting Frameworks on the Prediction of Net Income", *The Accounting Review,* October 1969, p. 757 ff. なお，前注（10）とこの（11）の論文については，Revsineがそれぞれの前提条件に批判を加えているのであわせて参照されたい（Lawrence Revsine, *op. cit.* , *The Accounting Review,* July 1971, p. 480 ff.）。
(12) 本文に掲げた論者のうちGreenballは，カレント・コスト利益の優位性をある程度認めているが，これとてもシミュレーションの設定条件を変えれば必ずしもそうとばかりはいえない場合も出てこよう。
(13) Ralph W. Estes, "An Assessment of the Current Cost and Price-Level Information by Financial Statement Users", *Journal of Accounting Research,* Autumn 1968, p. 200 ff.
(14) Vincent C. Brenner, "Financial Statement Users' Views of the Desirability of Reporting Current Cost Information", *Journal of Accounting Research,* Autumn 1970, p. 159 ff.
(15) 実態調査にあたって，Estes の場合には調査技術上の理由から投資者を直接調査対象とはせず，その代表とみられる財務分析家などをもってこれに代えている。また

Brennerの場合にはアンケート総数の半分だけを投資者に送付している。
(16) Estes の調査では，回答者の80パーセント近くが有用と回答しているが，そこからやや有用という回答を除くと，積極的に支持している者は50パーセントに満たないようである。またBrennerの調査では有用と考えている者はわずか20数パーセントにすぎない。これらの点からみて本文のように判断しても誤りではないであろう。
(17) See W. W. Cooper, N. Dopuch, and T. F. Keller, "Budgetary Disclosure and Other Suggestions for Improving Accounting Reports", *The Accounting Review,* October 1968, p. 640.
(18) K. Fred Skousen, Robert A. Sharp and Russell K. Tolman, "Corporate Disclosure of Budgetary Data", *The Journal of Accountancy,* May 1972, p. 50 ff.
(19) See D. R. Carmichael, "Reporting on Forecasts : A U. K. Perspective", *The Journal of Accountancy,* January 1973, p. 44.
(20) 予算基準の設定については，アンケート調査では特に問題点として指摘されてはいなかったが，予算の公開にあたってはこれも1つの問題点となろう。なお，予算基準の内容などについては，たとえばIrvin N. Gleim, "Standards of Disclosure for Supplementary Date", *The Journal of Accountancy,* April 1973, p. 50 ff. などを参照されたい。
(21) See D. R. Carmichael, *op. cit.,* p. 36 ff.
(22) このように長期間の予算の公開を求めるのは，予算の達成度の期間比較と趨勢判断のためである。
(23) これとてもその予測は，全力投球を期待されている経営者の守備範囲に含まれるとする意見もあろう。
(24) 過去の予算を実績との比較対照の形で示す方法を採れば，これまでの財務諸表はそのなかに含まれてしまうことになるから，これを独自に作成する意味はなくなる。ただこの場合には，これと公開すべき予算の内容との調整が問題となろう。
(25) See A. C. Littleton, "Factors Limiting Accounting", *The Accounting Review,* July 1970, p. 476. および新井清光稿「現行財務会計理論の再検討」(『早稲田商学』第218号 15頁以下) 参照。

第18章

長期株式投資者の意思決定と予算の公開方法

1 は じ め に

　最近，会計学は現在かつて経験したこともない非常に厳しい試練の時期に立たされている，という声をしばしば耳にする。確かに，現在という時期は，少なくとも会計学にとって平穏に過せるような時期ではない。とりわけ，最近の企業を取り巻く社会的経済的諸環境の目まぐるしい変化の時期にあって，企業の会計を主たる研究対象とする会計学は，この変化に対処せんがために変革を迫られている。

　かような変革を問われている問題の1つで，特に1960年以降の会計学の研究における1つの大きな特色となっているものに，企業の次期以降の収益やその他の事項についての予測に役立つ，会計情報の提供を追究する研究の動きがある。これは，企業の各種利害関係者の，なかでも投資者の投資をめぐる意思決定と関連して，ヨリ有用な会計情報を提供せんと意図するもので，そのなかには，企業予算の外部公開の可能性を探る研究の動きもある[1]。これから本章で取り上げようとする問題もこれに関するものである。

　本章では，投資者のうち特に長期の株式投資者はその投資にあたってどのような意思決定を行うのか，その場合どのような会計情報を必要とするのか，それはどのような手段によって得ることができるのか，そしてこの手段の1つとして企業予算の外部公開を行うことにした場合，どのような方法でこれを行ったらよいのか，これらの点について探ってみたい。

2 長期株式投資者の意思決定

　一口に投資者といっても，それは多種多様であろう。資金の貸付や社債の取得など信用の授与という形で投資を行う者もいれば，株式の取得という形で投資を行う者もいようし，また，個人の投資者もいれば，機関投資家もいようし，さらには，大口の投資者もいれば，小口の投資者もいよう。また，それぞれの行う意思決定の内容も，その投資目的によっていろいろであろう。短期目的のときもあれば，長期目的のときもあろうし，また，経営参加を目的とするときもあれば，利息もしくは配当の受取や市価の値上りによる利殖を目的とするときもあろう。このように，同じく投資者とはいっても，いろいろであり，またそれぞれの投資をめぐる意思決定の内容も種々である。そこで，本章では，利殖目的で株式を取得し長期間保有する平均的[2]な個人投資者に限定して[3]，話しを進めることにする。なぜならば，それはつぎの理由による。まず，信用の授与という形で行う投資者については，資金の貸付にしろ，あるいは社債の取得にしろ，利息の受取と元金の回収は契約と担保によって保証されているのが普通なので，その意思決定にあたってなんらかの会計情報を必要とする場合は少ないであろう[4]。つぎに，株式という形で行う投資者についてみれば，このうち機関投資家は，通常，独自の情報収集能力と分析能力をもっているので，現在でもすでにかなり豊富な会計情報を入手しており，新たに必要とする情報は少ないであろう[5]。また，短期間保有のために株式を取得するときには，主として会計情報以外の諸要因によって影響を受け，株価の変動に関心が向けられるので[6]，会計情報はほとんど必要としないであろうし，経営参加目的で株式を取得するときには，必ずしも会計情報ばかりではなく，むしろ経営政策その他のいろいろな要素を考慮してこれを行う場合が多いであろう[7]。以上の理由は，考察の対象を前述のような投資者に限定することにとって，それ以外の投資者を除外するための，いわば消極的理由であって，その積極的理由はつぎのところにある。かような投資者は，その意思決定にあたって他の者に較べ会

計情報に依存する度合が高いが[8]，かといって，投資先との力関係も得てして微力なため，新たに有用な会計情報の提供を強制することも不可能であるし，また，会計情報の分析能力も劣っていることが多いので，制度的にその面での保護を図って欲しいとの社会的要請も強いようであるし，会計学の研究面からもこれを支援すべき必要性を感じるからである。

　かようなわけで，前述のような投資者に限定して考察を進めることにしたのであるが，それでは，この投資者は，その投資にあたってどのようなことを考えて意思決定を行うのであろうか。一般に投資者というものは，利殖を目的として投資を行うかぎり，その投資の内容のいかんを問わず，投資を通じて稼得できる将来における利廻りの極大化の可能性いかん，ということを主に考慮して投資を行うはずである。というのは，利殖を目的とする投資者にとって，このような投資を行うことこそもっとも経済的に合理的な行動であるといえるからである。

　周知のように，投資についての利廻りは，当該投資から得られる利益を，それに要したコストで除することによって求められる。したがって，これを極大化するには，前者の利益を極大にするか，後者のコストを極小にするか，あるいは両者を同時に行うか，のいずれかによることになる。ところが，後者のコストは，通常，一定不変であるから，利廻りを極大化するには，前者の利益を極大にする以外に方法はない。しかもこの利益は，株式投資については，配当と株価の値上りの二要素から構成されているので[9]，かかる投資を行うか否かの意思決定にあたっては，これら2つの将来における動向を予測することが必須となる。この場合，前述のような投資者の立場からみれば，株価の値上りにまったく関心がないわけではないが，その主たる関心は，短期の株式投資者とは異なって，将来における配当の可能性とその増額化にある[10]。したがって，かかる投資者が投資について意思決定を行うにあたっては，その意思決定時点において，なんらかの方法により[11]，将来を通じて受取るべき配当を予測し，その総合計額の現在割引価値を求め[12]，これを同様にして求めた他の投資についてのそれと比較してみて，どちらか有利なほうを最終的に選択することに

なる。

3 意思決定に必要な会計情報とその入手方法

かくて，投資者にとって，適切な意思決定を行うためには，将来受取るべき配当のできるだけ正確な予測を行うことが，もっとも重要なことといえる。

ところで配当というものは，当該企業の稼得利益，資金事情，配当方針その他いろいろの要素を絡み合わせて総合的に決定される[13]。したがって，将来における配当の可能性とその増額化を予測するには，これらの諸要素をできるだけ正確に予測する必要がある。ところが，これらのうち少数のものを除いて大部分は，予測がかなり難しいものばかりである[14]。なかでも，企業のいかんともし難い企業外部の原因による突発的事態の予測は，まったく不可能といってもよい。しかし，これは，めったに生起しないことであるから，配当の予測にあたっては，一応考慮の対象から外してもよいであろう。が，その他の諸要素は無視するわけにはゆかない。では，どのように対処したならばよいのか。

これら諸要素の予測については，その難易の程度により対処の仕方もいろいろあろう。が，配当というものは，通常，稼得利益，特に企業の中心的経営活動の結果である営業利益を，主たる源泉として行われるから，諸要素のうちこれの予測が特に重要といえる。これは，他の諸要素が企業のなかで結合されて生じた最終的結果ともいえるわけであるが，その予測は比較的容易である[15]。もちろん利益が稼得されたからといって，直ちに配当されるとはかぎらない。配当は，企業の配当方針によって決定されるからである。しかし，利益の稼得額と配当額とが正比例の関係にあるとはいえないにしても，利益が稼得され存在しているということは，配当の期待をもってもよいということであろう。特に，企業の経営者は，減配を行うと株価に影響を与えるばかりではなく，場合によっては自分自身の進退問題にまで発展することを恐れ，できれば増配を行い，これが不可能なときには少なくとも現状を維持したい，との願望をもっているという事実からみて[16]，このような期待をもっても誤りではないといえ

よう。したがって，配当の予測にあたっては，当該企業の配当方針は不変とみなしてもよいであろう。

それでは，企業の次期以降における利益，いいかえれば収益獲得能力は，どのように予測したならばよいのか。かかる予測の方法としては，直接予測法とでもいうべきものと，間接予測法とでも呼ぶべきものの2つが考えられる[17]。

前者の直接予測法は，企業自体が予測を行ったいろいろな会計情報を，投資者に提供し，その意思決定に役立てるもので，この方法では，過去の会計情報を用いて投資者自からが予測を行うことは通常ありえない[18]。この方法のもっとも代表的なものは，企業の予算を外部に公開することである[19]。周知のように，予算は，経営管理のために設定し，企業の内部だけで利用しているものであるが，それは，企業が次期以降において行おうとしている経営活動を表わしたもので，まさに予測の集積物ともいえるものであるから，意思決定にあたって予測を必要とする投資者の要求に合致するものということができる。しかし，予算は，これまでに企業の外部に公表されたことがなかったものであるから，これを公開するとなると，企業機密の保持をどうするのか，予算基準の設定をどうするのか，あるいは予算監査の実施をどうするのか，など解決しなければならない問題が沢山ある[20]。

つぎに，後者の間接予測法は，投資者自から，現在公表されている過去の会計情報を用いて，間接的に将来を予測する方法である[21]。これには，予測にあたって用いる情報の違いにより，2つの方法がある。1つは，趨勢分析法とでも呼ぶべきもので，過去に公表されている会計情報のみを用い，これを分析してその趨勢から将来を予測する方法である[22]。これは，予測にあたって，単に過去の延長線上にあるにすぎない情報に依存するものであるから，将来が過去と同じになるという保証が与えられないかぎり，その有用性に限界がある。特に，この方法では，過去に一度も生起したことのない不測の事態の予測はもちろんのこと，経営を行っていれば大抵みられるいろいろな変動の予測さえも，まったく不可能といってもよい[23]。この欠点を取り除くために考え出されたものが，つぎのいま1つの方法である。これは，指標利用法とでも呼ぶ

べきもので，前述の趨勢分析法と同様に，まず過去の会計情報を用いて趨勢分析を行うとともに，将来起るかもしれない変動を示すなんらかの指標を，これに加味して将来の予測を行う方法である[24]。この方法のもっとも代表的なものは，各種のカレント・コストを用いるもので，最近会計学の研究領域でも多くの注目を集めるようになってきている。しかし，これは，まだ研究の段階にあるにすぎず，カレント・コストの測定問題など解決しなければならない多くの問題を抱えており，実施に移すまでにはいたっていない。

以上のように，予測の方法としては，直接予測法と間接予測法とがあるが，投資者の立場からみれば，前述のように解決しなければならない問題がまだ沢山あるにしても，前者のほうが優れていることはいうまでもなかろう。というのは，投資者自身が予測を行うよりも，優秀な情報収集能力と予測能力を有している企業に，これを行わせたほうが勝っていると考えられるからである。それでは，この直接予測法によった場合，その代表的な手段である企業予算を，どのような方法で外部に公開したならばよいか。つぎに，これを取り上げてみる。

4　企業予算の外部公開の方法

企業の予算は，現在その内部で経営管理のために作成し用いているもので，外部に公開されてはいないが，これの実施が可能になったときには，投資者の意思決定に必要な予測のために供するという，その公開の趣旨からみて，当然，次期以降の予算の公開に主眼がおかれることになる。しかしこの他にも，場合によっては，前期以前の予算のみしか公開できないこともあろうし，逆に，次期以降と前期以前の両予算の公開が可能なこともあろう。これらのうち，もっとも望ましい公開の方法は，最後の両予算を公開することであるが，これは，次期以降の予算の公開により将来の予測が可能になるとともに，前期以前の予算の公開により[25]その信頼性や内容のチェックができるためである。そこで，このもっとも望ましい方法で予算の公開を行ったとき生ずるいろいろな問題の

うち，どの期間までの予算を公開すべきか，期間決定の問題，どのような項目について公開すべきか，項目選択の問題，そして，どのような表示形式を用いて公開すべきか，表示形式の問題について，以下では取り上げてみることにする。

まず，期間決定の問題であるが，前期以前の予算については，趨勢分析による次期以降の予算の編成能力と達成能力の評価が可能なように，前期以前の数期間から10期間ぐらいまでを公開することが望ましい。また，次期以降の予算については，短期と長期の両方の予測が可能なように，次期のと数期後のとの2つの予算を公開するのが望ましいといえる。

つぎに，項目選択の問題であるが，できることならば，現在公表されている財務諸表で示されている項目ぐらいは公開を行ったほうが望ましいといえる。これは，実績と予算の比較を容易にするためと，前期以前の予算を実績との比較対照の形で示すことにより，現行の財務諸表をそのなかに吸収してしまうためである。諸般の事情により，もしこれが不可能なときには，配当の予測に必要な，損益計算書と貸借対照表の主な項目，たとえば売上高，売上原価，販売費，一般管理費，当座資産，棚卸資産，流動負債，あるいは総資本などを公開するだけでもよい。また，これも不可能なときには，売上総利益，営業利益，当期総利益，当期純利益，当座資産，および総資本についてだけでも公開できれば望ましい。また，これでも不可能なときには，営業利益，当期純利益，当座資産，および総資本だけでも公開を行えば，現状よりも改善にはなるであろう。さらにまた，これさえも不可能なときには，恐らく，金額を示すことに抵抗を感じるのであろうから，金額の表示は行わずに，現在経営分析で用いているいくつかの比率と，後で述べる予測率と達成率を公開する方法に変えてもよい。

なお，公開すべき期間と項目の決定にあたっては，公開に要する印刷費その他の諸費用[26]と企業機密の保護とを考慮して，たとえば，次期と前期については現行の財務諸表に示されている程度の公開を行うが，その他については主な項目だけ示すとか，あるいは比率のみ示すとか，さらにはこれらの逆で公開

262　4　企業予算の外部公開の方法

を行うとか，それぞれの事情に応じて弾力的にこれを行えばよい。要は，意思決定を行う投資者に有用な予測情報を提供できるよう，これらを決定することである。

　最後に，表示形式の問題であるが，次期以降の予算については，現行の財務諸表制度を考慮して，これとほぼ同じ形式でよいであろう。また，前期以前の予算については，基本的な形式は，現在会社以外の各種の法人がその公表にあたって用いているように，予算を実績との比較対照の形で示すのがよい。もちろん，この場合，次期以降の予算もそこに一緒に含めて示してもよい[27]。ところで，卑見であるが，前期以前の予算については，つぎのような表示形式を考えているのであるが，いかがなものであろうか。

　それは，公開すべき各項目について，予算（単位は金額），実績（金額），差異（金額），予測率（％），および達成率（％）という5つの欄を用いて示す方法である。このうち，予測率と達成率は，つぎのようにして求める。

$$予測率 = \left(1 - \frac{差異}{予算}\right) \times 100\%$$

$$達成率 = \left(1 - \frac{差異}{実績}\right) \times 100\%$$

この予測率は，予算編成にあたっての企業の予測能力を評価するためのもので，100％がもっとも望ましい比率である。というのは，100％に満たなくても，あるいはこれを超えても，予測が誤っていたということになるからである。しかし，人情として，100％を超えたほうが，好ましい方向での誤りといえるかもしれない。また，達成率は，予算実施にあたっての企業の達成能力を評価するためのもので，これは大きければ大きいほどよいといえる[28]。

　なお，このような表示形式で予算の公開を行うほかに，予測率趨勢表，達成率趨勢表，および予算趨勢表を作成して公表できれば，一層望ましい。予測率趨勢表は，予測率の推移を示すもので，これにより企業の予測能力の進歩の程度を評価するとともに，次期以降の予算の信頼性をチェックし達成し易い予算の設定を防ぐためである。また，達成率趨勢表は，達成率の推移を示すもので，

これにより企業の予算達成能力の進歩の程度を評価し，次期以降における予算の達成見込みの度合を予測するためである。最後の，予算趨勢表は，予算の延び率を示すもので，これにより企業が達成し易い予算の設定に走るのをチェックするためである。なお，この表で延び率を求めるのに，前期と較べて求める前期比，一定の基準年度と較べて求める基準期比，および，過去数期間の平均と較べて求める平均期比の3つがある。

5 むすびにかえて

　以上，本章では，長期の株式投資者がその投資についての意思決定にあたって利用する会計情報の1つとして，企業予算の外部公開を行った場合，その公開方法をどうするのかに重点をおいて考察を試みたが，これを通じてつぎのことを明らかにした。すなわち，(1) 投資者にも各種各様の者がいるが，消極的理由と積極的理由から，考察の対象を，このうちの，利殖目的で株式を取得し長期間保有する平均的な個人投資者に限定したこと。(2) この投資者の立場からみれば，主たる関心は配当にあり，したがってその意思決定にあたっては，これの予測に役立つような会計情報を必要としていること。(3) かような情報を入手する方法には，大きくいって，直接予測法と間接予測法の2つがあるが，これらのうち，この投資者に較べて優秀な情報収集能力と予測能力を有している，企業が行う前者の方法によるほうが，望ましいこと。(4) この方法のもっとも代表的な例として企業予算の外部公開を行うことにした場合には，次期以降と前期以前の両予算の公開が望ましいこと。(5) この場合，公開すべき期間と項目は，公開に要する諸費用と企業機密の保護を考慮して，できるだけ有用な予測情報を提供しうるよう決定すること。(6) また，その表示形式は，特に前期以前の予算については，予算，実績，差異，予測率，および達成率の各欄の5欄式を用いること。そして，(7) できれば，これらに加えて，予測率趨勢表，達成率趨勢表，および予算趨勢表もあわせて示せば一層望ましいこと。以上である。

5 むすびにかえて

これらの諸点は，まだまだ試論試案の域を出ていないので，これからさらに検討を加えていかなければならないが，それと同時に，これらについての実証的研究も行ってみる必要がある。これらを含め，その他，予算設定の方法，予算基準の設定，あるいは予算監査の実施など，企業予算の外部公開に伴って生ずる種々の問題については，今後の研究に待ちたい。

注

(1) このような意図に基づく他の研究の動きについては，前述の第10章および第14章でも取り上げているので，併せて参照されたい。
(2) ここに「平均的な」とは，現在公表されている程度の財務諸表を理解できる能力を有しているという意味である。
(3) 以下において単に投資者というときには，このような意味の投資者を指す。
(4) 機関投資家が大口の信用授与を行うときには，特別に会計情報の提供を求めることが多いが，この場合には，信用授与先との力関係で豊富な情報を手に入れ易い。
(5) もちろん，本章で取り上げているようなことが可能になれば，機関投資家の意思決定にとってプラスになることはいうまでもないことで，特に，これまでの会計情報の精度を高めるのに役立つであろう。
(6) AAA, Committee on External Reporting, "An Evaluation of External Reporting Practices—A Report of the 1966-68 Committee on External Reporting", *The Accounting Review,* Supplement to 1969, p. 80, and Lawrence Revsine, *Replacement Cost Accounting,* 1973, p. 29.
(7) もちろんこの場合にも，本章で取り上げているようなことが可能になれば，その意思決定にとってプラスになることはいうまでもなかろう。あるいは，場合によっては，投資先との力関係ですでにこのような会計情報を手に入れている事例もあろう。
(8) Lawrence Revsine, *op. cit.,* p. 29.
(9) See, AAA, Committee on External Reporting, *op. cit.,* p. 82.
(10) See, Lawrence Revsine, *op. cit.,* pp. 30–33.
(11) この方法のほとんど大部分は，ヒックスの所得概念（J. R. Hicks, *Value and Capital,* second edition, 1946（reprint 1957）, p. 172（安井琢磨・熊谷尚夫訳「価値と資本Ⅰ」249頁）から出発して，それぞれの方法を構築している。なお，この点の詳細については，前述の第14章第3節を参照されたい。
(12) この割引価値の計算モデルについては，たとえば，AAA, Committee on External Reporting, *op. cit.,* pp. 82–83, およびLawrence Revsine, *op. cit.,* p. 33を参照されたい。

第18章 長期株式投資者の意思決定と予算の公開方法　265

(13) See, AAA, Committee on External Reporting, *op. cit.*, pp. 83-88, and Lawrence Revsine, *op. cit.*, pp. 33-34.
(14) Lawrence Revsine, *op. cit.*, p. 34.
(15) See, *ibid.*, p. 34.
(16) See, *ibid.*, p. 34.
(17) See, *ibid.*, p. 37, and AAA, Committee on Corporate Financial Reporting, "Report of The Committee on Corporate Financial Reporting", *The Accounting Review*, Supplement to 1972, pp. 526-527.
(18) Lawrence Revsine, *op. cit.*, p. 37.
(19) *Ibid.*, p. 37, and AAA, Committee on Corporate Financial Reporting, *op. cit.*, p. 526.
(20) この点については，前章第3節，Lawrence Revsine, *op. cit.*, pp. 37-40および Richard J. Asebrook and D. R. Carmichael, "Reporting on Forecasts : A Survey of Attitudes", *The Journal of Accountancy*, August 1973, p. 38 ff. を参照されたい。
(21) Lawrence Revsine, *op. cit.*, p. 37.
(22) See, *ibid.*, pp. 40-41, and p. 118 ff., and AAA, Committee on Corporate Financial Reporting, *op. cit.*, p. 527.
(23) Lawrence Revsine, *op. cit.*, p. 41, and pp. 129-134, and AAA, Committee on Corporate Financial Reporting, *op. cit.*, p. 527.
(24) See, Lawrence Revsine, *op. cit.*, pp. 40-42, and p. 86 ff., and AAA, Committee on Corporate Financial Reporting, *op. cit.*, p. 527.
(25) もちろん，前期以前の予算の公開にあたっては，次期以降の予算の信頼性や内容のチェックという目的からみて，実績との対比の形で示されることになろう。
(26) 新たな会計情報の公開とそれに要する諸費用との関係については，AAA, Committee on External Measurement and Reporting, "Report of the Committee on External Measurement and Reporting", *The Accounting Review*, Supplement to 1973, pp. 245-247を参照されたい。
(27) See, Howard F. Stettler, *Auditing Principles*, 3rd Edition, 1970, p. 483.
(28) 普通の場合ならば，このようにいえるわけであるが，あらかじめ達成し易い予算を設定しているときには，このようにはいえないことになる。このような事態が発生するのを防止するために，つぎに述べる各種の趨勢表が必要になるのである。なお，場合によっては，達成し易い予算の設定を防ぐために，つぎのような企業意欲率とでも呼ぶべき比率を求め，その趨勢表とあわせてこれをチェックしてもよい。

$$企業意欲率 = \left(1 + \frac{当該期予算 - 平均期予算}{平均期予算}\right) \times 100\%$$

第19章

予測会計情報の外部公開と会計原則

1 は じ め に

　最近,米国では,株式投資者が意思決定にあたって利用できる会計情報の改善策の1つとして,予測会計情報[1]の定期的な外部公開[2]を求める声が大きくなってきている[3]。殊に,1973年2月にSECが,株式投資者間における情報入手の不公平の是正と,情報収集や分析など多くの点で弱い立場にあるとみられる一般株式投資者の保護とを目的として,予測会計情報のディスクロージャーに対する従来の禁止の態度を改め容認の方向を打ち出してから[4],予測会計情報の外部公開をめぐる議論が沢山みうけられるようになってきている。

　ところで,予測会計情報というものは,これまで主として企業の内部で経営管理などのために作成され,外部には公表されたことがなかったものであるから,これを外部公開するとなると,解決せねばならない問題がいろいろと生じてくる[5]。これから本章で取り上げようとしている問題もその1つである。

　かつて1930年代の米国で,財務諸表の外部公開をめぐって,その客観性を強化し社会的信頼性を得るため,外部監査の実施と会計原則の制定が問題になったが,予測会計情報を外部に公表するとなると,これと同じことが問題になる。本章では,このような予測会計情報についての外部監査の実施と会計原則の制定という問題のうち,後者の問題を取り上げて若干の検討を加え,予測会計情報原則といったようなものについて著者なりの一試案を述べてみたい。

2 予測会計情報原則をめぐる諸説

　予測会計情報は，もともと稼得利益の極大化を目指す各企業が，経営管理などに役立てるためそれぞれの自由な創意工夫のもとに作成し利用してきたものであるから，これをその本来の目的通り企業の内部のみで利用しているかぎり，予測会計情報原則などといったようなものはまったく必要がない。しかし，予測会計情報を外部公開し株式投資者を初め各種利害関係者の利用に供するようになると，これはいわば社会性をもつことになったわけで，その影響を受けるこれら利害関係者を保護するためなんらかの規範が必要になってくる。それでは，このような規範としていかなる予測会計情報原則を設定すればよいのであろうか。

　一般に，会計原則というものを設定するにあたってはいろいろな体系が考えられる。たとえば，我が国の「企業会計原則」などにみられるように，会計報告書の種類に着目して会計原則を設定する方法もあろうし，また会計機能に注目して測定原則・伝達原則という体系で設定する方法もあろう。ところで，予測会計情報について原則を設定するにあたっては，作成原則・表示原則という体系を採る論者が多いようにみうけられる。次に，その説いているところをいくつかみてみよう。

（1）　予測会計情報の作成原則

　初めに，予測会計情報の作成にあたって遵守すべき作成原則について述べている所説をみてみる。

　まず，井尻教授によれば，予測会計情報の原則について次のような大綱を述べておられる[6]。すなわち教授は，まずこの原則を作成原則と表示原則とに大別し，そのうち後者については，予測会計情報というものが最終的に必ず実績と比較されるはずのものであるから，この比較可能性という点よりみれば，まったく別個の新しい原則を設定するよりは，これまで長い間外部に公表してき

た財務諸表の表示で用いている，原則を流用したほうが望ましいとしてなにも示していないが，前者の作成原則については次のように述べておられる。

　まずこの原則の基本的なものとして，教授は予測会計情報の作成過程明示の原則と首尾一貫性の原則の2つを掲げている。これらのうち前者の原則は，第三者による予測会計情報のチェックが可能なようその作成過程の明瞭な表示を要求するもので，このために企業は，監査の場合に作る監査調書のような，予測会計情報作成調書といったようなものを作る必要があるとしている。また後者の首尾一貫性の原則については，これはかなり包括的な原則で，さらに内部的首尾一貫性と外部的首尾一貫性の2つの原則に分けられるとしている。そして，内部的首尾一貫性の原則とは，予測会計情報の作成にあたって用いる企業内部資料に関連するもので，これはさらに次の2つの原則に細分できるとしている。1つは，歴史的首尾一貫性の原則と呼ぶもので，予測会計情報の作成にあたっては，正当な理由により変更する場合を除き，当年度も過年度と同じ基礎資料を継続して用いるよう要求している。いま1つは，当該年度内首尾一貫性（current consistency）の原則と呼ぶもので，当該年度自体においても関連項目は同じ基礎資料に基づいて予測会計情報を作成するよう要求している。これら2つのうち，前の歴史的首尾一貫性の原則は，いゆわる継続性の原則にあたるようである。次に，外部的首尾一貫性の原則とは，予測会計情報の作成にあたって用いる企業外部資料に関連するもので，たとえば原材料や商製品などの需給や価額の見通しなどのような，企業外部とかかわりのある基礎資料については，正当な理由のある場合を除き，当該業界や経済全体と同じものに基づくよう要求する原則であるとしている。

　以上のように，井尻教授はかなり体系的な作成原則を示しておられる。

　次に，AICPAによれば，予測会計情報の作成原則について直接指示してはいないが，企業内に予測会計情報の作成組織を設置するにあたっての指針として挙げている10項目のなかから[7]，作成原則にあたるとみられるものを示すと次の如くである。まず第一は，同一処理基準の原則とでも呼ぶべきものである。これは，予測会計情報と実績との比較可能性という点から，この作成にあたっ

ては，当該事項が現実化したときその会計処理に用いるはずの処理基準と同じものを用いるよう要求している[8]。第2は，経済性の原則とか重要性の原則と呼べるものである。これらは，予測会計情報作成のために企業内外の種々の情報を収集し分析するとき顧慮される[9]。第3は，合理的前提条件の原則とでも呼ぶべきものである。これは，予測会計情報の作成にあたってもっとも合理的な前提条件を用いるよう要求している[10]。第4は，同一前提条件の原則とでも呼ぶべきものである。これは，予測会計情報の作成にあたって関連項目は同じ前提条件に基づくよう要求している[11]。第5は，比較性の原則とでも呼ぶべきものである。これは，予測会計情報を修正したときは修正前後の比較を，また事後に実績が明らかになったときはこれとの比較を，それぞれ行うとともに，それらの差異分析を実施できるよう比較可能性を顧慮して予測会計情報の作成にあたることを求めている[12]。そして第6は，検証可能性の原則とでも呼ぶべきものである。これは，予測会計情報の第三者によるチェックや実績との比較を可能にするため，その作成過程を明らかにできる文書を充分に整えるよう要求している[13]。

　AICPAの作成原則といえそうなものを抜き出すと以上の通りであるが，これらは，体系的に必ずしもスッキリしたものとはいえないし，またこれらだけで作成原則として完全なものともいえないようである。もともと，これらの土台になっている10項目は，会計士が企業から予測会計情報のディスクロージャーについて相談を受けたとき，その指導にあたるための手引書の形でまとめられたものであるから，これもやむをえまい。

（2）　**予測会計情報の表示原則**

　次に，作成した予測会計情報の表示にあたって守るべき表示原則について述べている所説をみてみる。

　まず，ReilingとBurtonの両氏によれば，予測会計情報を公表するにあたっての基本的ルールとして7つほど挙げているが，そのなかの表示原則といえそうな6つについて次にみてみる[14]。まず第1は，区分表示の原則とでも呼ぶ

べきものである。これは，予測会計情報と実績との混同から起る種々の弊害を防止するため，その公表にあたっては両者を明瞭に区分して表示するよう要求している。第2は，適時性の原則とでも呼ぶべきものである。これは，利用者にできるだけ最新の予測会計情報を提供しうるよう適時性を要求するもので，このためには2つの方法が考えられる。1つは，たとえば四半期ごとなど定期的にその公表を行う方法で，いま1つは，変更が生じた都度その公表を行う方法である。もっとも望ましい方法は，これら両者を適宜に組合せて行うことであるとしている。第3は，差異明示の原則とでも呼ぶべきものである。これは，予測会計情報の公表にあたって，この情報と実績との差異，および予測会計情報の修正前と後との差異について，それぞれの差異理由を付して明瞭に示すよう要求している。第4は，前提条件明示の原則とでも呼ぶべきものである。これは，予測会計情報の作成にあたって用いた基礎的な前提条件は明瞭に示すよう要求している。この明示すべき条件のなかには，将来におけ設備拡張や新製品開発などの当該企業自体にかかわる諸条件，原材料と商製品の需給状態の見通しや，当該業種の競争状態の見通しなどの当該業界全体についての諸条件，および政府の経済政策やGNPの増加などの経済全体の見通しに関する諸条件が含まれるとしている。第5は，この第4の原則の細目を示す原則といってもよいもので，これは，予測会計情報とこれらの前提条件との関連性を計数的に明示するとともに，この前提条件が変動すれば予測会計情報にどのような影響が生ずるのかをも計数的に示すよう求めるものであるとしている。そして第6は，表示形式自由の原則とでもいえそうなものである。これは，予測会計情報のもっとも望ましい表示形式を作り出すため，その外部公開の過渡期にあっては，各企業がそれぞれの試行錯誤の過程で創意工夫を活かせるよう，表示形式については自由な選択を容認すべきことを求めている。

　ReilingとBurtonの両氏が述べている基本的な表示原則の大筋は以上の通りであるが，これらは，もともと予測会計情報の外部公開にあたっての主要な考慮事項として示されたものであるから，表示原則と呼ぶには体系的にも，また内容的にも不完全なものといわざるをえないようである。

2 予測会計情報原則をめぐる諸説

次に，AICPA によれば，表示原則という形では直接見解を示していないが，予測会計情報の外部公開にあたりその表示上考慮すべき点として，次のように7つの事項に分けて考えを明らかにしている(15)。まず第1は，表示形式についてで，予測会計情報の表示にあたっては，実績との比較可能性を顧慮して従来の財務諸表と同じ形式を用いるよう求めている。ただし，その内容はそれほど詳しくなくてもよいが，少なくとも，たとえば売上高，売上総利益，法人税充当額，経営の一部譲渡のような非経常的事項，1株当りの利益，および予想される財政状態の重要な変動などは，表示するよう要求している。第2は，準拠すべき会計原則についてで，もし命名するとすれば，準拠性の原則とか，首尾一貫性の原則とでも呼べそうなものである。ここでは，予測会計情報の作成・表示にあたっては，実績財務諸表で用いるはずの会計原則と同じものに基づくよう求めている。しかも，表示にあたっては，この同一の会計原則に準拠しているという事実と，重要な会計方針の要約を示すよう求めている。また逆に，同一の会計原則に準拠していないときは，その事実を明示するよう要求している。第3は，予測会計情報に盛り込まれる予測数値の表示方法についてで，表示にあたってはもっとも確実性の高い特定金額で示すよう求めているが，同時に利用者がその信頼度を知る手がかりにできるよう，たとえばプラス・マイナス何々と一定の許容値を付記することも推奨している。第4は，前提条件の表示方法についてで，予測会計情報の作成にあたって設定した基礎的な前提条件は，その設定理由および設定方法とともに明示するばかりではなく，そのうちの重要なものについては，これが変動したならば予測会計情報の上にどのような影響が出てくるのか，をも併せて示すよう求めている。第5は，予測会計情報の作成期間についてで，一般に予測すべき期間に比例して予測会計情報に含まれる不確実性の度合は高くなるが，実際には，どの位の期間が妥当かは，各企業の予測能力や利用者の情報要求の内容によって異なり一概に決められないので，特定の期間を指示していない。第6は，予測会計情報と実績との区分表示についてで，もし命名するとすれば区分表示の原則とでもいえそうなものである。ここでは，予測会計情報を表示するときは，利用者が実績と混

同しないよう適切な方法で明確に示すことを求めている。そして第7は，予測会計情報の公表後の修正についてで，いってみれば適時性の原則に関連するものである。公表してある予測会計情報に重要な変動が生じたときには，これを修正し，あるいは最新のものと取り替え，さらには取り消すなど適切な処置を取るよう求めている。

　予測会計情報の表示についてAICPAの示している考えは以上の如くである。これらは，会計士を直接拘束するものではなく，彼等がかような表示について企業から相談を受けたとき，これを指導する拠としてまとめられたものにすぎないが[16]，予測会計情報の定期的な外部公開が広く一般化するようになれば，ここで述べられている趣旨は，やがて表示原則に昇華され予測会計情報原則といったようなものの一部を構成することになるのではあるまいか。

　以上において，予測会計情報原則に関するいくつかの所説を，作成原則と表示原則に分けてみてきたが，これらのなかで挙げられている原則の間には共通のものもかなり沢山みられるし，またその内容もごく当り前と思われるものも若干みうけられる。しかし，これらの所説はいずれも，予測会計情報の外部への初めての一般公開を前提にして，その社会的信頼性を高め利用者にとっての有用性を増大させようとの意図から，各々試案的な考えを示しているもので，この点にそれぞれの意義をみいだすことができよう。なお，予測会計情報の外部公開をめぐっては，上述の諸説のほかに，SECも「将来の経済的業績にかかわる予測情報のディスクロージャーに関するSECの見解」[17]を初め，これまでにいくつかの通達を出しており，そのなかには予測会計情報原則といえそうなものも多少含まれている。しかし，これらはむしろ，証券行政に必要な証取法関係の取扱い規則といった性格が強いようにみうけられるし，また米国では，会計原則の形成は民間の自主性に任せるという伝統もあるので，SECの発表しているものを取り上げることは，ここでは割愛する[18]。

3 予測会計情報原則の一試案

次に，前節で加えた考察を踏まえて，もし将来，我が国でも予測会計情報の外部公開が実施されるようになったとき，どのような予測会計情報原則を考えたらよいのか，について著者なりの一試案を述べてみることにする。なお，これはあくまでも大綱にすぎないことをお断りしておきたい。

(1) 予測会計情報原則の体系

まず，予測会計情報原則の体系については，前節で取り上げた諸説にもみられるように，作成原則と表示原則の2つに分ける体系も考えられるが，予測会計情報を我が国で外部公開するという前提に立って考えるならば，現行の会計原則の体系と同じように，会計報告書の種類に着目して，たとえば一般原則，予測損益計算書原則，および予測貸借対照表原則といったような体系のほうがよいであろう。というのは，1つには，予測会計情報というものは最終的には必ず実績と比較されるので，この比較可能性という点からみてそういえるのである。そしていま1つには，予測会計情報原則の制定問題が生起したのはこのような情報の外部公開のためで，したがって外部公開の面で長年にわたり多くの経験を積み重ね精緻化してきている現行の会計原則の体系を転用したほうがよいといえるからである。しかしながら，予測会計情報の外部公開の過渡期にあっては，現在の財務諸表で公表しているようなすべての項目について予測数値を公表することもないであろうから，そのなかの公表すべき主な項目だけに関連する，作成原則および表示原則という体系を採ることもやむをえないかもしれない。

なお，いずれの体系を採るにせよ，予測会計情報原則の前文的な部分で，少なくとも次の2つのことは述べておく必要があろう。1つは，このような情報をなぜ公表するのか，その公表目的について明らかにしておくことである。そしていま1つは，かような情報が実績と本質的にどのように異なっているのか，

その性格について明らかにしておくことである。特に，予測会計情報の外部への一般公開の初期の段階においては，この第2の点は重要といえるので，かつて財務諸表の性質や監査の性格についてそれぞれの基準のなかに啓蒙的な条文を入れていたのと同じように，かような情報は実績とは異なって単なる予測にすぎない，という趣旨の啓蒙的な説明を加えて一般の注意を喚起する必要があろう。なお，この前文的な部分には，これらのほかに，予測会計情報の公表時期，つまりどのような定期に行うのか，あるいは必要な修正の都度行うのか，という適時性について文言を入れることも考えられるし，また予測の対象とすべき将来の期間について触れることも考えられる。しかし，これらはもともと，証取法の本文かまたはその取扱い規則などで示すべき筋合いのものかとみられるので，かような部分に含めないほうが妥当であろう。

(2) 予測会計情報原則の内容

次に，上述した体系のうち，望ましいほうの会計報告書の種類に着目した体系を一応採ることとした場合，その具体的な中身としてどのようなものが考えられるであろうか。今のところ著者は，一般原則としては後述する4つを考えているが，予測損益計算書原則と予測貸借対照表原則については現在思案中で具体的に述べるわけにはゆかない。ただ，かつて，予測会計情報の具体的な形の一つとして企業予算を取り上げ[19]，その公開にあたっての表示すべき事項の選択問題や表示形式の問題などを中心に論じたことがあるので，これら後者の2つの原則を示すにあたっては，それがかなり参考になるであろう。

ところで，一般原則ばかりではなくおよそ予測会計情報原則というものの設定を考えるとき常に留意しなければならない点が1つある。それは，前節で取り上げた諸説にもみられることであるが，かような原則の設定にあたり，予測会計情報の計算上や表示上の適否を判断するための，いわば形式的な妥当性にかかわる原則を設けることは可能であるが，その内容上の適否を判断するための，内容的な妥当性にかかわる原則を設けることはかなり困難である，ということである。というのは，予測会計情報が内容的にみて妥当か否かということ

は，実績とは異なりそれが将来に至って現実化して初めて判断できることであって，これを規定するような原則をあらかじめ設けてみても無意味だからである。したがって，次に示す一般原則もこのような留意点を反映したものとなっている。

さて，一般原則についてであるが，これに含めることができるものは，あらゆる予測会計情報に共通的に適用できる原則で，現在のところ次の4つを考えている。

まず第1は，有用性の原則とでも呼ぶべきものである。これは，投資者の意思決定に必要な企業の将来にかかわる有用な会計情報の提供を求めるもので，予測会計情報原則の中心となる基本原則ともあるいは目標原則ともいえるものである。このような原則の設定が必要となるのは，積極的理由と消極的理由があるからである。前者の理由としては，1つには，予測会計情報原則を体系的整合性をもったものとして形成するため，種々のあらゆる原則を統轄する原則の必要なことが，いま1つには，すべての投資者に対する有用な予測会計情報の提供という，かかる情報の外部公開を求めるに至った当初の意図を明らかにする必要性があることが，考えられる。また後者の理由としては，まだ現実化していない企業の未来事象を対象とする予測会計情報原則のなかに，すでに確定した実績に対して用いてきた真実性という異質な概念を持ち込むわけにはゆかない，ことが挙げられる。

一般原則の第2は，準拠性の原則とでも呼ぶべきものである。これは，予測会計情報が首尾一貫性を保つようその作成と表示にあたって，同一の基準に準拠すべきことを要求するものである。この原則は，内容的にみれば，さらに次の3つの個別原則に細分できる。1つは，同一予測年度内においては，関連事項は同一の基礎資料に基づいて予測会計情報の作成を行うよう，求めるものである。2つは，予測会計情報の作成に用いる，当該業界や経済全体にかかわる将来の諸事項については，正当な理由がある場合を除いて，他の大多数の企業と同一の資料に基づくよう求めるものである。そして3つは，実績との比較可能性のために，予測会計情報の作成と表示にあたっては，それが将来現実化し

実績として処理し表示するときに用いるものと同一の基準や方法に基づくよう求めるものである。

　一般原則の第3は，明瞭性の原則とでも呼ぶべきものである。これは，投資者の意思決定に必要な予測会計情報を，理解し易い形で明瞭に表示するよう要求するものである。この原則は，内容的にみれば，さらに次の3つの個別原則に細分できる。1つは，区分表示の原則とでも呼べそうなもので，予測会計情報の利用者に誤解や混乱を与えないよう，実績とこれとを明確に区分して表示させることに主たる狙いがある。2つは，計算基礎・方法明示の原則とでも呼べそうなもので，予測会計情報の作成にあたって用いた基礎資料と計算方法を明瞭に表示するよう求めるものである。そして3つは，差異明示の原則とでも呼べそうなもので，予測会計情報と実績との差異，あるいは公表した予測会計情報の修正前と後との差異について，その差異理由を付けて明瞭に示すよう求めるものである。

　そして一般原則の第4は，継続性の原則とでも呼ぶべきものである。これは，予測会計情報の期間比較を可能にするために，その作成と表示にあたっては，正当な理由がある場合を除いて，毎期同じ基準や方法を継続して用いるよう要求するものである。

　予測会計情報原則のうちの一般原則については，現在のところ以上のように考えているが，これらのうち第2と第3の原則のなかに含められている個別原則は，むしろ一般原則とせずに予測損益計算書原則や予測貸借対照表原則に入れたほうがよいかもしれない。

4　むすびにかえて

　以上，本章では，企業がその予測会計情報を外部へ一般公開する場合に解決を迫られる，かような情報にかかわる会計原則の制定という問題を取り上げて若干の考察を加え，予測会計情報原則といったようなものについての著者なりの一試案を明らかにするよう努めた。それによれば，会計報告書の種類に着目

4 むすびにかえて

してこの原則の体系を考えたとき，そのうちの一般原則として，有用性の原則，準拠性の原則，明瞭性の原則，および継続性の原則の4つを掲げることができる。

予測会計情報というものは，各企業がそれぞれの将来を洞察し，インフレ問題はもちろんのことあらゆる多種多様な要素を勘案して作ったものであるから，これを利用できれば意思決定を行おうとする投資者にとって非常に有用なものといえる。このため，米国ではこれが一部の投資者のみに流れる事態が頻発するに至り，その不公平の是正をめぐって，これの外部への一般公開に関連する種々の問題が目下さかんに議論されているところである。我が国における最近の連結財務諸表や中間財務諸表のディスクロージャーを初め，これまでの会計上のいろいろな問題の経緯をみると，予測会計情報の外部公開もやがて我が国で問題になると考えられるので，予測損益計算書原則や予測貸借対照表原則の検討も含め予測会計情報原則のより一層の精緻化と，本章では取り上げないことにした予測会計情報の外部監査の問題などについては，今後の機会を待ちたいと思う。

注

（1） 予測会計情報という言葉はまだ固まった用語とはなっていないようである。たとえば，論者によりforecast, projection, prediction, estimateあるいはbudgetなどという言葉が用いられ，その意義内容には若干の差異がみうけられる。しかし，いずれにも共通的にいえることは，これらの言葉が，まだ最終的結果の出ていない未来事象にかかわる情報を示す言葉として，同義語的に用いられていることである（See, Council Statement, "Accountants' Reports on Profit Forecasts", *Accountancy,* June 1969, p. 467, Accountants International Study Group, *Published Profit Forecasts,* 1974, par. 1〜4, Prem Prakash and Alfred Rappaport ed., *Public Reporting of Corporate Financial Forecasts,* 1974, pp. 204-205 and p. 236, AICPAs, Management Advisory Services Executive Committee, *Guidelines for Systems for the Preparation of Financial Forecasts,* 1975, pp. 3-5, and so on.）。本章では，予測会計情報という言葉を，一応このような共通的にみられる意味で用いることにする。

（2） 米国や英国では，増資や株式公開買付けのような特別の場合に，設備計画や予想収

益・利益などある種の予測会計情報を外部へ公開することは行われていたが，1年とか半年ごとの定期的な公表はこれまで行われていなかった (See, Accountants International Study Group, *op. cit.,* Ch. III)。なお，我が国では，有価証券届出書や報告書などに将来半年程度の設備計画や資金計画などを示すよう要求されているが（「有価証券の募集又は売出しの届出等に関する省令」の各様式参照），予測会計情報の外部公開をめぐる論争のなかで大きな問題となっている，種々の予想収益・利益の公表は強制されていない。

(3) このような最近の動きの詳細については，前述の第17章を参照されたい。
(4) See, SEC, Securities Act of 1933 Rel. No. 5362, Statement by the Commission on the Disclosure of Projections of Future Economic Performance, Feb. 2, 1973.
(5) このような問題の詳細については，第17章第3節を参照されたい。
(6) Yuji Ijiri, "On Budgeting Principles and Budget-Auditing Standards", *The Accounting Review,* October 1968, pp. 664–665.
(7) AICPAs, Management Advisory Services Executive Committee. *op. cit.,* pp. 7–14.
(8) *Ibid.,* p. 8.
(9) *Ibid.,* pp. 9–10.
(10) *Ibid.,* pp. 10–12.
(11) *Ibid.,* p. 12.
(12) *Ibid.,* p. 12 and p. 13.
(13) *Ibid.,* p. 13 and p. 14.
(14) Henry B. Reiling and John C. Burton, "Financial statements : signposts as well as milestones", *Harvard Business Review,* November-December 1972, pp. 52–53.
(15) AICPAs, Accounting Standards Division, Statement of Position on Presentation and Disclosure of Financial Forecasts, 1975, pp. 3–9.
(16) See, News Report, "Forecast guidelines published", *The Journal of Accountancy,* May 1975, p. 18, and News Report, "AICPA proposes guidelines for financial forecasting", *The Journal of Accountancy,* April 1975, p. 7.
(17) SEC, *op. cit.*
(18) SECの発表している通達の内容や，予測会計情報の外部公開をめぐるSECの最近の動向などについては，大矢知浩司稿「SECと利益予測情報のディスクロージュア」（『會計』第111巻第2号 129頁以下），および日本会計研究学会第33回大会における拙報告「投資者の意思決定と予測情報—SEC会計の動向を中心として—」の報告レジュメなどを参照されたい。
(19) 特に前章第4節を参照されたい。

第20章

会計の言語性と国際的調和

1 はじめに

　周知のように，我が国の貿易収支は1960年代の半ば以降，2度の石油ショックの時を除きほぼ一貫して逓増的な黒字基調を続けており(1)，またその結果，対外純資産額も1985年末時点で世界一になって以後，90年末を除いて毎年世界一を記録している(2)。かような事実は，我が国の経済がいかに国際化しグローバル化していったかを如実に物語るものでもあろうが，その過程で諸外国との間に種々の国際摩擦を惹き起こした。そのなかにはすでに解決ずみのものあるし，現在交渉中のものもあることは周知の通りである。これから本章で取り上げる「会計の国際的調和」もこのような問題の1つといえる。

　ところで，「会計の国際的調和」という問題は決して今に始まった目新しいものではない。ECの域内会計の調和化やIASCの作業もそうであるし，また我が国の場合についてみても，かつてADRとかEDRと称して欧米の証券市場に上場した企業が，現在の会計基準に従って会計報告書を提出したのも一種の国際的調和といえる。しかし，これが我が国で自分自身の緊要な問題として強く認識されるようになったのは，日米間の貿易不均衡の是正のため1989年9月に開始し数回に及んだ日米構造協議で，米国側から我が国の系列企業取引内容のディスクロージャーについて幾つか指摘を受け(3)，連結会計などに関して証券取引法や大蔵省令などを改正せざるをえなくなってからではないかと思う。今年（1992年）の7月28日から3日間にわたって開かれた第2回目の日米構造協議の事後点検会合で，米国側からこれらの点について実施の徹底とさら

なる改革を求められたことはいまだ記憶に新しいことであろう[4]。我が国では従来，EC会計やIASC会計基準などの紹介や解説が盛んであったためか，「会計の国際的調和」の問題は一部研究者の間の関心事にすぎないと受け取られることが多かったが，この日米構造協議の経緯をみていると，各国から将来ますます経済を過大視される恐れのある我が国にとって，この問題の重要性が現実味を帯びてきたといえよう。従って，斯界においても真剣にこれを取り上げ，その対処方向を支える理論的枠組を模索しておく必要があろう。

そこで本章では，会計のもつ言語性に着目し，必ずしも会計学プロパーの問題とはいえず，えてして政治的な議論に陥りがちな「会計の国際的調和」の問題に，会計学の側から多少なりとも理論的な筋道を見い出してみたいと思う。「会計は企業の言語である」としばしばいわれる[5]。もし，この解釈が妥当であるならば，この問題は異言語民族間の交流に伴う言語問題と同一視してよいのではないかと思う。周知のように，言語に関する諸問題を取り扱う分野には古くから言語学があり，多年にわたって研究を積み重ねてきている。従って，その研究成果のなかに「会計の国際的調和」の問題を解く手がかりが隠されているのではないかと思う。以下では，会計は果して一種の言語と呼べるか否かその言語性に関する問題と，そう呼べた場合の国際的調和に関する問題の2つに分けて検討を加え，その後，結論として，もし会計が一種の言語であるならば，理論的には「相互承認」という形での，国際的調和しかありえないことを明らかにしてみたいと思う。

2 会計の言語性と社会言語学的分析

会計を一種の言語とみて理論を構築する会計言語説については，すでに青柳文司教授のすばらしい研究があって[6]，著者ごときが付け加えることは何もないが，ただ「会計の国際的調和」を考察するという立場から若干述べることにする。

注(5)に幾つか文献を示したように，会計を一種の言語とみる考えは古く

から存在し，今日では斯界の定説になっているといってもよいであろう[7]。それでは，会計の比喩に使われる言語とは何か。元来，言語というものは多面的性質をもっており，そのいずれに焦点を当てるかで，言語学上これには種々の説がある。しかし各説とも，言語は人間の意思疎通の手段であるという基本的認識の点では，異論はないようにみうけられる[8]。会計も企業と社会の間の意思疎通の手段として一翼をになっており，この基本的認識の範囲内にあるといえる。ところで，人間の意思疎通の手段には，話し言葉や書き言葉のほか身振りや表情のような動作などいろいろあるが，日本語も大昔は文字をもっておらず，また現在でも世界には文字をもたない民族が多数存在しているという事実から推察しうるように，言語学は話し言葉の研究から生成したといわれる[9]。それ故，初期の言語学は，音声を手がかりに言語の構造を解明する音韻論が中心であった。その後，これを中核に今日いう一般言語学——理論言語学ともいう——が確立されてくるとともに，社会学や通信工学などの隣接諸科学の影響を受け応用言語学が発達してきた。言語学は現在一般に，この2つに大別されるが，通常，言語学といった時は前者を指す[10]。

　周知のように，言語学では研究対象の違いにより音韻論，統辞論——統語論，構文論ともいう——，意味論，および語用論——実用論ともいう——などの幾つかの研究領域に分けている[11]。音韻論は前述のように音声を手がかりに言語の構造を解明する領域である。統辞論は単語，分節，あるいは文などの関係を取り扱う領域である。意味論は言語とそれが指し示す事物との関係を取り扱う領域である。そして語用論は言語とその使用者との関係を取り扱う領域である。「会計の国際的調和」の問題を考える場合，これらの領域のうち音韻論と統辞論は参考の対象から一応除外してよいであろう。というのは，会計は話し言葉ではないので音韻論の問題は生じないし，また各国とも複式簿記の計算機構を前提に会計を行っているとみられるので，統辞論の問題も起こらないからである。従って，主として意味論と語用論の研究成果に依存することになろうが，その場合この2つの領域の研究で1960年代以降著しい業績をあげてきている社会言語学[12]から何らかの示唆が得られるのではないかと思う。社会言語

学は応用言語学の一種で，社会現象と関連づけて言語の真理に迫ろうというものである。しばしば「言語なければ社会なし」とか，「社会なければ言語なし」といわれる。確かに，言語がなければ意思の疎通は不可能で人の集合である社会は成立しないし，また逆に，社会が存在しなければ意思の疎通は不要で言語は出現しないとみられる。それ故，生成史的には言語と社会は同時発生といわれており[13]，ここに社会言語学の立脚点がある。しかも，言語にどのような意味が付与され，またどのように実用されているかは，その時の社会的諸環境と関連づけた分析なくしてはその真の解明は不可能とみられるため，社会言語学は特に意味論と語用論の研究において大きな地位をしめており[14]，当面の我々の課題解明の糸口を与えてくれるものと思う。

　まず，意味論について取り上げる。「意味」とは何か，すなわち「意味」の意味を問う問題は，言語学では最も議論の多い未だ決着をみていない問題の1つといわれている[15]。ところで，前にも述べたように言語は意思疎通の手段として用いられるが，この場合相手に本当に伝えたものは，言語そのものではなくて，言語で表わし伝えたいと思っている中身——言語学ではこれを指示対象と呼ぶ——である。意思の疎通にあたってこの指示対象を相手に直接見せてやることが可能ならばよいのであるが，種々の制約があってこれができない。そこで代わりに言語を用いて表現し伝えることになる。言語学ではこの言語のことを指示表現とも呼ぶが，この場合，相手が指示対象を最も適確に理解できるような内容を盛り込める指示表現，つまり言語が選択使用されることになる。この盛り込まれる内容が言語の「意味」である。言語学ではこれを指示的意味などと呼ぶこともある。

　このように，言語の「意味」は指示対象そのものではないので，実際の意思疎通の場合には，相手は自分自身の全ゆる知識や経験を駆使して指示対象の真の姿を捉えようと努めることになる。従って，言語で本人が伝えようとした「意味」と相手が受け取った「意味」との間にズレが生じる場合もある。これらはいずれも言語の「意味」なのであるが，このように幅があるため，意味論に種々の説を生むことにもなっている。例えば，狭義説では，辞書に載ってい

るようなことだけをもって「意味」とみるが[16]，言語学ではこれを言語内的意味とか辞書的意味などと呼び，同一言語社会の人々が指示対象について得た言語体験のうち，最大公約数的なものをまとめたものがこれである。これに対し広義説では，意思の疎通で相手が感じ取ったもの全てを「意味」とみるが[17]，言語学ではこれを社会的文化的意味とか語用論的意味などと呼び，「意味」のなかに，辞書に載っていない言語外的意味，つまり個々人の心証までも含める。社会言語学では，もちろん広義説を支持しているが，仮に狭義説を採ったとしても，社会言語学的な分析の力を借りなければ「意味」の解明は難しいとみている[18]。というのは，言語学では，この言語内的意味も含め文法や用語法などを総称して言語規約と呼んだり，あるいは通信工学の術語を借りて言語コードと呼んだりしているが[19]，これらは全てそれぞれの社会における社会的諸環境の影響を受けた言語体験の集積だからである。それだからこそ，言語は民族や国のアイデンティティーの基盤などといわれたりしているのである[20]。

さて，この意味論の論議を会計に当てはめてみると，会計はやはり社会言語学的な考察が必要な言語現象のようにみうけられる。すなわち，会計では伝えられるべき指示対象は，経営成績や財政状態と呼ばれている企業の実態であるが，これを手に取って直接見せることはできないので，代わりに資産，負債，資本，収益，および損費などの性質をもつ各科目と会計数値に細く分け，これらを指示表現，つまり言語として用い会計報告書に書いて伝えることになる。この場合，指示対象である企業の実態に関して，それぞれの国で得た各科目と会計数値の体験のうち最大公約数的なものが，これらの科目や数値の言語内的意味ということになる。そして，これが，それぞれの国の会計基準と呼ばれる言語規約に，その一部として組み入れられることになる。従って，実際には企業は，この言語規約に基づいて会計報告書を作り，それを受け取った利用者は，言語学でいう解読，つまり同じ言語規約を使ってその言語内的意味を読み取ることになる。しかし，利用者はこの外に，言語学では解釈と呼んでいるが，自分の全ゆる体験を駆使して会計報告書から言語外的意味まで読み取って，一歩でも指示対象に近づこうと努めるはずである。特に，決算操作が介在している

ような場合には，企業にとっても利用者にとってもこの言語外的意味が重要になってくるであろう。

次に，語用論について取り上げる。社会言語学では，言語使用の態様はそれぞれの国や民族の社会的諸環境が投影された結果だとみて，これら両者を関連づけて分析し，幾つかの共通的な言語使用の態様を抽出している。例えば，二言語使用や多言語使用，言語スタイル，社会方言，あるいは社会的タブー語などである[21]。これらのうち「会計の国際的調和」の問題を考える場合に参考になるとみられる二言語または多言語使用についてのみ触れると，1つの国や民族のなかで異なった言語が複数存在し使われていることをこのように呼ぶ。日常語と公用語を使い分けている国などがその典型的な例かと思うが，国内用の言語と国外用の言語とを使い分ける場合も一種の二言語または多言語使用といえる。国内外での言語の使い分けは古来よりみられた。社会言語学でピジン (pidgin) とかピジン語と呼んでいるのがそれである[22]。これは，異言語民族が交易にあたり相互の意思疎通の必要性に迫られて自然発生的に生れた交易用言語のことで，各民族は部族内では自己言語を用い，交易ではこのピジンを用いたのである。例えば，パックス・エスパニョラ時代のスペイン語や，パックス・ブリタニカから現在まで続いているパックス・アメリカーナの時代の英語も，一種の世界的なピジンといえる。なお，このピジンが母語化した場合を，社会言語学ではクレオール (creole) とかクレオール語と呼んでいるが，少数民族のなかには歴史を重ねるにつれて独自の言語を失って生れた時からピジンを母語として習得してゆくこともあるのである[23]。

さて，この語用論の議論を会計に当てはめてみると，会計の使用の態様も多種多様であろう。しかし，斯界の定説では，そのなかから慣用されている最大公約数的なものを抽出して，企業の対内的使用と対外的使用に大別している。そして，後者の対外的使用に限っていえば，企業の側で外部の株式投資者の使用態様までも類推して，これをさらに受託責任についての結果報告という使用と，投資意思決定についての情報提供という使用の2つに分けている[24]。これらの使用はそれぞれの国の社会的諸環境のなかで行われているので，当然そ

の影響を受けているはずである。例えば,目下緊急に対処を迫られている日米関係でみても,我が国の企業経営はネットワーク型で,長期的・継続的な取引関係を重視しているのに対し,米国の企業経営はマーケット型で,短期的・単発的な取引に重きを置いているとみる説もあるように[25],日米両国ではその社会的文化的背景の相違から当然それぞれの会計使用の態様も異なってくるはずである。我が国では長期的な業績に焦点が合わされるのに対し,米国では短期的な業績に関心が向けられるのは周知のことであろう。もちろん,いずれの国においても会計報告書の使用にあたって,特に外部の使用者は言語外的意味まで読み取ろうと努める点では同じかと思われる。

3　言語としての会計と国際的調和

　会計を一種の言語とみる考え方が,前節のように妥当であるならば,次はその国際的調和は如何にである。

　まず,調和という用語についてであるが,これの外に調整,標準化,あるいは統一化などという用語が使われることもある[26]。辞書的に厳密にいえばいずれも意味が異なるはずであるが,周知のように,最近の斯界では調和という用語をもってこれら全てを代表させているようにみうけられる。そして,各国間の差異をまったく許容しない方向での調和が統一化で,逆に,差異を全て許容する方向での調和が相互承認とみてよい。後は,これら両極端の間で差異の許容の程度により標準化,あるいは国内外用の使い分けなど種々の調和の方向が模索されている。

　ところで,前述したように,「会計の国際的調和」という問題は,正確には会計学プロパーの問題ではなくして,むしろ国際政治学か外交論に属すべき問題かと思われる。例えば,IASCの設立にしても英国の政治的な動機から始ったと聞く。周知のように,ECの前身であるEECは1958年1月に発足したが[27],初代の委員長は旧西ドイツのWalter Hallsteinであった。そのためかと思われるが,かの有名な第4号指令は,同じドイツの会計士Wilhelm　Elmendorff

を責任者に1965年頃から作業を開始し,1971年11月にその原案が出された[28]。ところが,周知のように英国の EC 加盟は1973年1月からで,この出遅れて不利な分を挽回するため,同年の6月に IASC を設立し迂回的に圧力をかけようとしたというわけである。かような裏の事情があるため,旧西ドイツでは,EC 域内の会計調和には力を入れているが,IASC には冷淡な態度をとっているとみられる[29]。ただ最近は,IASC の性格も若干変わってきて,今度は米国がこれを政治的に利用せんとしているようにみうけられる[30]。前にも触れた日米構造協議の交渉からも分かるように,国際的に沈下しつつある経済的地位を回復するため,内政干渉のような要求も含め利用できるものは何でも利用しようとしているようにみえる。繁栄した国で衰退しなかった例は歴史上1つもないといわれる[31]。現在まさに米国がその衰退の過程にあるとみられている[32]。斜陽の国はその過程で必ず挽回のための悪あがきをするという[33]。かつてはスペインや英国のように戦争という手段に訴えることもできたが,今日ではそれが不可能である。そこで外交交渉を通して種々の厳しい要求を向けてくることになる。「会計の国際的調和」の問題もこのような国際政治の流れのなかの一環なのだということを,我々は銘記しておく必要があろう。

さて,かような政治的議論になりがちの「会計の国際的調和」の問題に,会計学の側から多少なりとも理論的な筋道を見い出すとするならば,前述したように,会計のもつ言語性に着目して言語学的視点から検討を加えるよりほかにないのではないかと思う。

前述したように,国際的な調和にはいろいろな形がある。しかし,会計を一種の言語とみた場合,統一化という形での調和はありえないと思う。その理由は次の通りである。まず1つは,前述のように言語は各民族や各国のアイデンティティーの基盤で,皆自己の言語を守るために必死の努力をしてきたという歴史的事実からである[34]。この点会計も同じはずで,自己の言語を放棄し統一化を受け入れるなどということはありえないからである。そしていま1つは,たとえ統一化を試みたとしても,意味論と語用論の面で難点があるからである。会計は,各国とも共通の統辞論を前提にしているので,日常言語に比べれば統

一化し易いはずであるが,しかし前述したように,会計基準などの言語規約そのものがそれぞれの国の社会的諸環境の影響を受けた言語体験の集積であるから,会計報告書に盛り込まれた言語内的意味は当然各国間で異なっているはずであり,ましてや言語外的意味はしかりであろうし,またその使用態様についても同様であろう。従って,これらの統一化をはかるとなると,結局その背後にある統一化不可能な各国の社会的諸環境と衝突してしまうことになるからである[35]。

　米国の文献などによれば,会計基準を国際的に統一化した時の長所がいろいろ掲げられているが[36],これらは米国の視点に立つからこそ長所となるのであって,我が国も含め外国の立場からみるとかえってマイナスになることもあろう。例えば,長所の1つに各国企業の比較が容易になるということがあげられている。確かに形式的な比較は容易になるかもしれないが,それをもって果して以前よりも企業の実態をヨリ適確に読み取ることができるようになったといえるだろうか。前述の日米の長期重視か短期重視かの違いの例にもみられるように,やはりそれぞれの国の会計基準に基づいて作られた会計報告書を用い,それぞれの社会的諸環境と関連づけて分析し解釈するのでなければ,企業についての言語外的意味はもちろんのこと言語内的意味さえ読み取ることは難しいであろう。また長所の1つとして,費用対効果の点からみて会計に要する経費の節減にもなるとされているが,果してそうだろうか。これこそまさに米国の視点から発言していることを如実に物語るものであろう。国際的統一会計基準が全面的に米国基準に依存してまとめられ,会計報告書も英語で作られることになると想定しているからこそ[37],このように長所といえるわけであって,もし仮に,この統一会計基準が全面的に我が国の基準に依存してまとめられ,会計報告書も日本語で作成せよとなったならば,米国はこれを長所というであろうか。さらにまた長所の1つとして,世界各国におけるディスクロージャーの向上に役立つことがあげられている。日米構造協議での交渉から推測すると,これが米国の最も主張したい本音の部分に当たるものではないかと思う。米国の企業は現在手の内を全て曝け出して日本の企業と不利な競争を強いられてい

るという。従って，米国レベルの国際的統一会計基準を作り日本企業にも米国並みのディスクロージャーを強制すれば，日米間の貿易不均衡の是正に役立つことになるというのである。まさに政治的な思惑から出た話で，それぞれの国の社会的諸環境の相違を無視した議論かと思う。前述したように，我が国の企業経営は，ネットワーク型で長期的・継続的取引重視なので，ディスクロージャーもその立場から実施しているのに対し，米国の企業経営は，マーケット型で短期的・単発的取引重視なので，ディスクロージャーもその立場から実施しているはずであって，両者の間に差異が出てきて当然だからである。最近しばしば耳にする日本異質論にしても[38]，異質か否かということは相対的な問題であって，観点を変えれば欧米の考え方や価値観のほうがむしろ異質だということだってありうる。人口比率でみると，欧米系は世界の約10％強を占めているにすぎず少数派であり，従ってその考え方や価値観こそ特殊で異質とする説もあるぐらいである[39]。このように，いずれの国の社会的諸環境や文化にも，異質とか優劣などという評価は当てはまらない。むしろ逆に，その多様性を相互に尊重し合うのでなければ，国際関係は成立しえないであろう。この点，一種の言語である会計も同じはずである。

　会計を一種の言語とみるならば，以上のように統一化という形での国際的調和はありえない。それ故，日常言語の場合と同様に，通訳や翻訳に相当する相互承認という形での国際的調和しか道はないはずである。言語の世界では，古来よりお互いの言語を認め合った上で，通訳や翻訳という手段を用いて異言語民族間の交流を行ってきている。会計についてもこれと同じことを行えばよいわけである。各国ともお互いに相手国会計基準に基づいた会計報告書を受け入れ，相手国会計基準と自国会計基準の両者を手がかりに翻訳，つまり意味を読み取るのである。この場合，各国の社会的諸環境の相違から意味論と語用論の面で若干の困難を伴うこともあろうが，相手国の人間に生れ変わらない限り翻訳の完全無欠はありえないといわれてるように，止むを得ないことであろう。

　筋論からいえば，このように相互承認という形での国際的調和になるはずであるが，言語の世界では，前述したように国内用と国外用の言語を使い分ける

一種の二言語使用も通常行われているので，次善の策として会計についてもこれと同じことを行うことも考えられる。その場合ピジンに当たるのがIASCの国際会計基準ということになろうが，問題はこれをどのようにまとめるかということである。理結めでいえば，各国に共通の最大公約数的なものをまとめることになるはずであるが，現実は，周知のように英米に比重が置かれがちである[40]。そこで，我が国の立場からあえて一言付け加えるとすれば，次のようにいってもよいのではないかと思う。すなわち，もし会計が一種の言語であるならば，言語の伝播や普及は経済力の発展にほぼ比例しているという歴史的事実からも明らかなように[41]，我が国の会計基準も国際的に経済力に相応する処遇を受けてもよいはずである。英米は，母語の英語で国際的に十二分に用が足りるため，国際交流にあたって言語に最もコストを掛けていない国といわれている[42]。会計についても同じことになるのであれば，彼等がいつも主張しているフェアニスの精神に反することになろう。IASCの国際会計基準に，ピジンとしての役割を期待するのであれば，その設定にあたってやはり我が国の会計基準も経済力にふさわしいそれ相応の処遇を受ける必要がある。

なお，コスト面からみて二言語使用を回避したいのであれば，キプロスやボツワナなどの国が実施しているように[43]，国際会計基準を母語化し前述したクレオールとして用いればよいことになるが，会計制度未整備の発展途上国ならいざ知らず，我が国には当てはまらない。

4　む　す　び

政治的な議論に陥りがちの「会計の国際的調和」という問題に，会計学の側から理論的枠組を提示するとすれば，会計のもつ言語性に着目し言語学，なかでも特に社会言語学の研究成果に手がかりを求めるよりほか道はないのではないかと思う。会計が一種の言語であるならば，かかる問題は，異言語民族間の交流に伴う言語問題と同一視してよいはずである。

世界には多数の異言語が存在し統一言語などというものはない。相互に異言

4 むすび

語の存在を認め合った上で通訳や翻訳という手段を用い国際交流が成り立っている。会計についてもこれと同じことが考えられてよいはずである。言語というものは，元来それぞれの国や民族の社会諸環境の影響を受けた言語体験の集積されたもので，しばしば国や民族のアイデンティティーの基盤であるともいわれる。この言語の性質からいえば，統一化という形での国際的調和は自己矛盾であり，ありえない。統一化は言語の背後にある社会的諸環境の存在そのものの否定につながるからである。それ故，異言語の存在を相互に認め通訳や翻訳という手段により交流をはかっているのと同じように，各国とも相手国会計基準に基づいた会計報告書を相互に受け入れる「相互承認」という形での国際的調和になるはずである。

筋論からいえば，このような国際的調和になるはずであるが，言語の世界では国内用と国外用の言語を使い分ける一種の二言語使用も行われているので，会計でも次善の策としてこれと同じことを試みることも考えられる。その場合ピジンつまり国外用の言語の第一候補にのぼるのがIASCの国際会計基準ということになろうが，歴史的にみて言語の伝播や普及は経済力の発展にほぼ比例しているといえるので，その基準の設定にあたっては我が国の会計基準も経済力にふさわしいそれ相応の処遇を受け充分に斟酌される必要がある。

注

（1） ちなみに1992年1年間の貿易黒字は，初めて1千億ドルの大台を超え過去最高を記録したという（1993年1月23日付朝日（朝刊）等参照）。
（2） 1986年5月27日付および1992年5月26日付日経（夕刊）等参照。
（3） 通商産業調査会編「日米構造問題協議最終報告」通商産業調査会，1990年，5頁および114〜117頁参照。
（4） 1992年7月30日付日経（夕刊）等参照。
（5） Cf. H. R. Hatfield, *Modern Accounting*, 1909, p. 219, and A. C. Littleton, *Structure of Accounting Theory*, 1953, p. 99（大塚俊郎訳「会計理論の構造」昭和30年，144頁）etc.
（6） 青柳文司著「会計学の原理」昭和43年，および同著「会計学の基礎」平成3年。
（7） 会計言語説に立った研究には青柳教授のほかに例えば次のようなものがある。

第20章 会計の言語性と国際的調和　293

　　　　伊崎義憲著「会計と意味」昭和63年。
　　　　杉本典之著「会計理論の探求」平成3年。
　　　　山本真樹夫著「会計情報の意味と構造」平成4年。
(8)　近藤達夫訳「ジョン・ライアンズ著　言語と言語学」1987年，1〜32頁参照。
(9)　同　上，13〜14頁参照。
(10)　同　上，35〜47頁参照。
(11)　田中春美他著「言語学入門」1975年，11〜25頁参照。
(12)　鈴木孝夫著「ことばと文化」1973年，83〜84頁，および松山幹秀・生田少子訳
　　　「R. A. ハドソン著　社会言語学」1988年，9〜10頁参照。
(13)　原聖・糟谷啓介・李守訳「ブリギッテ・シュリーベン=ランゲ著　社会言語学の方
　　　法」1990年，14頁参照。
(14)　近藤達夫訳，前掲書，第9章および第10章，ならびに松山幹秀・生田少子訳，前掲
　　　書，33〜35頁および109〜197頁参照。
(15)　鈴木孝夫著，前掲書，84頁，および近藤達夫訳，前掲書，147頁参照。
(16)(17)　田中春美他著，前掲書，142〜149頁参照。
(18)　松山幹秀・生田少子訳，前掲書，17頁および109頁，ならびに田中春美他著，前掲
　　　書，167頁参照。
(19)　池上嘉彦著「記号論への招待」1984年，39頁参照。
(20)　鈴木孝夫著「ことばと社会」1975年，188〜190頁参照。
(21)　田中春美他著，前掲書，14頁，および松山幹秀・生田少子訳，前掲書，第2章参照。
(22)　松山幹秀・生田少子訳，前掲書，92〜100頁参照。
(23)　同　上，100〜107頁参照。
(24)　株式投資者からの会計への要請に基づいたこのような分け方については，前述の第
　　　6章および第9章を参照されたい。
(25)　中谷巌稿「〈ネットワーク〉と〈マーケット〉の共存に向けて」富士通『飛翔』第
　　　10号，3〜7頁，および同著「ジャパン・プロブレムの原点」1990年，18〜28頁参照。
(26)　黒田全紀著「EC会計制度調和化論」1989年，29〜30頁参照。
(27)　ECの設立経緯など詳細については久保広正著「EC『統合市場』のすべて」1989年
　　　を参照。
(28)　Cf. Michael Lafferty, *Accounting in Europe*, 1975, pp. 321-323.
(29)　このような旧西ドイツの態度を垣間見せるような話が，新井清光他稿「座談会・会
　　　計基準の国際的調和」『企業会計』第43巻第10号，87〜89頁に出ているので参照され
　　　たい。
(30)　同　上，89〜90頁参照。
(31)　鈴木主税訳「ポール・ケネデイ著　大国の興亡（下巻）」1988年，371頁。
(32)　同　上，360〜364頁参照。
(33)　中谷巌著「ボーダーレス・エコノミー」1987年，172頁参照。

(34) 鈴木孝夫著，前掲書，188～190頁参照。
(35) 鈴木孝夫著「日本語と外国語」1990年，61～62頁参照。
(36) Cf. Peter D. Fleming, "The Growing Importance of International Accounting Standards", *Journal of Accountancy,* Sept. 1991, pp. 102-104.
(37) Cf. Richard Karl Goeltz, "Commentary, Internatinal Accounting Harmonization : The Impossible (and Unnecessary?) Dream", *Accounting Horizons,* March 1991, pp. 85-88.
(38) 例えば1992年8月16日付日経（朝刊）等を参照。
(39) 長谷川三千子稿「『社会』と『個人』に見る西洋近代の〈特殊性〉」富士通『飛翔』第10号，14～18頁参照。
(40) Cf. Worth Repeating, *Journal of Accountancy,* Sept. 1991, p. 109. および『企業会計』第43巻第1号の特集等を参照。
(41) 鈴木孝夫稿「日本語が国際語になる日」富士通『飛翔』第7号，12～13頁参照。
(42) 鈴木孝夫著「ことばの社会学」平成3年，296頁参照。
(43) Cf. S. E. C. Purvis, Helen Gernon, and Michael A. Diamond, "The IASC and Its Comparability Project : Prerequisites for Success", *Accounting Horizons,* June 1991, pp. 25-44.

第21章

会計の社会言語性とインサイダー取引

1 は じ め に

　歴史は繰り返す――トゥキディデス。昭和62年の債券先物投資の失敗で巨額の損失を出した某化学工業のインサイダー取引疑惑事件や，昭和63年の某製鉄と某精機の業務提携にからむインサイダー取引疑惑事件[1]の記憶もようやく薄れようという昨今，またまた同様の事件が発覚した。周知のように，1つは，3月に発覚した薬品製造卸会社某商事の新薬の副作用にからむものであり，いま1つは，12月に発覚した某地方銀行の融資先倒産にからむものである。これらは，発覚から間がなく記憶にも新しいことと思われるので，その内容には触れないが，先のインサイダー取引疑惑事件を教訓にその規制強化を狙って改正された証取法の下で起こった事件であるだけに，企業をはじめ社会各層に大きな衝撃を与えている。

　今回の事件は，たまたま証取法にいう発生事項（166条2項二号イ及び二，同施行令29条八号）にかかわるもので，当該企業に大きなダメージを与えたが，もしこれが決算情報等の会計事項にかかわるものであったならば，社会からどのように受け取られたであろうか。以前からしばしば指摘されていることであるが[2]，決算短信や業績予想修正の発表前に，株価や出来高が事前に情報が漏れているのではないかと疑われるような変動を示す事例がいまだに見受けられる。昭和63年以降，不公正な証券取引の規制強化のため数回にわたって証取法が改正され，各企業ともそれに併せて情報管理の体制を整えてきたはずなのにである。

昨今，金融の空洞化を懸念する声を耳にする。その原因として過剰な証券取引規制や高い取引コスト等が指摘されているが，インサイダー取引疑惑を招くような我が国の土壌も遠因の1つとみられる。これはまた，特に，ただでさえ少ないといわれている我が国の個人投資者の株式離れを加速する恐れさえも生もう。証券市場にとっても看過できない大きな阻害要因といえる。

本章では，このような企業にも証券市場にも重要な影響を及ぼすインサイダー取引のうち，会計事項に起因するもののみを取り上げ，まず外部報告会計の目的面から，そして次に主として社会言語学的視角から，その会計上の特質を明らかにしてみたい[3]。これは，会計が企業の言語といわれる点に着目し，しかもインサイダー取引は，会計情報の解釈と使用にかかわる問題とみられるため，意味論と語用論の領域で顕著な実績を積んできている社会言語学から何らかの示唆が得られるのではないかと考えたからである。

2　2つの外部報告会計とインサイダー取引

さて，インサイダー取引とは，内部者，準内部者，あるいは外部の情報受領者が内部情報に基づいて行う不公正な証券取引をいい，我が国では証取法第166条で規制が行われているが，この条文を盛り込んだ改正からいまだ数年しか経過していないので，どの辺りまでが取引当事者に含まれているのか，またどのような情報が内部情報と見なされているのかについて，その基準がいまだ不透明といわれる。今後いくつか判例を積み重ねてゆけばこれも固定してくるであろうが，本章では，このような問題を論ずることが目的ではないので，インサイダー取引の問題で長年の経験を積んできている米国の，重要な未公開の情報に基づいて行われる証券取引をインサイダー取引とみる最近の考え方[4]に従って話を進めることにする。その場合，先に考察の対象を限定したように，この情報に当たるのが会計事項ということになる。また，債券は元本と利率が保証されているのが通例なので，証券取引とはいっても実質は株式取引だけ念頭において考えればよいといえる。

株式投資者は，その投資意思決定に当たり，投資対象の将来予測に介入する不確実性を極小化したいと願う。そのため情報収集に努める。会計の領域でこれに応えるのは外部報告会計のはずである。しかし，現行の会計はそのような枠組みにはなっていない。補足的に一部の金融資産について時価情報などを公表するだけで，その中心は，株主への受託責任についての結果報告とその果実たる分配可能利益の算定に置かれている。これがたまたま投資意思決定の際にも副次的に情報として利用されているにすぎない。本来，会計は手段であり，自己目的を持っていない。この会計の手段的性格からいえば，会計に期待されている役割ごとに複数の外部報告会計が存在してよいはずである。したがって，株式投資者に対しても，古くから行われてきている受託責任についての結果報告という会計の他に，投資意思決定についての情報提供という会計が，もう1つの外部報告会計として新たに想定できるはずである。

1960年代のASOBAT[5]以降この後者の情報提供という会計の面からの論究が多数見受けられるようになってきているが[6]，我が国でもこの流れを受けてセグメント情報，リース情報，あるいは一部の金融資産の時価情報などの公表が開始されたことは周知のところであろう。おそらく会計の経済性からかと思われるが，受託責任についての結果報告という既成の会計の体系のなかに，このような異質の会計を組み入れ，いささか混乱をきたしているようにみえる。元来，結果報告のための会計は，その果実たる分配可能利益の算定のため取得原価主義と実現主義を基本的な枠組みとして生成してきたはずである[7]。それゆえ，時価主義的思考を持ち込めば整合性を欠くことになろう。

以前から，特に個人の株式投資者は声なき大衆という受けとめ方をされ，会計に対してどのような役割期待を持っているのか不明で，企業の側で適当に推測し制度化されたものを，外部報告会計として実施してきたように見受けられる。そしてこれが，前述の結果報告のための会計だったはずである。投資意思決定には必ず投資対象の将来性についての予測を伴う。この点から類推すれば，かつて著者が指摘したように[8]，筋論としては，企業内部で用いている予測会計情報，なかでも企業の将来の姿そのものを会計数値で表現しているはずの企

業予算の外部への公表も必要となろう。それがたとえ補助的な情報として公表されようとも,前述したように外部報告会計の枠組みは実質的に二本建てにならざるを得ない。企業の側から推測し,会計情報の量的拡大化を行ってきたこれまでの事例からいえば,必然的にこのようになる。

米国ではかつてこの予測会計情報が一部の者の間だけに流れ,インサイダー取引まがいの事態まで起こったため,1970年代前半に,投資者間における情報格差の解消策の一環として,これの外部への公表を制度化しようとの試みが始まった[9]。我が国でもほぼ同時期の1974年より,一種の予測会計情報ともいえる次期や当期の業績予想を「決算短信」という形で,またそれに修正が生じたときには,業績予想等の修正として,外部への公表が開始され現在に至っている[10]。これらは,投資意思決定への部分的な予測会計情報の提供ではあるが,企業機密の保護との兼ね合いもあり,この程度でも会計事項に起因するインサイダー取引の発生の余地を多少縮小するのに役立っているとみられる。

3 公表の迅速性とインサイダー取引

生成史的にみて,外部報告会計は公表情報の量的拡大化の歴史でもあったといえる。1930年代初頭の頃までは,競争相手を利するとの理由で決算報告書の公表さえ企業の任意であった[11]。それが今日までに前節で述べたところまで進展したきたわけである。したがって,この延長線上で類推するならば,公表情報の量的拡大は今後とも続くであろう。しかしながら,このような傾向は,投資意思決定に当たっての情報収集という面からは望ましいことであろうが,果たしてこれだけでインサイダー取引の解消につながってゆくものなのだろうか。極論すれば,インサイダー取引は公表情報の量的拡大化にかかわる問題ではなくして公表の適時性にかかわる問題だからである。このことは,公表情報の重要性や信頼性等の質的強化の問題についても同様のことがいえよう。

情報と株価の関係を説明するのに効率的市場仮説という理論がある[12]。それによれば,株式市場の情報に対する感度を市場の効率性と呼び,その程度を

情報と株価変動との関係から判断しようとするのである。例えば，ある情報が与えられたとき，誰でもそれを知っているかのように株価が変動すれば，株価は情報を十分に反映しておりその市場は効率的と解してもよいといわれるわけである。そして，株価に反映されるとみられる情報の範囲によって，市場の効率性の状態を3つに分けている。1つは，効率性の低い状態で，過去の株価変動の趨勢ぐらいしか株価には読み込まれていない。2つは，効率性の中程度の状態で，決算報告も含め公表情報はすべて株価に反映されている。そして3つは，効率性の高い状態で，非公開の内部情報も含めあらゆる情報が株価に読み込まれている。これらの状態のうち後二者においては，正常収益に超過収益を合わせたような投資の異常収益は発生の余地がないとしている。それは，この異常収益は情報の非対称性の下でのみ存在し得ると考えているからである。インサイダー取引は情報の非対称性がもっとも如実に顕現した例ともいえるので，このような状態の時にはこの取引は起こり得ないことになる。逆にいえば，インサイダー取引の介入余地のあるような市場は効率性が低いとみることもできよう[13]。

ところで，情報と株価の関係を考える場合，情報の質的面，量的面，及び伝達速度の3つの視点から取り上げる必要があろう。このことは，市場の効率性という問題を俎上に載せるときも同様のはずで，特に株価の変動幅を解明するには，質的面からの検討が不可欠かと思われるが，ここではインサイダー取引の問題を考察するのに必要とみられる後のほうの2つの視点にだけ触れることにする。

今日のような情報網の発達した社会では，株式投資者の側からみれば，投資意思決定に利用される情報の量と株価の関係は，情報の伝わる速さと株価の関係に集約できるのではないかと思う。どのような情報でもいったん企業の外部へ出れば，伝わるのは遅いか早いかの違いだけで時間の経過とともにやがて社会全体に知れわたるようになるはずである。それがたとえ内部情報であったとしても，これを用い投資行動に出れば，この行動そのものが情報を表出したことと同じことになろう。したがって，情報伝達の時間的ズレが結果として一時

的に情報量の差となって現われ,株価に影響を与えているにすぎないのではないか。いいかえれば,情報の非対称性とは情報到達までの時間的差,つまり伝達速度の差と解してもよいのではないかと思う。

効率的市場仮説では,前述のように市場を効率性の異なる3つの状態に分けているが,情報量の面からみれば,これらは情報の伝達速度が異なった3つの状態ともいえる。そして現実には,社会全体に情報が知れわたるまでの間,同一時期の同一社会にこれら3つの状態が併存し,伝達速度の差異分だけ入手可能な情報量に格差が生じているとみられる。ここにインサイダー取引が生まれる可能性が秘められているのである。だから,情報公表の迅速性はインサイダー取引発生の可能性と反比例の関係にあるとみることもできる。

4 社会言語としての会計とインサイダー取引

一般に,情報は言語を用いて伝達される。会計情報の場合も同様で,会計という言語を用いて伝達される。インサイダー取引は,この伝達の際の時間的ズレ,いいかえれば時間的非対称性から生ずる。ここでは,会計を企業の言語とみなし,特に社会言語学の意味論と語用論に手がかりを求めながら,インサイダー取引と伝達の時間的非対称性の問題を検討することにする。

さて,会計を一種の言語とみる考え方は,現在では会計学界の定説になっているが[14],それによれば,会計は企業と社会の間の意思疎通の手段として一翼を担っており,人間の意思疎通の手段である言語との共通性に着眼すれば,言語学における研究方法を援用し会計上の諸現象を解明できるはずとされる。ところで,言語学では研究対象の違いにより音韻論,統辞論,意味論,及び語用論などのいくつかの研究領域に分けている[15]。音韻論は音声を手がかりに言語の構造を解明する領域である。統辞論は統語論とか構文論といわれ,単語,分節,あるいは文などの関係を取り扱う領域である。意味論は言語とそれが指し示す事物との関係を取り扱う領域である。そして語用論は実用論ともいわれ,言語とその使用者との関係を取り扱う領域である。これらの領域のうち前二者

は，インサイダー取引の問題を考えるに当たって参考の対象から一応除外してよいであろう。というのは，この問題は会計言語で伝達される情報の解釈と使用にかかわる問題とみられるからである。したがって，主に意味論と語用論を参考にすることになろうが，その場合，これらの領域で最近めざましい成果をあげてきているといわれる[16]社会言語学が，特に手がかりを与えてくれるものと思う。

　しばしば「言語なければ社会なし」とか，「社会なければ言語なし」といわれているように，言語がなければ意思の疎通は不可能で人の集合である社会は成立しないし，また逆に，社会が存在しなければ意思の疎通は不要で言語は出現しないはずである。それゆえ，生成史的には言語と社会は同時発生といわれており[17]，社会言語学ではこの点に着目し社会現象と関連づけて言語の真理に迫ろうとするのである。特に，言語の意味と使用態様は，その時の社会的諸環境と関連づけた分析をしなければ解明は困難とみられているため，意味論と語用論の領域で社会言語学が力を発揮しているわけである。

　前述したように，言語は意思疎通の手段として用いられるが，相互に伝達したいと考えているものは，言語そのものではなくて，言語で表現し伝えたいと思っている中身である。言語学ではこれを指示対象と呼ぶが，意思の疎通に当たっては，種々の制約があるため，これを相手に直接見せてやることができない。そこで代わりに言語を用いて表現し伝えることになる。その場合，相手がこの指示対象をもっとも適確に理解できるような内容を盛り込める言語が選択使用されることになる。この盛り込まれる内容が言語の意味である。これは言語内的意味とも呼ばれ，同一言語社会の人々が指示対象について得た言語体験のうち，最大公約数的なものが自然に集約されたものである。この言語内的意味も含め，文法や用語法などを総称して言語規約というが，社会言語学ではこれを，当該社会における社会的諸環境の影響を受けた言語体験の具体的な集積とみる[18]。なお，通信工学の術語を借りてこれを言語コードと呼ぶこともあるが[19]，同様の借用をすれば，言語内的意味は情報と呼ぶこともできる[20]。

　ところで，言語の意味は指示対象そのものではないので，実際の意思疎通の

場合には，相手は自分自身のあらゆる知識や経験を駆使して指示対象の真の姿を捉えようと努めることになる。それゆえ，言語で本人が伝えようとした意味と相手が受け取った意味との間にズレが生じる場合もある。これは，相手側では，本人の用いたのと同一の言語規約を手がかりに，言語内的意味を解読するばかりではなく，自己の言語体験を動員して言語外的意味も解釈しようとするからである。もっとも現実には，相手側ばかりではなく，本人の側においても，相手が言語内的意味の他に言語外的意味も察知してくれることを期待して，言語を伝えることもある。

　社会言語学では，これら2つの意味をまとめて，社会的文化的意味とか語用論的意味などと呼んでいることからも知れるように，言語の使用態様が言語の意味の成立に重要な影響を与えてきたとみているのである。言語使用の態様はそれぞれの国や民族の社会的諸環境が投影された結果だとみて，これら両者を関連づけて分析し，例えば，二言語使用や多言語使用，言語スタイル，社会方言，あるいは社会的タブー語などいくつかの共通的な言語使用の態様を抽出している[21]。

　これまでの意味論と語用論についての考察を会計に当てはめてみると次のようになろう。会計では伝えられるべき指示対象は，経営成績や財政状態と呼ばれている企業の実態であるが，企業はこれを手に取って株式投資者に直接見せることはできない。そこで，会計基準という言語規約に基づいて，科目や会計数値という言語で表現し会計報告書に書いて伝えることになる。これを受け取った株式投資者は，同じ言語規約を手がかりにその言語内的意味を解読するとともに，自分のあらゆる体験を駆使して言語外的意味も解釈し，一歩でも指示対象である企業の実態に近づこうと努めるはずである。また，会計報告書に書かれている言語を，結果報告のために使うのか，あるいは投資意思決定のために使うのか，その使用態様の如何により，この指示対象も変わってくる。前者では当期の実態が，また後者では次期以降の実態が，指示対象となり，それに呼応して逆に，これらを適確に読み取らせることができるような意味を持った会計言語が選択され，これを使って書かれた会計報告書が，それぞれの使用態

第21章 会計の社会言語性とインサイダー取引

様のために伝えられることになる。そしてこれらの過程のなかで,当然,会計基準という言語規約も,使用態様の影響を受けつつ変化してゆくであろうし,また,我が国の社会的諸環境,例えば,バブル経済の崩壊後やや変わってきつつあるとはいわれているが,長期的継続性志向や集団的同調性志向なども投影されているはずである[22]。会計というものは,やはり社会言語学的な考察が必要な言語現象なのである。

先にも述べたように,インサイダー取引は会計情報を伝達する際の時間的ズレ,つまり伝達の時間的非対称性から起こるが,これを社会言語学的な視点からみると,言語変種とか言語的不平等と呼ばれる問題に関連があるように思われる[23]。これらは,いわば言語間のさまざまな非対称性を検討の対象として取り上げている。非対称性がみられるもっとも典型的な例は,国際間の異言語の存在で,二言語使用や多言語使用の問題として論じられているが,同一言語社会においてさえも,地理的,階層的,あるいは場面的な非対称性が存在するといわれている[24]。これらは,地域方言,社会方言,あるいは言語スタイルなどという問題として論じられている。言語上の非対称性は,言語規約とその使用態様についての人々の体験の積み重ねから,慣習として生じてきたものが多いが,これが,時には社会的不平等や不利益をも作り出す原因になっており,社会言語学上の重要な課題になっている。この点は,インサイダー取引についても同じであろう。会計という言語を用いて伝達する際に,伝達のための時間的非対称性が生じ,それが場合によってはインサイダー取引という社会的不平等を引き起こす原因ともなる。

言語上に非対称性が生まれるのは,民族性や風土など社会的自然的諸環境に原因があるといわれるが,人々の言語規約を理解する能力,つまり言語能力と,使用態様に応じた伝達能力にも問題がみられるとされる。インサイダー取引とその引き金になっている伝達時間の非対称性についても,その原因は同様であろう。

5 む す び

　最近また注目を集め出したインサイダー取引の問題について，特に会計事項に原因があるものに限定し，社会言語学的視角からの検討に重点を置いて，その会計上の特質を明らかにしようと試みてきた。その結果，次のようないくつかの点が明らかになった。

　株式投資者は，その意思決定に当たって投資に伴う不確実性を極小化するため，外部報告会計に情報の提供を期待している。しかし，現行の会計は，受託責任についての結果報告とその果実たる分配可能利益の算定を行う会計で，この期待には間接的にしか応えていない。会計の手段的性格からいえば，この役割期待に応えるには，別に，投資意思決定のための情報提供の会計を独立させ，外部報告会計を二本建てにするのが筋である。ただ，会計の経済性からかと思うが，我が国ではこれまで，応急処置的に現行の会計で伝達すべき情報を量的に拡大化する道を歩んできたといえる。インサイダー取引は投資意思決定と関連して起こるので，この情報の量的拡大化もその予防策の1つとはなろう。しかし，これは，投資意思決定への情報提供という点では役立つが，インサイダー取引の予防という面ではその性格を誤解しているようにみえる。

　情報と株価の関係を説明する効率的市場仮説という理論がある。それによれば，効率的市場では情報の非対称性が存在せずインサイダー取引は起こり得ないとされる。ここにいう非対称性は，情報量の差のように受け取られがちであるが，これは情報の伝達時間の差に還元でき，結局，インサイダー取引というのは，情報の伝達時間のズレ，つまりその非対称性から起こるとみられる。したがって，情報公表の迅速性はインサイダー取引発生の可能性と反比例の関係にあるといえる。

　会計情報は，その伝達に当たって会計という言語を用いる。そこで，会計を一種の言語とみて，特に社会言語学の意味論と語用論を手がかりに，伝達時間の非対称性とインサイダー取引の問題に検討を加えた。そのためにまず，外部

報告会計を社会言語学的な視点から理解しなおし，次に，社会方言や言語スタイルなどの言語上いわれている非対称性の問題を参考に，上述の問題を取り上げた。そして，このような非対称性や取引の起こる背景を，民族性や風土などの社会的自然的諸環境に求めるとともに，会計言語をめぐる言語能力や伝達能力にも原因があることを指摘した。

なお，インサイダー取引の根本的な発生原因を，伝達に当たっての時間的非対称性に求めたとき，これを効率的市場仮説とどのように関連づけモデル化してゆくのか。これは今後の研究を待ちたい。

注

（1）これらの事件の概要については昭和62年10月6日の日経（朝刊）等，及び昭和63年8月27日の日経（朝刊）等を参照。
（2）例えば昭和63年9月21日及び10月22日の日経（朝刊）の連載記事「企業とディスクロージャー」等を参照。
（3）主に法的面からインサイダー取引と企業の対策を取り上げたものに，中島　茂「インサイダー取引規制・5年目の現実と対策――判決の総ざらい」『JICPAジャーナル』第6巻第11号，1994年11月，72～74頁があるので参照。
（4）Cf. Elizabeth Szockyj, *The Law and Insider Trading : In Search of A Level Playing Field*, William S. Hein&Co., Inc., 1993, pp. 1–33.
（5）AAA Committee to Prepare A Statement of Basic Accounting Theory, *A Statement of Basic Accounting Theory*, 1996（飯野利夫訳『基礎的会計理論』国元書房，1969年）。
（6）このような方向からの会計への論究については，前述の第6章及び第9章を参照されたい。
（7）この点については，第10章を参照されたい。
（8）企業予算も含めいわゆる予測会計情報の外部への公開については，著者は早くからこれを取り上げ検討を加えてきている。この点については，第16章から第19章までを参照されたい。
（9）Cf. SEC, Statement by William J. Casey, Chairman, Securities and Exchange. Commission on Earnings Forecasts and Projections, Feb. 2, 1973.
（10）東京証券取引所『会計情報適時開示の手引き』改訂版，同取引所・上場管理室，平成6年6月，79～82頁，152～171頁，及び260～264頁参照。

(11) 岩田　厳著『会計原則と監査基準』中央経済社，昭和30年，20～37頁参照。
(12) Cf. E. F. Fama, "Efficient Capital Markets : A Review of Theory and Empirical Work", *Journal of Finance* 25, May 1970, pp. 383-417, *ibid.,* "Efficient Capital Markets : II", *Journal of Finance,* Vol. 46 No. 5, Dec. 1991, pp. 1575-1617, and W. H. Beaver, *Financial Reporting : An Accounting Revolution,* 1st ed. 1981, Ch. 6. （伊藤邦雄訳『財務報告革命』白桃書房，昭和61年，第6章）.
(13) Cf. H. Buchanan II and B. R. Gaumnitz, "Accountants and 'Insider' Trading", *Accounting Horizons,* Vol. 1. No. 4., Dec. 1987, pp. 10-11.
(14) 青柳文司著『会計学の原理』中央経済社，昭和43年，15～26頁，同『会計学の基礎』中央経済社，平成3年，1～13頁，及び前章参照。
(15) 田中春美他著『言語学入門』大修館書店，1975年，11～25頁参照。
(16) 鈴木孝夫著『ことばと文化』岩波新書，1973年，83～84頁，及び松山幹秀・生田少子訳『R. A. ハドソン著　社会言語学』未来社，1988年，9～10頁参照。
(17) 原　聖・糟谷啓介・李　守訳『ブリギッテ・シュリーベン＝ランゲ著　社会言語学の方法』三元社，1990年，14頁参照。
(18) 同上，110～112頁参照。
(19) 池上嘉彦著『記号論への招待』岩波新書，1984年，39頁参照。
(20) 川崎賢一著『情報社会と現代日本文化』東京大学出版会，1994年，3～16頁参照。
(21) 松山幹秀・生田少子訳，前掲書，第2章参照。
(22) 南　博著『日本人論』岩波書店，1994年，358～383頁参照。
(23) 松山幹秀・生田少子訳，前掲書，第2章及び第6章参照。
(24) 原　聖・糟谷啓介・李　守訳，前掲書，112～118頁参照。

第22章

会計と社会言語的特性

1 はじめに

　最近，いわゆる金融派生商品の会計上の取り扱いをめぐって，これがオフ・バランス項目として財務諸表に表示されないこともあり，情報提供の面で現行の外部報告会計のもつ限界が声高に指摘され[1]，その解決のための提言も多くの論者により試みられている。ある者は原価主義と実現主義の代わりに時価主義と発生主義を部分的あるいは全面的に導入せよといい，また他の者は損益法的損益計算に代えて財産法的損益計算へ重点を移せという。さらには会計理論の枠組みから離れ補助資料として情報提供すればそれで充分と主張する者もいる。それぞれの提言の間にはかなりの幅がみられる。論者自身必ずしも明言しているわけではないが，いずれも会計領域に属する問題としてこれを取り上げその解決の方向を探ろうとしているとみてよいであろう。各々，会計とは何かについての自分なりの考えを意識的にかあるいは無意識的に念頭において考察し提言を行っているはずであろう。もしそうであるならば，会計とは一体どのようなものとして理解したならばよいのであろうか。会計学界に籍を置く者にとっては古くから問題にされ，素朴ではあるが深刻な疑問に改めて対処せざるをえないことになろう。

　従来おおよそ会計は次のように説明され[2]我々もそのようなイメージを抱いてきた。すなわち，会計とは企業が行った経済活動を複式簿記の計算機構を用いて処理し，事後的に株式投資者を中心とする外部利害関係者へ結果報告するとともにその成果の分配分を計算提示し，いわゆる受託責任遂行の状況を明ら

1 はじめに

かにする一種の社会制度であると。なかでも特に事前計算ではなくして事後計算の性格がきわめて強いものとの理解をもってきたように思う。ところが，上述の金融派生商品の取り扱いをはじめこのような見解を見直さなければならないような事態が最近しばしば起こってきている。

　企業は厳しい諸環境のなかで生き残るためにそのもてる全能力を動員し種々の創意工夫を行う。金融派生商品もその1つといえる。このような従来の前払・前受金，仮払・仮受金，引当金あるいは対照勘定などの概念だけでは把握しきれない，いわば進行途上にあり未だ決着のついていない企業の経済活動は，事後計算の色彩が濃いこれまでの会計にあってはその対象から漏れてしまう恐れが強い。しかし，株式投資者を中心とする外部利害関係者の立場からすれば，必ず企業の将来への洞察を伴うその意思決定に当たってはこれらについての情報も入手したいはずである。それ故会計の側としては，この期待に応えるべき何らかの道を探さなければならないことになる。最近の斯界における研究動向を概観するに，意思決定への情報提供という会計の役割と関連して解決を迫られている問題もこのような流れの一環として捉えることができる。これまでの事後的な結果報告と成果分配分の算定を基本的役割とする会計の影がいささか薄くなったような感がしないでもないが，これはこれで古くから会計に求められている必要不可欠の重要な役割であり現在も同様であるので，二者択一的に1つを選び他を切り捨てるわけにもゆかない。多分に異質なこれら2つの役割に応えるためには会計はどのような方向へ進めばよいのか，はたまた1つの会計としてそのなかで理論的整合性を見い出す努力を積み重ねるべきなのか。それにはまず，基本に立ち返ってそもそも会計とは一体何なのか，から問い直してみる必要があるように思われる。

　そこで本章では，具体的な素材として会計による意思決定への情報提供および会計の国際的調和化という問題を手がかりに，主として社会言語学的な視角から会計とは何かを模索し，多少なりともその輪郭に接近してみたいと思う。

2　会計の手段的性格と外部報告

　元来，会計というものは16世紀に株式会社制度の発達とともに簿記から分かれ発展してきたといわれる[3]。そして当時，会計に期待された役割は，出資者とその資金の運用を任された受託者との間の受託責任遂行の状況を明らかにすることにあったといわれる[4]。これは，会計を領主と執事との間の受託責任の賦課と解除の状況を明らかにする手段として用いた中世の荘園にまでその原形を求めることができようが，前述した我々の会計についての理解からも明らかなようにほぼそのまま今日まで受け継がれてきているとみてよいであろう。しかしその一方で1960年代前後に米国において，企業を取り巻く諸環境の急激で多様な変化に伴って，このような役割の充足を中心に長年にわたって築きあげられてきた伝統的な会計の力不足が露見し，その反動で従来は暗黙のうちに会計に対して期待が向けられ満たされていたとみられるいま1つの役割が顕在化するに至った[5]。これが，株式投資者を中心とする外部利害関係者の意思決定への情報提供という役割で，周知のように，当時かの有名なASOBAT[6]がこの役割との関連で伝統的な会計の再吟味を試みたこともあって，それ以降，前述の金融派生商品の処理・表示も含め，連結財務諸表，リース会計，あるいはセグメント別情報や四半期報告書の開示などの具体的な問題の検討を通して，会計とこのいま1つの役割の充足との関係が絶えず問われ続けているようにみうけられる。前にも述べたように，最近はむしろ逆に，このような視点から取り組んだ論攻が多数みられ，こちらのほうが斯界の中心課題になったような印象さえ与えている。

　これまでのいわば伝統的な会計は，受託責任遂行の状況について結果報告を行うとともにその成果分配分を計算提示するために，慣行として自然発生的に生成してきたといえるが，それが今意思決定への情報提供という側面から改めてその存立を問われ，人工的な補強策を講ずる必要に迫られるに至った要因には，大きくいって2つあるように思える。1つは，かなり前に斯界で注目され

ていたことであるが，米国でさかんに論じられ我が国へも波及してきた，クリーピング・インフレーションを中心とする物価変動と会計の面からみたその影響の問題である。いま1つは，企業の経済活動および証券市場のグローバル化に伴って起こった財務諸表の国際的比較可能性の増進と会計基準の国際的調和化にかかわる問題で，最初はEEC（現在はEU）域内統一化問題の一環として斯界の話題を集めたが，その後英国の発案・主導により我が国を含め主な世界の国々を巻き込んでその推進のための協議機関の組織化がはかられて以降，近頃は，もっとも意欲的といわれている米国をはじめ各国のその主導権をめぐる政治的駆け引きが活発になったこともあって，世界的な広がりをもって斯界の関心を集めている[7]。このような2つの大きな要因を背景に，これまで会計が提供してきたはずの情報の有用性が，株式投資者を中心とする外部利害関係者の意思決定との関連で改めて問い直され，従来の理論的枠組みの再構築をも含め新たな会計の方向が模索されているわけである。

　ところで，会計というものはそれ自体，自己目的をもっているわけではない。何らかの目的に応えるための手段としてその社会的存在を認められているにすぎない。しかし，存在しているものには全て存在意義があるといわれる。このことは会計についても当てはまる。たとえ手段としての性格がきわめて強く自己目的をもっていないにしても，経済的実利の充足のため必然的に生成し，いわば抽象的事物ではなく実証的に観察可能な具体的事物を対象にしているため，会計の存在意義がすでに広く社会的認知を受けていることは明確に読み取れよう。さて，この会計のもつ手段的性格に立脚して理詰めでいえば，会計に対して利害関係者から期待されている役割の数だけ別々の会計の実施が必要になるはずである。これが各役割に応える最善の方法だからである。しかし，現実には会計の経済性という面からみてこれは不可能であろう。そこで次善の策が採られることになる。種々の期待されている役割のなかで，もっとも重要度の高いものについてはそれ独自の会計を実施するが，他の相対的に重要度の低いものについてはこれに何らかの補正を加えて転用するという便法である。この場合どのような役割を重要視するかは企業の規模や業種によって異なる。我

が国の場合，中小企業では税務会計が，また大企業では商法・証取法会計が中心になることが多いであろう。現行の会計実践では，このようないわば混合会計が実施されているとみてよい。

　この混合会計の果たしてきた最大公約数的な役割は，前にも繰り返し触れたことではあるが，企業の経済活動について事後的に結果報告を行うとともに成果分配分を算定し示すことにあるといえる。そしてこれに応えうるよう，その理論的枠組みの面では，長年にわたる経験則から編み出された取得原価主義と実現主義を中核に据えて精緻化がはかられ[8]，またその具体的実施の面では，損益計算書および貸借対照表の作成への資料提供を複式簿記の主要目的に据えて処理が行われてきたはずである。企業を取り巻く諸環境が許容していたので従来はこれで特段の支障はなかったわけである。ところが，前述したように2つの大きな要因がきっかけとなって，役割の充足をめぐり混合会計で曲がりなりにも保たれてきたこれまでの均衡状態が崩れ，利害関係者の意思決定，なかでも特に株式・債権への投資者の意思決定に対する情報提供という役割期待に重点が向けられるようになるとともに，その方向での混合会計の再編成が求められている。まず理論的枠組みの面については，取得原価主義と実現主義の代わりに時価主義と発生主義を採用するよう主張されることが多いが，これが受け入れられる可能性はきわめて低いとみられる。会計の経済性を無視してこれらを組み入れた別個の枠組みを構築するのであるならばいざしらず，これまでの混合会計は，全体として整合性のある1つの枠組みとして確立され，しかもその中軸に，結果報告と成果分配分の算定という会計誕生の主因の1つにもなった役割の充足を想定しているため，そのなかにこのような異質の役割の充足に必要な要素を合成し枠組みを歪めるわけにはゆかないからである[9]。ただ，会計のもつ手段的性格からみれば，たとえ現状では未完で全体として整合性のある説明のできない枠組みであっても，会計に期待されている役割を満足させうるものであるならば，二元論あるいはそれ以上の多元論になってもやむをえないのではないか。その1つの例が，次に取り上げる具体的実践の面での我が国の事例である。現在，我が国で実践にあたってどのような理論的枠組みを念

頭に置いているのか必ずしも明らかではないが，意思決定への情報提供のため財務諸表本体とは別に，一部の項目については時価主義や発生主義の思考に基づいた情報も補足的に表示するという妥協策が採られている。これは，古くから複式簿記において，経営管理への資料提供といういわばその副次的目的のために補助簿を設け，企業の内部で取り扱ってきたはずの事項を，外部へ公表することにしたのと同じとみてもよいのではないかと思う。かつて著者は，意思決定への情報提供という会計の役割をヨリよく達成できる道を求めてゆくと，究極的には企業予算の公表という方向へ行き着くのではないかと，述べたことがあるが[10]，本来ならば外部へ公表されるはずのない補助簿的な事項がたとえ補足資料という形であるにせよ一部表示されるということは，この著者が指摘したのと同じ流れの延長線上にあるとみてよいであろう。

　このように，会計のもつ手段としての本性の忠実な体現化を進めてゆけばゆくほど，特に意思決定への情報提供という役割充足の面では，通常ならばいわゆる内部報告だけの対象とされるべき事項の外部報告化が起こってくる。なかには，この情報提供という一点のみを目差すのであれば，会計報告書と呼ぶにふさわしくないような形であっても，その実施を行わせること自体が肝要であるとの極論まであるが，いずれにせよ外部報告化の結果，必然的にこれらの事項についての会計基準の制定と強制監査の実施を迫られることになる。これらが外部報告の対象に含められると同時に社会性を帯びるようになり，その取り扱いを各企業の自由に任せたままでは社会に混乱が起こるからである。したがって，これを避け社会に安定状態をもたらすためには，通常の外部報告と同様に当然その制度化がはかられ，何らかの規制と制裁の措置が講じられることになる。ここに及んで，会計をそのもつ言語性と関係させてもう一度考え直してみる必要が出てくる。「会計は企業の言語である」という斯界におけるほぼ共通の認識に立つならば[11]，言語の誕生と社会の成立は生成史的には同時といわれているように，両者は密接不可分の関係にあり，このような社会性と切り離すことができない会計を言語とかかわらせて考えてみるのが合理的なはずだからである。そこで次に，言語学のなかの特に社会言語学の力を借りて会計と

は何かを考えてみたいと思う。

3 社会言語としての会計の特性

　会計を一種の言語とみる考えは古くから存在し今では斯界の定説になっているとさえいえる。ところで，この会計の比喩に用いられる言語には，多面的な性質があり，そのいずれに重点を置いて解明するかで，種々の言語観がある。しかし，しばしば「言語なければ社会なし」とか，「社会なければ言語なし」といわれているように，言語がなければ意思の疎通は不可能で人の集合である社会は成立しえないし，また逆に，社会が存在しなければ意思の疎通は不要で言語の出現はありえないはずなので，どのような言語観に立つにせよ，言語は人間の意思疎通の手段であるとする基本的認識の点では相違ないとみられる。この点，会計も同じとみてよい。会計は企業と外部利害関係者と称される社会との間を結ぶ重要な意思疎通の手段の1つを提供しているからである。ここに社会言語学の助けを借りて会計の輪郭に迫ってみようと考えた理由がある。周知のように，社会言語学は応用言語学の一種で，社会現象と関連づけて言語の真理を解き明かそうとするものである。これは，特に意味論と語用論の2つの研究領域で近年著しい研究成果をあげつつあるが，会計としては，その性格上音韻論と統辞論よりもむしろこちらのほうに何らかの示唆を求めざるをえないので，必然的に社会言語学に依存することになる[12]。以下では，このような視点から会計がもつ特質を2つほど明らかにしてみたい。

（1）　会計の言語的相対性
　リトルトンも「会計は外部環境との関係において，相関的であり進化的である。……（中略）……外的環境に対する会計の相関性は2つの方面において認められる。1つは，会計の現実的相関性であり，いいかえれば，当面の問題を解決すべき会計の能力にかかわるものである。……（中略）……もう1つの相関性は過去における会計の発展とその歴史的環境との関係にかかわるものであ

る。……（中略）……会計は時代の必要に応じて時代の環境のうちに芽を発したのであった。そして，時代の環境に適応して生長し発展をとげてきた。それが時の流れとともに変遷して行った事情は時代時代の諸力の中に説明をもとめることができる。」と述べているように[13]，会計には会計なりの生い立ちがある。期待された役割を充足する手段として，その時その時の社会諸環境の影響を受けながら生成してきたはずである。だから，その深奥に一歩でも近づきたいのであれば，会計においても言語学でいう共時的分析や通時的分析[14]が必要になろう。その際手がかりにできるのが，言語と文化や社会との相互依存性について説いたサピア・ウォーフの言語相対性仮説と呼ばれているものである[15]。この仮説そのものについてはすでに会計学の分野でも何人かの論者により取り上げられており[16]，また言語学者の間にもその解釈にかなりの幅がみられるといわれているが[17]，およそ次のような趣旨の仮説である。言語的相対性と社会的相対性とは表裏の関係にあるというのである。つまり，言語は社会によって条件づけられるとともに，また逆に社会は言語によって条件づけられ，したがって両者はお互いに自律的ではありえず，ここに言語体系の多様性が生まれる素地があるとするのである。いいかえれば，言語は社会の反映であり，社会の多様性が存在する以上，唯一無二の言語体系などというものはありうるはずがないということになる。言語とは時間的にも空間的にも相対的な存在なのである。もし，このような言語観が妥当であるならば，前にも触れた最近斯界を賑わせている会計の国際的調和化の問題も，すでに著者も繰り返し指摘しておいたことではあるが[18]，理論的にはいわゆる相互承認以外の解決の道はないことになろう。そうでないと，言語としての会計と論理的に矛盾する。地球上には多様な社会が存在するように，それに見合う多様な会計が存在し唯一無二の会計などというものはありえないはずだからである。

　一種の言語として会計も相対的存在であるならば，各国にはそれぞれの社会的諸環境に見合った各国なりの会計があるはずである。各国の比較研究を行うために比較言語学や比較文化論などがあるのと同様，会計学にも比較会計論という分野があるはずであるが，我が国では，この分野に入るとみられる研究が

古くからさかんなわりには，このような名称が前面に掲げられることはあまり多くない。ここでは，会計がもつ相対性を理解する一助として，多少米国との比較も試みながら，我が国の会計をその社会的背景と関連づけて考えてみたい。

周知のように，種々の面から我が国と米国その他の国々との比較研究が行われているが[19]，企業の経営に関連するものだけに限って触れると，しばしば米国と較べて次のようなことが指摘されている。我が国の企業は一般に，自己資本の比率が低く，個人株主の割合が小さくしかも企業間の株式持ち合いがさかんで，このため安定配当政策が可能で配当額は稼得利益の大きさには連動せず，またいわゆる系列取引を重視し，さらに従業員の雇用の面では日本的雇用慣行といわれる終身雇用や年功序列型賃金を採り入れ，全てにわたって長期的な視野に立った経営を行っていると。したがって，会計も当然，長期的な視野に立った要求に応えられるような枠組みになっており，たとえば株式投資者の意思決定への情報提供のような，いわば短期的な視野に立った要求に応えるには必ずしも最適というわけにはいかず，米国などから批判を受けていることは周知のことであろう。バブル経済の崩壊をきっかけに企業の再建を目差し，昨今このような我が国企業の特色的な状況に若干変化が出てきたといわれているが[20]，そこまで手をつけるのは少数派で大筋では以前とほぼ同じという。ところで，我が国の企業に昔からこのような特色が備わっていたわけではない。戦前の1930年代前半頃までは我が国でも特に非財閥系の企業は現在の米国企業と同じような特色をもっていたが，1940年代に入ってから戦時体制強化のため旧ソ連の統制経済などを参考にしつつ，株主権限の制限などをはじめ種々の政策が実施され，現在いわれている特色の原型が出来上がったといわれている[21]。しかも戦後，経済復興のためにこの体制が好都合だったので，そのまま流用され，GHQの占領政策による財閥解体をきっかけに株式持ち合いも始まるなど，逆にこのような体制の強化が進み今日いわれている特色が確立されたといわれる[22]。このように，社会的諸環境もそれに適合する会計も相対的な存在なのである。

ある社会で現在行われている仕組みや制度は，歴史的偶然や過去の政策的介

入の単なる結果にすぎず，いつでも変革が可能なはずであるが，社会というものは，様々な構成要素が相互補完的に絡み合って全体として整合性のある1つのシステムを作っているので，一部に変革へのインパクトが加わっても，元のシステムに戻ろうとする慣性が働くため，戦時というような特殊の異常な時期に種々の変革を同時に社会全体へ強制的に導入する以外は，変革は容易ではないといわれる[23]。したがって，会計も相対的な存在とはいえ，変革は容易ではないであろう。このことは，会計の国際的調和化の問題についてもいえよう。

(2) 会計の言語的非対称性

会計にかかわりをもつ当事者には，それを行う企業とその報告の受け手である株式投資者などの外部利害関係者がいる。これら両者の間には会計の能力の面でも情報量の面でも格差があるはずである。多分，通常ならば後者のほうが格段に劣っているであろう。一般に，このような状態を情報の非対称性と呼んでいるようであるが，社会言語的な視角からみれば，言語変種とか言語的不平等などと呼ばれる問題に関連があるといえる。同一言語の社会でありながら，地理的，階層的，あるいは場面的な要因により，言語に差異が生まれ社会的不平等に結びつくことがある。社会言語学では，これを地域方言，社会方言，あるいは言語スタイルなどというテーマで取り上げているが，これは，主に言語の使用に付随して派生する格差で，いわゆる語用論に属する課題とみられている[24]。ここでは，仮にこれを言語的非対称性と呼んでおくが，前述のような会計の受け手側についてみたとき，同様の問題が考えられるであろう。

会計の言語的非対称性は，まず初めに企業の側と受け手の側の間に起こるが，会計の問題として重要なのは，むしろ，インサイダー取引の疑惑をもたれかねない外部利害関係者自身の間の言語的非対称性の問題である。彼等の間に，社会言語学でいう言語能力と伝達能力の面で格差がみられるため，必然的にこのような問題が生ぜざるをえないのである。ところで，言語能力とは使用者の言語を理解する能力であり，また，伝達能力とは使用態様に応じて言語を伝えまたは受ける能力である。そして，この2つの能力の面で高度のレベルに達した

者のみが使用可能な言語規約を，精密コードと呼び，そうでない初歩的な低度のものを制限コードと呼んでいるが[25]，外部利害関係者の立場からみたとき，会計という言語は，特殊な専門的知識の訓練を受けた者のみが使用可能な，精密コードといえよう。会計そのものが生得的に言語的非対称性をもたらす素地をもっているといえる。その上，実践においては，両能力とも極端に優れた証券アナリストというプロ集団までこの利害関係者のなかに含まれていることを考えあわせれば[26]，なおさらこの素地が顕在化する場合が多いであろう。

4 むすびにかえて

最近，株式投資者などの外部利害関係者の意思決定に対して情報提供を行う会計の役割と関連して，いわゆるオフ・バランス項目の取り扱いや会計の国際的調和化が問題になっている。このための解決策として種々の提言が試みられてきており，また，全般的な傾向としては補助簿的な事項の外部報告化が進みつつあるようにみうけられるが，これらの動向をみていると，会計とは一体どのようなものなのか，その境界が曖昧になってきているような印象を受ける。そこで，会計の輪郭を明らかにする一里塚として，社会言語学的な視角からその性格の抽出を試みた。その結果，会計は言語的にみて相対性と非対称性という特性を備えていることを知りえた。会計の世界にどっぷり浸かっている著者のような者には，えてして木をみて森がみえなくなりがちであるので，このような原点に立ち返っていま一度問い直してみることが常に大切なことかと思える。会計とは何かを永遠の課題として他日を期したい。

注

(1) たとえば，平成7年5月16日および27日付の日経（朝刊）などを参照。
(2) Cf. Cheryl R. Lehman, *Accounting's Changing Roles in Social Conflict*, 1992, pp. 18-19.
(3) Cf. A. C. Littleton, *Accounting Evolution to 1900*, 1933, pp. 205-214（片野一郎訳

『リトルトン会計発達史』昭和27年, 308〜318頁).
(4) 飯野利夫著『財務会計論〔三訂版〕』平成7年, 第1章2頁, およびA. C. Littleton & V. K. Zimmerman, *Accounting Theory : Continuity and Change,* 1962, pp. 83-84を参照。
(5) この点の詳細については前述の第6章で取り上げているので, それも併せて参照されたい。
(6) AAA Committee to Prepare A Statement of Basic Accounting Theory, *A Statement of Basic Accounting Theory,* 1966 (飯野利夫訳『基礎的会計理論』1969年).
(7) たとえば, 1995年の5月バーミンガムで開催のヨーロッパ会計学会におけるDr. Axel Hallerの配布ペーパ "Value Added Statement—A Useful and Feasible Instrument to Harmonize Financial Reporting Worldwide" や同氏の "International accounting harmonization, American hegemony or mutual recognition with benchmarks ? Comments and additional notes from a German perspective", *The European Accounting Review,* 1995, 4 : 2, pp. 235-247などを参照。
(8) この点の詳細については, 前述の第10章を参照されたい。
(9) この点については, 前述の第9章および第10章を参照されたい。
(10) この点については, 前述の第17章を参照されたい。
(11) Cf. H. R. Hatfield, *Modern Accounting,* 1909, p. 219, and A. C. Littleton, *Structure of Accounting Theory,* 1953, p. 99 (大塚俊郎訳『会計理論の構造』昭和30年, 144頁) etc. なお, この立場から理論構築した代表的なものとして青柳文司著『会計学の原理』昭和43年, および同著『会計学の基礎』平成3年がある。
(12) この点については, 前述の第20章も併せて参照されたい。
(13) A. C. Littleton, *ibid.,* 1933, pp. 361-362 (同訳書, 490〜491頁)。
(14) これらの用語については近藤達夫訳『ジョン・ライアンズ著「言語と言語学」』1987年, 36頁, および239〜241頁を参照。
(15) 平林幹郎訳『言語・文化・パーソナリティ』1983年, 97〜115頁, および有馬道子訳『言語・思考・実在』1978年, 150〜177頁を参照。
(16) たとえば, Ahmed Belkaoui, *Judgment in International Accounting,* 1990, pp. 69-81, および青柳文司著, 前掲書, 平成3年, 44〜57頁を参照。
(17) 松山幹秀・生田少子訳『R. A. ハドソン著「社会言語学」』1988年, 149〜151頁。
(18) この詳細については, 前述の第20章を参照されたい。
(19) たとえば, 通商産業調査会編『日米構造問題協議最終報告』1990年, および南 博著『日本人論』1994年などを参照。
(20) たとえば, 平成7年8月25日付の日経 (朝刊) の連載記事「日本経済・ニューディール」などを参照。
(21) 岡崎哲二稿「企業システム」, 岡崎哲二・奥野正寛編『現代日本経済システムの源流』1993年所収, 97〜120頁参照。

(22) 同上，121～140頁参照。
(23) 奥野正寛稿「現代日本の経済システム：その構造と変革の可能性」，前掲 (21) の編書所収，273～290頁参照。
(24) 原　聖・糟谷啓介・李　守訳『ブリギッテ・シュリーベン＝ランゲ著「社会言語学の方法」』1990年，112～118頁参照。
(25) 前掲 (17) の訳書，302～323頁参照。
(26) Cf. G. J. Previts, R. J. Bricker, T. R. Robinson, and S. J. Young, "A Content Analysis of Sell―Side Financial Analyst Company Reports", *Accounting Horizons,* Vol. 8 No. 2 (June 1994), pp. 55-67.

初 出 一 覧

第 1 章　会計学と研究方法　『早稲田社会科学研究』第32号
第 2 章　会計と複式簿記の接点　塩原一郎先生古希記念会編　『現代会計―継承と変革の狭間で―』創成社，2004年 3 月
第 3 章　会計改革と複式簿記　『會計』第171巻第 6 号
第 4 章　非財務諸表情報と会計　『會計』第161巻第 5 巻
第 5 章　「企業財務諸表の目的」の概要と疑問点―FASB暫定意見書―〔旧題，《FASB暫定意見書》企業財務諸表の目的〕『企業会計』第29巻第 5 号
第 6 章　財務会計目的の遂行と貨幣価値変動　福島大学経済学会　『商学論集』第34巻第 3 号
第 7 章　ガインサー物価変動会計論の概要と性格〔旧題，（書評）R. S. ガインサー著「物価水準変動会計―理論と手続―」〕福島大学経済学会　『商学論集』第35巻第 4 号
第 8 章　貨幣価値の変動と資本維持　福島大学経済学会　『商学論集』第37巻第 4 号
第 9 章　貨幣価値の変動と利益の把握　福島大学経済学会　『商学論集』第35巻第 1 号
第10章　貨幣価値の変動と実現概念の展開　『早稲田社会科学研究』第 6・7 合併号
第11章　物価変動会計の将来　染谷恭次郎先生還暦記念会編　『財務会計の基礎と展開』中央経済社，1983年 4 月
第12章　時価評価と損益計算　『會計』第153巻第 1 号
第13章　取得原価基準における取得原価の意味　『會計』第149巻第 1 号
第14章　企業への投資意思決定のための利益　『早稲田社会科学研究』第10号
第15章　総括利益とエドワーズおよびベルの利益概念　渡辺陽一先生古希記念論文集出版委員会編　『会計学説と会計数値の意味』森山書店，1998年 9 月
第16章　外部報告制度と予測会計情報　飯野利夫先生還暦記念論文集刊行会編　『財

務会計研究』国元書房，1979年11月
第17章 投資者の意思決定と予算の公開〔旧題，投資家の意思決定と予算の公開〕『企業会計』第25巻第10号
第18章 長期株式投資者の意思決定と予算の公開方法〔旧題，長期株式投資家の意思決定と予算の公開方法〕『早稲田社会科学研究』第13号
第19章 予測会計情報の外部公開と会計原則 『會計』第113巻第2号
第20章 会計の言語性と国際的調和 『會計』第144巻第2号
第21章 会計の社会言語性とインサイダー取引 『JICPAジャーナル』Vol.7 No.3
第22章 会計と社会言語的特性 飯野利夫先生喜寿記念論文集刊行会編 『財務会計の研究』税務経理協会，1995年11月

〔著者紹介〕

宇都宮市出身
1961年　早稲田大学第一商学部卒業
1966年　同　大学大学院商学研究科博士課程単位修得
1965年～69年　福島大学経済学部助手，専任講師
1969年　早稲田大学社会科学部専任講師，助教授を経て
1975年　同　学部教授　現在に至る。

会計の社会言語論的展開

2008年3月31日　初版第1刷発行

著者　ⓒ　長谷川　茂
　　　　　　（はせがわ）（しげる）

発行者　　　菅　田　直　文

発行所　有限会社　森山書店　東京都千代田区神田錦町
　　　　　　　　　　　　　1-10林ビル（〒101-0054）
　　TEL 03-3293-7061 FAX 03-3293-7063　振替口座 00180-9-32919

落丁・乱丁本はお取りかえ致します　　　印刷・製本・シナノ
本書の内容の一部あるいは全部を無断で複写複製する
ことは，著作権および出版社の権利の侵害となります
ので，その場合は予め小社あて許諾を求めてください。

ISBN 978-4-8394-2061-1